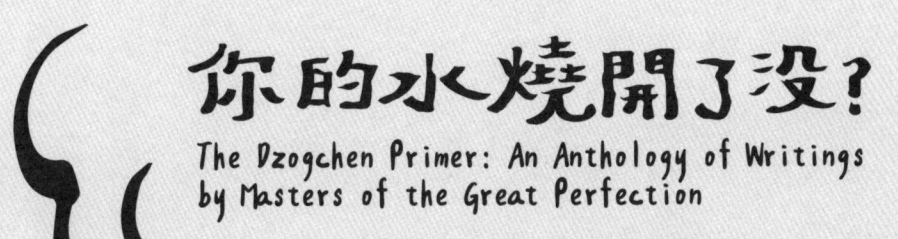

你的水燒開了沒？
The Dzogchen Primer: An Anthology of Writings by Masters of the Great Perfection
認出心性的大圓滿之道

作者：寂天菩薩、蓮花生大士、祖古烏金仁波切等
彙編：瑪西亞・賓德・史密特（Marcia Binder Schmidt）
導言：確吉尼瑪仁波切、竹旺措尼仁波切
中譯：項慧齡

不但佛法應是大圓滿，
個人也應是大圓滿。

——楚璽仁波切（Trulshig Rinpoche）

目次

【序言】以證悟為道╱瑪西亞・賓德・史密特 7
致謝╱瑪西亞・賓德・史密特 18
【實修指南】淨除迷惑，踏上法道╱瑪西亞・賓德・史密特 19

｛ 第一部　入門教言 ｝

導言一　實證見地是究竟的皈依╱確吉尼瑪仁波切 32

導言二　繪製一張修行的地圖╱竹旺措尼仁波切 43

｛ 第二部　起點 ｝

第1章　佛性╱堪千創古仁波切 56

第2章　基——佛性╱祖古烏金仁波切 59

第3章　基╱竹旺措尼仁波切 66

第4章　再次證悟╱祖古烏金仁波切 78

第5章　禪修╱確吉尼瑪仁波切 83

｛ 第三部　融合 ｝

第6章　融合見地與行持╱祖古烏金仁波切 94

第7章　蓮師對「道」所作的概述╱蔣貢康楚仁波切 105

第8章　正確地修持佛法╱蓮花生大士 107

第9章	具德上師 / 祖古烏金仁波切	110
第10章	具足大力的金剛上師 / 邱陽創巴仁波切	119
第11章	從無明睡眠中醒覺 / 祖古烏金仁波切	136
第12章	岡波巴四法之第一法 / 祖古烏金仁波切	144
第13章	出離心 / 宗薩蔣揚欽哲仁波切	148
第14章	無常 / 祖古烏金仁波切	155
第15章	岡波巴四法之第二法 / 祖古烏金仁波切	167
第16章	修學心要 / 巴楚仁波切	170
第17章	真實的基礎 / 祖古烏金仁波切	175
第18章	皈依 / 蓮花生大士	189
第19章	最秘密的皈依 / 祖古烏金仁波切	207
第20章	引導式的禪修 / 竹旺措尼仁波切	213
第21章	菩提心的殊勝功德 / 寂天菩薩	220
第22章	虔敬心與悲心 / 祖古烏金仁波切	231
第23章	菩提心：以發菩提心為道的法教 / 蓮花生大士	243
第24章	菩薩戒 / 邱陽創巴仁波切	273
第25章	二諦 / 聽列諾布仁波切	276
第26章	般若波羅蜜多心經	282

第27章　空性／邱陽創巴仁波切 ············ 284

第28章　無我／邱陽創巴仁波切 ············ 295

第29章　顯相大手印的自性／堪千創古仁波切 ············ 299

第30章　修所成慧／巴楚仁波切 ············ 305

第31章　證道歌／密勒日巴尊者 ············ 319

第32章　大乘之本／蓮花生大士 ············ 326

第33章　禪修勝義菩提心及其果／蔣貢康楚仁波切 ············ 334

【附錄一】詞彙解釋 ············ 346
【附錄二】各章作者簡介 ············ 364

（編按：本書注釋分為兩種：1為原書注，[1]為譯注）

| 序言 |

以證悟為道

文／瑪西亞・賓德・史密特（Marcia Binder Schmidt）

正確的法道——大圓滿

　　《你的水燒開了沒？》（*The Dzogchen Primer*）是一本指導手冊，不但讓讀者得以親近藏傳佛教的義理，也引導讀者如何在一個富含資訊與法門的有利環境之中從事聞、思、修。本書也提供了一張明確的地圖，讓修行者看見這條道途通往何處，以及如何抵達目的地。任何踏上這條道途的修行者都可藉由本書的指引而獲得基本的認識，並正確地從事修持。

適合當代的金剛乘法教

　　時至今日，人們對於金剛乘（Vajrayāna）產生濃厚的興趣，尤其以大圓滿（Dzogchen，音「佐千」）與大手印（梵Mahāmudrā）的法教為甚。正如祖古烏金仁波切（Tulku Urgyen）所言：

在這個時代，金剛乘的法教猶如野火般熾燃。正如燒起的煩惱烈焰一般，金剛乘的法教也熠熠生輝。在「爭鬥時」（梵kaliyuga）[1]

---

[1] 一劫有四時：圓滿時（梵krtayuga），相當於一百七十二萬八千年；三分時（梵tretāyuga），相當於一百二十九萬六千年；二分時（梵dvāyuga），相當於八十六萬四千年；爭鬥時（梵kaliyuga），相當於四十三萬二千年。四者凡四百三十二萬年。據稱現正處於「爭鬥時」。（摘自《佛光大辭典》）

當中,人們似乎總是爭強好勝,鮮少和藹可親,「爭鬥時」這個名稱即源自這份爭強好勝。然而,這也正是金剛乘的法教非常適合當代的原因。煩惱的力量愈強大,我們認出本覺(藏rigpa)的潛能就愈強。因此,今日世界充斥著劇烈的衝突,正是金剛乘的法教將會如野火燎原般廣傳的原因。[2]

人們對於大圓滿存有許多誤解與邪見,本書則發揮了袪邪顯正的功效。持有邪見是修行者所面臨的最大障礙之一,除非我們聞法、習法,否則將不會知道如何區分是非對錯。「聞」不一定意味著藏傳佛教佛學院(藏shedra)密集式的學習課程。在此,「聞」是以「庫蘇魯」(梵kusulu)[3]的方式而呈現;「庫蘇魯」即是無為禪修者的風格。

對於什麼是「道」,因乘(causal vehicles,小乘與大乘)與果乘(resultant vehicle,金剛乘)的看法不同。尤其,金剛乘以三種不同的方法而將法教付諸實修:以「基」為道、以「道」為道,以及以「果」為道。我們可透過園丁或農夫的比喻,藉以瞭解這三種方法。「以基為道」或「以因為道」猶如犁土與播種;「以道為道」猶如除草、灌溉、施肥,以及悉心栽植作物等等;「以果為道」則是只管採收已成熟之果實或已盛放之花朵的態度。以圓滿的果——證悟——為道,即是大圓滿的方法。這總結了大圓滿的真實意義。[4]

---

[2] 出自Tulku Urgyen Rinpoche, *Rainbow Painting* (Boudhanath: Rangjung Yeshe Publications, 1995), p 24。譯按:中文版請參見祖古烏金仁波切著,楊書婷譯,《彩虹丹青:融合見地與修持的成就口訣》,台北:橡樹林文化,2011年。

[3]「庫蘇魯」(梵kusulu,又譯為「古薩里」,義同音異):原意是「乞者」,此處是指只從事禪修,但不作任何分析的無為瑜伽士。

[4] 在此,金剛乘指的是大圓滿與大手印。出自Tulku Urgyen Rinpoche, *Rainbow Painting* (Boudhanath: Yeshe Publications, 1995), p 25-26。譯按:中文版請參見祖古烏金仁波切著,楊書婷譯,《彩虹丹青:融合見地與修持的成就口訣》,台北:橡樹林文化,2011年。

我們這些身處於「爭鬥時」的修行者,不但充滿了外在與內在的衝突,也被描述為非常犀利又極端懶惰。我們欠缺精進,同時又是追求高品質的唯物主義者,因此,我們會傾心於諸乘之巔——金剛乘,被最不複雜、最不煞費苦心的事物所吸引,這是再自然也不過的事情。

　　不巧的是,要獲得正確的認識並非易事。至關重要的是,切勿忽略並過度簡化真實勝義。雖然蓮花生大士（Padmasambhava,蓮師）依照我們的根器與身處的時代而授予量身訂製的法教（這是伏藏〔藏terma〕的優美之處）,但我們仍然需要適當的因緣,才能與法教結緣。這些因緣包括有一位已證悟的上師暨具德的傳承持有者住世,以及我們出生於正確的時代與處所、懷有正確的心態等等。

實修法教,融入生命中

　　「正確的心態」意味著我們生起虔敬心與淨觀（pure perception）,信任並珍重法教與上師。此外,我們也應該致力於實修法教,以利益末法時代的無數眾生;這些眾生欠缺福德,無緣得遇上師,聽聞法教。佛法需要被實修,不論法教多麼高深,若不加以實修,就幾乎沒有任何用處。

　　索甲仁波切（Sogyal）曾經說道：

> 從傳統的觀點來看,不論修學是以何種方式而量身訂製,都必須以基本的法教作為紮實的基礎。法教的精髓必須被灌注於弟子的心中,如此一來,他（她）將永遠不會忘記這些要點。舉例而言,「不害」（避免傷害眾生）是小乘的關鍵;「生起悲心」是大乘的精髓;「淨觀」則是金剛乘的核心。[5]

5　這是索甲仁波切於1998年5月所舉辦的美洲佛教會議（Buddhism in America Conference）所發表的主題演講。之後以「佛教的未來」（The Future of Buddhism）為題而發於2000年1月出版的《本覺期刊》（Rigpa Journal）。

本書引導讀者打下正確的基礎，並生起信心，得以繼續在證悟道上前進。我們不但需要研習法教，也要把法教融入生命之中。這「融入」是雙重的，重要的是，不要把修行（或勝義諦〔absolute truth〕[6]）與世俗的經驗（或世俗諦〔relative truth〕[7]）分離，反而應該把所有的情況都作為道用，並且盡可能地保持如法的觀點。

　　此外，我們必須衷心地相信自己終究能夠修行有成，饒益眾生；這是關鍵。除非我們對自心本性生起決斷，否則就可能不會相信自己能夠證得菩提。猶如所有的覺者那般，我們也都具有成佛的種子——佛性（buddha nature）；我們需要切開包圍自己的疑慮之網。

　　是的，我們目前受到遮障，處於被障蔽的狀態，但這只是暫時的，並可透過修持各種法門而淨除障蔽。這些法教教導我們如何「從上往下」開展見地，並且「由下趨上」通達法道。本書讓讀者能夠在金剛乘的法道上，隨時應用這個甚深的方法。

本書法教的重點

　　本書所有的章節擷取自最偉大的大圓滿與大手印上師（請參見附錄二〈各章作者簡介〉）的法教，並且都是諸位具德上師所授予的竅訣。尤其，祖古烏金仁波切及其法嗣確吉尼瑪仁波切（Chokyi Nyima）、竹旺措尼仁波切（Drubwang Tsoknyi）的傳法風格獨樹一格，以直指弟子的心性而使其立即有所體驗而聞名。

---

[6] 勝義諦（absolute truth；藏don dam bden pa，音「東當滇巴」）：「東」（don）意指「實義」或「目的」，而證得解脫是目的。「當巴」（dam pa）意指「真實無欺」，勝解心性的人不會被矇騙。「滇巴」（bden pa）意指「諦」或「真實」，無謬、無妄、不變之心一直都是真實的。

[7] 世俗諦（relative truth；藏kun rdzob bden pa，音「昆佐滇巴」）：「昆」（kun）意指「一切」；「佐」（rdzob）意指「欺騙或隱藏」；「昆佐」（kun rdzob）意指「有為的、相對的或世俗的」；「滇巴」（bden pa）意指「諦」。

第一部：敞開大門，認出心性

　　如前所述，在傳統上，藏傳佛教有兩大修持的方法，一是學者式的觀察修，二是「庫蘇魯」式的安住修。不論是透過觀察修或安住修，或結合兩者，修行者都有可能對諸法的本性生起確信與決斷。觀察修的究竟結果是離於尋思與伺察。因此，取決於個人的根性，我們會傾向於從事觀察修或安住修。

　　對此，確吉尼瑪仁波切說道：

　　　　某些人信任上師，無須上師作任何冗長的解釋，就被指出心性。他們無須透過論證或引經據典而確立真實義；他們或許對引經據典不感興趣，也或許認為「無此必要」，但可能直接就明白了。對於其他人而言，這可能不夠，此時，就需要透過引經據典與論理來確立見地。

　　　　就觀察修而言，修行者檢視諸法，直到用盡所有的分析（尋思與伺察）為止。此時，修行者已在智識上明瞭真實的見地（正見）。在此之後，他仍然需要領受具德上師的加持與直指竅訣。[8]

　　結合觀察修與安住修是本書強調的重點。諸佛的話語之所以真實且確鑿無誤，是因為它們陳述了諸法的本性，與我們是否為佛教徒而盲信、盲從無關。我們必須經由邏輯論證與研習而企及實相，並在研習法教之後，將其付諸實修而融入心續之中。接著，經由親身的體驗與覺受，我們瞭解到自己所學與融會貫通之後的心得相符一致，毫無牴觸。

---

[8] 出自 Chökyi Nyima Rinpoche, *Present Fresh Wakefulness: A Meditation Manual on Nonconceptual Wisdom* (Boudhanath: Rangjung Yeshe Publications, 2002)。譯按：中文版請參見確吉尼瑪仁波切著，林姿瑩譯，《當下了然智慧：無分別智禪修指南》，台北：橡樹林文化，2019年。

從另一個角度來看,聞法與習法清除了那些可能從實修當中所生起的疑慮與不確定。總而言之,我們結合佛語(聖言量)、偉大上師的教言(師訣量)與自己的聰明才智(覺受量)等三種「正量」。對於西方人多疑的心而言,這絕對必要。

我的經驗與大多數的西方人士有所不同。我居住於尼泊爾長達二十多年,曾與多位實證的上師和非凡的修行者密切相處,親眼目睹研習與實修傳統的重要性。即便是天賦異稟之人,例如,被認證的祖古(藏tulku;證悟上師的轉世),都仍然必須從事多年的研習與修學,這種訓練造就了今日許多年輕一代的偉大上師。我們可能會認為,打從一開始,這些祖古就具備了勝於凡夫的潛能,但是,這種訓練並非只有在祖古身上才會開花結果。我看過其他許多人受到這個傳統的滋養,而成為令人刮目相看的修行者,利益所有與其緣遇的眾生。

就修持本身而言,其方法是如頂罩般「由上趨下」開展見地,並且「由下趨上」落實行持。在此,「行」(行持)是指修持各種金剛乘的法門,作為爬至頂端的階梯。祖古烏金仁波切針對這個修持方式作了解釋;事實上,這是他的作法:

> 根據藏傳佛教的傳統方法而言,弟子先正確地修持前行法(preliminary practices);前行法是由四或五種加行所構成,每一種加行修持十萬遍。在此之後,他(她)修持本尊法(yidam practice),包括生起次第(development stage)、誦修與圓滿次第(completion stage)。此後,弟子被指出大手印與大圓滿的真實見地。在傳統上,修行次第是以這個順序而鋪陳:首先,去除障蔽;其次,令心續充滿加持;最後,被指出本覺的本來面目。
>
> 然而,在這個年頭,弟子沒有這麼多的時間!再者,上師也不會持續地停留一處而傳法。「見地」與「行持」必須順應時代與環境。在當今的世界,對佛教感興趣的人日益增加,這是因為現

代人更有教養、更加聰明的緣故。當上師與弟子沒有太多時間相處時,也就沒有機會完整地教授整個修行的次第。我通常會一次完整地授予整套法教。

這種在一開始就指出心性,之後再授予前行法、生起次第、誦修與圓滿次第的方法,可被比喻為從一開始就敲開大門。當你打開大門時,陽光穿透整個房間,即使站在門邊,也可以看見最深處的佛堂。

老實說,如果修行者已領受關於心性的法教,然後在修持前行法的同時記得認出心性,修持的效果就會大幅增長。根據法教的說法,懷著清淨的發心而從事修持,其效果會增長一百倍;以清淨的三摩地來從事修持,其效果會增長十萬倍;結合前行法與「認出心性」,你的修持將會突飛猛進。

你也可以懷著良善、誠摯的發心來修持前行法,光是這麼做,就肯定能夠滌淨惡業。但是,良善的發心本身並不足以作為真實的證悟道。然而,如果你以「認出心性」的正見來從事這些修持,前行法就會變成真實的證悟道。如果你有一幅描繪一根蠟燭的畫作,它能照亮房間嗎?有一根能夠真正發出光亮的蠟燭,不是更好嗎?只有一個方法能夠離於「三輪」(three spheres,意指「作者、受者、所作」)的分別概念,而這個方法即是認出真實的見地。我不覺得授予「直指竅訣」有任何不妥之處,弟子可以在領受了「直指竅訣」之後修持前行法,這完全沒有問題。[9]

---

[9] 出自Tulku Urgyen Rinpoche, *As It Is*, Volume II (Boudhanath: Rangjung Yeshe Publications, 2000), pp. 233-35。譯按:中文版請參見祖古烏金仁波切著,項慧齡譯,《如是(下):實修問答篇》,台北:橡實文化,2010年。

第二部：相信自己能成佛

本書的首要之務在於灌輸信心，相信自己具備了能夠證悟成佛的潛能——佛性。這是一個強而有力的起點，本書的第二部將對此有所著墨。但是，剛開始，我們怎麼知道自己已具有佛性？正如竹旺措尼仁波切所言：

> 我們無須被告知、被影響或被灌輸自己擁有佛性——證悟的能力——這個事實。這是因為每個人本就具有自解脫、清晰明見、明明朗朗、通徹無礙的功德，這個功德並非來自他處，而是源自內心。這些都證明了我們已具足解脫、覺醒或成佛的能力，也是我們能夠證得菩提的原因。[10]

此外，生起慈悲心、渴望成為修行人等願望，都在在顯示我們具有佛性。相信這份潛能，示顯「認出」並穩固那份「認出」的法門，即是祖古烏金仁波切的作風。它也是鋪陳《道次第‧智慧藏》(The Light of Wisdom；藏Lamrim Yeshe Nyingpo)[11]與《解脫莊嚴寶論》(The Jewel Ornament of Liberation)[12]等勝妙文本的基礎。

第三部：「庫蘇魯」的修行方式

「果」本就已在「基」之內，只是它尚未被實證。本書第三部提

---

10 竹旺措尼仁波切，未發表的口頭開示。
[11]《道次第‧智慧藏》(Lamrim Yeshe Nyingpo) 是由蓮花生大士口授，蔣貢康楚仁波切釋義，其英文版The Light of Wisdom由艾瑞克‧貝瑪‧昆桑(Erik Pema Kunsang)英譯，自生智出版社(Rangjung Yeshe Publications)出版。中文版請參見蓮花生大士口授，普賢法譯小組譯，《智慧之光（一‧二）：蓮花生大士甚深伏藏〈道次第‧智慧藏〉》，台北：橡樹林文化，2016年。
[12] 岡波巴大師(Gampopa)著，堪布昆秋嘉岑仁波切(Khenpo Konchog Gyaltsen)英譯，《解脫莊嚴寶論》(The Jewel Ornament of Liberation)，紐約：雪獅出版社(NY: Snow Lion Publications)出版，1998年。

供了各種法門,它們都是在「基」與「果」雙運的情況下而修持。除此之外,並無別的道途,也無須摻合其他的道途。

本書結合了學者與庫蘇魯的「聞」與「修」之法,並依照祖古烏金仁波切的傳法方式與上述的兩部文本而開展。本書摘錄了支持這個傳統的文章,它們簡單、直接、甚深,而且容易理解。

本書法教的依據

在經過多年籌備研討會,擔任即席翻譯並參與多位具德上師的訪談之後,出版本書的想法於焉成形。從這些研討會與私人訪談之中,我熟悉同門師兄弟反覆出現的問題與誤解,因而決定規畫一個易懂且易於從事的研習與實修課程,並以我的上師祖古烏金仁波切的傳法方式為依循。這個課程一點也不複雜,而且是為了在職場上工作的修行者而設計。他們可能無法參與耗時的課程,卻仍然想要深入大圓滿的法教。

本書是大圓滿法教系列的第一本書,涵蓋了第一年課程的內容,並以《智慧之光》、《解脫莊嚴寶論》、祖古烏金仁波切的作法,以及「岡波巴四法」(The Four Dharmas of Gampopa,這即是一條完整的證悟道)為依據。

岡波巴四法的第一法「願心向法」(如何轉心向法),包括「轉心四思惟」(four mind-changings);第二法「願法向道」(如何確保佛法修持成為道途),總集了前行法的法教;第三法「願道斷惑」,包含了生起次第、誦修與圓滿次第的法教;最後,第四法「願惑顯智」,包括了如何有所決斷,以及如何透過大圓滿、大手印、中觀(梵mādhyamaka)三大見地而實證自心本性的法教。

本書涵蓋了岡波巴四法的第一法與第二法的部分內容。此後出版的書籍將繼續談論第二法、第三法與第四法。與這些內容相關的

題材與課程包括如何從事本尊法、分別修與無分別修（conceptual and nonconceptual meditation，有相禪修與無相禪修）等的建言。[13]

本書法教所針對的對象

本書所針對的讀者群包括初學者，以及在佛法中心擔任老師的資深修行者。本書簡明易懂，不但老師們可以將其當作教科書或參考書籍，新進的學生也能從中找到一個介紹整條道途的完整大綱，以及針對法道次第所作的深入解釋與實修法教的方法。

本書的〈實修指南〉提供了一個「延伸閱讀」的大綱（編按：中文版略），以輔助針對每個章節所作的討論。本書順應當代學生的需求來呈現大圓滿的道途，同時探討「出離心」、「悲心」、「虔敬心」、「認出心性」等重要且關鍵的傳統主題。

此外，本書也能發揮輔助、激勵之效，有助於尚未覓得上師或所在地附近沒有道場的學生朝著正確的方向前進。然而，書籍永遠無法替代一位真實且已然實證的大圓滿、大手印傳承上師，因此至關重要的是，學員應參與上師所舉辦的重要開示與閉關。

總之，我想要再度引用索甲仁波切的教言：

人類的未來與諸如佛法等靈修教導息息相關。我認為，不論經由哪一種分析，這個事實都顯而易見。西方社會的實踐性與獨創性，可讓佛法變得更平易近人。在諸如美國等國家，人們對

---

[13] 請參見 Padmasambhava (Author), Marcia Binder Schmidt (Editor), Erik Pema Kunsang (Translator), *Dzogchen Essentials : The Path That Clarifies Confusion* (Boudhanath: Yeshe Publications, 2004)。譯按：中文版請參見蓮花生大士等著，項慧齡譯，《我就是本尊：大圓滿斷惑之道》，新北市：眾生文化，2023年。

於靈修有一種近乎絕望的渴求。我認為，佛法能扮演一個舉足輕重的角色，回應所有人的需求，並在西方國家建立起一個修行的文化。[14]

瑪西亞・賓德・史密特
寫於納吉寺（Nagi Gompa Hermitage）

---

14 出自索甲仁波切，〈佛教的未來〉（The Future of Buddhism）。

致謝

文／瑪西亞・賓德・史密特

　　我要對確吉尼瑪與竹旺措尼兩位仁波切致上真誠的謝意，確吉尼瑪仁波切提出本書應當堅守的要點，竹旺措尼仁波切從一開始就幫助我們規畫本書的內容，一絲不苟地查核原稿以避免任何錯誤。

　　此外，我也要感謝艾瑞克・貝瑪・昆桑（Erik Pema Kunsang）翻譯許多篇章，針對困難的要點給予指導，並提供所需的資料。感謝史蒂芬・古曼（Stephen Goodman），他為這個出版計畫注入了不可思議的熱忱。特別感謝麥克・特維德（Michael Tweed）謄寫並編輯兩篇導言，查閱文稿，提出許多具建樹的建議。當然，本書得以問世，香巴拉出版社（Shambhala Publications）出色的工作人員功不可沒。

　　願本書成為許多隱身於西方社會的大圓滿瑜伽士在道上前進，證得成就，並饒益無數眾生之因！

| 實修指南 |

淨除迷惑，踏上法道

文／瑪西亞・賓德・史密特

具引導作用的法教

竹旺措尼仁波切規畫了本書的大綱，而這些具引導作用的法教猶如帶領讀者閱讀本書的地圖。

首先，要奠定基礎，而佛性即是這個基礎。其次，我們認識到自己的種種體驗皆是妄相。在此之後，我們可以透過修持法道上的法門而清除迷惑。

重要的是，我們必須培養一份開放與意樂的態度，依循這個傳統而從事「聞」與「修」。我要強調，本書無意新創一個體系，相反地，它以一種平易近人的方式來呈現一個已確立的方法。本書的編排是以蓮花生大士口授、蔣貢康楚仁波切（Jamgön Kongtrül）釋義的《道次第・智慧藏》為依據。

讀者可以先閱讀《智慧之光・一：蓮花生大士甚深伏藏〈道次第・智慧藏〉》（以下略稱《智慧之光・一》）所包含的根本頌，以及相對應於《解脫莊嚴寶論》第一章之引文的根本頌。

各章導讀

第1-2章

我們必須生起信心，相信自己能夠透過本具的能力——佛性——

而證得菩提。（請閱讀《解脫莊嚴寶論》第一章）

第3-4章

第三章〈基〉與第四章〈再次證悟〉相輔相成，我們可透過不同的方式來探討這些內容，一是一起閱讀、思惟這兩章的內容，二是分開地閱讀與思惟，並以《智慧之光‧一》第八章〈基的意義〉(The Meaning of the Ground）為參考。

第5章

本章介紹「禪修」，修行者應該從事適合自己的禪修，不論是修持奢摩他（梵śamatha，「止」或「寂止」）或毘婆奢那（梵vipaśyanā，「觀」或「勝觀」），或者依循本章的解釋而從事修持。

奢摩他之所以重要，是因為它能夠為之後所有的修持鋪路。它可以減少負面的心態，平息散亂與我執，使自心變得更開放、調柔，更適合領受法教。

第6-8章

法道依見地與行持而開展。對於如何契入修持以去除妄相，我們必須抱持正確的發心。在領受更高深的法教之前，我們必須按部就班，不能越級。如此這般地行走於道次第之上，是有原因的。換句話說，見地與行持必須保持相符一致。

我們應深入地研習並理解法教，巴楚仁波切（Patrül）所著的《普賢上師言教》(The Words of My Perfect Teacher）[1] 第一部的第一章〈暇滿之難得〉，與邱陽創巴仁波切（Chögyam Trungpa）所著的《突破修道上

---

[1] Patrül Rinpoche, *The Words of My Perfect Teacher* (Boston: Shambhala Publications, 1998).中文版請參見巴楚仁波切著，姚仁喜譯，《普賢上師言教》（上‧下）：大圓滿龍欽心髓前行指引》，台北：橡實文化，2010年。

的唯物》（*Cutting Through Spiritual Materialism*）[2]，皆是有助於理解法教的輔助書籍。

第9-10章

請參考《普賢上師言教》第一部的第六章〈如何追隨善知識〉，以及《智慧之光‧一》的第九章〈如何依止善知識〉。

大多數人都同意，平凡無奇、週而復始的日常經驗欠缺神奇的魅力與意義，無法令人滿足。然而，踏上修行的道途，並不表示我們進入一個夢幻世界，或行走於黃磚路上（yellow brick road）[3]。相反地，修行的道途能使我們與極微妙且至高無上的事物重新連結。為了生起這份光彩明朗與不可或缺的信心──這是一個交會點，最好的方法莫過於閱讀證悟者的傳記。縱使我們無法立即生起虔敬心，或尚未得遇上師，這些傳記將發揮激勵的作用，帶領我們朝著正確的方向前進。

會見一位證悟上師的經驗是不可思議的，對此，烏金督佳仁波切（Orgyen Tobgyal）講述他遇見祖古烏金仁波切的光景：

> 當人們會見祖古烏金仁波切時，都非常歡喜。許多外籍人士儘管只見了仁波切一面，他們的人生觀就徹底改變，並且感受到不可思議的加持與喜樂。修行者覺得自己從祖古烏金仁波切處領受到加持，甚至連普通人也覺得某件不尋常的事情發生了。每一個來到他跟前的人，即使數個小時已經過去，都不會感到疲累。這完全不同於與某些政客相處，你迫不及待地想要離開。
>
> 祖古烏金仁波切所散發的風采充滿力量，影響至深。他為

---

[2] Chögyam Trungpa, *Cutting Through Spiritual Materialism* (Boston: Shambhala Publications, 1973)。中文版請參見邱陽創巴仁波切著，謬樹廉譯，《突破修道上的唯物》，台北：橡樹林，2011年（修訂版）。

[3]《愛麗絲夢遊仙境》中所使用的一個隱喻，是指通往成功或快樂的道路。

人處世非常謙遜、低調,並且總是不辭艱辛、竭盡所能地饒益眾生,完全符合寂天菩薩(Śāntideva)所描述的菩薩(梵bodhisattva)典型。不論人們出身權貴或平庸,他都一視同仁,平等地教導每個人。他一向試著從聽者的角度來傳法,以為聽者帶來最大的利益。他不但以此方式來傳法,也以相同的方式與人交談。你會發現,祖古烏金仁波切清晰地體現了如汪洋般廣大的菩薩事業。[4]

那些已徹底「斬斷我執的束縛,只追求他人的福祉」[5]的上師們,不同於凡庸的世人。從這些大師處領受法教,會使受法者對他們的話語生起信心。我們這些老是心存疑慮的西方人士,除非有憑有據,否則往往不會去留意這些上師解釋了什麼,或不把它當真。打從一開始,我們就需要去驗證甚深法教與殊勝實相之間的真實性。一旦我們有了與具德上師相處的經驗,這就不會太過困難。然而,倘若我們尚未遇見一位具德上師,就需要以一種可信、可靠的方式,將這份殊勝的真實灌注於受法者的心中。正如祖古烏金仁波切所言:

> 我之所以相信佛陀,不但因為我是佛教徒,也因為自佛陀以降,已有許多人示顯了不共成就的徵相,這正是我覺得自己可以全心、全數地相信佛語的原因。如果人們希望實修佛法,信任佛法就至關重要。如果人們試圖去實修佛法,卻毫無信心,就不會起太大的作用。[6]

---

4 烏金督佳仁波切所說的這段話,被引用於Tulku Urgyen Rinpoche, *As It Is*, Volume II, p. 29。中文版請參見祖古烏金仁波切所著之《如是(下):實修問答篇》,頁33-34。
5 出處同上。
6 出自Tulku Urgyen Rinpoche, *Repeating the Words of the Buddha* (Boudhanath: Rangjung Yeshe Publications, 1992), p. 39。譯按:中文版請參見祖古烏金仁波切著,王淑華譯,《再捻佛語妙花:祖古烏金仁波切的實修直指竅訣》,台北:橡樹林文化,2012年。

從實際的觀點來看，由於辯證的訓練，我們需要應用三正量以生起信心。這三正量分別是：

> 佛語的無謬功德（聖言量）、證悟聖眾與證悟上師之經教的無謬功德（史傳量），以及根本上師之口訣的無謬功德（師訣量）。我們將根本上師所授予的口訣付諸實修。無數人藉由結合這三種無謬功德與自己的親身覺受（覺受量），因而抵達一種完全離於疑慮的境界。[7]

因此，我們也結合這三量與自己的覺受量，以達到相同的境界。

我要再次強調參加上師所主持的講習與閉關的重要性，我們可以藉此而遇見具德的上師。許多具證量的上師也常常在世界各地弘法，並且帶領有幸參與的弟子一起修持。此外，虔誠的弟子也有機會與上師共事，協助籌備這些課程。大家可以參考索甲仁波切所創辦的本覺會，或香巴拉等中心的網址，以取得相關的資訊。

本書書末的「延伸閱讀」（編按：中文版略）列舉了幾本上師的傳記，包括《伊喜措嘉佛母傳：修道上的追尋與成就》（Lady of the Lotus-Born）[8]、《大譯師馬爾巴》（The Life of Marpa the Translator，暫譯）、《密勒日巴》（The Life of Milarepa，暫譯）、《夏卡傳》（The Life of Shabkar，暫譯）、《曼達拉娃佛母傳：生生世世及解脫故事》（The Lives and Liberation of Princess Mandarava: The Indian Consort of Padmasambhava）[9]、《舞之主恰杜祖古傳》（Lord of the Dance，暫譯）與《蓮師傳：蓮花生大士的生平故

7　出處同上。
[8]　中文版請參見塔香·桑天·林巴（Taksham Samten Lingpa）著，普賢法譯小組譯，《伊喜措嘉佛母傳：修道上的追尋與成就》，台北：橡樹林文化，2011年。
[9]　中文版請參見喇嘛卻南（Lama Chonam）、桑傑·康卓（Sangye Khandro）著，項慧齡、趙雨青、楊書婷、宋伯瑜譯，《曼達拉娃佛母傳：生生世世及解脫故事》，台北：橡樹林文化，2011年。

事》（*The Lotus-Born: The Life Story of Padmasambhava*）[10]等等。

第11章

到了這個階段，修行者可以自行從事以下的修持，或從事團體共修，藉以把之前所學的理論與實修相融合。關鍵要點在於生起正確的發心。從事修持的發心有二：（一）利益無數眾生；（二）實證真實的心性與法性。

竹旺措尼仁波切提及，他的上師紐修堪仁波切（Nyoshul Khen）常常在授予極甚深法教的期間停下來，要求弟子檢視自己的發心，並提醒、策勵弟子若發心不正，則應當「重新調整」。措尼仁波切補充說道，在這個「重新調整發心」期間，紐修堪仁波切會和弟子一起靜坐，時而靜坐十五分鐘或二十分鐘不等。倘若如此偉大的上師仍以此來訓練天賦異稟的弟子，我們難道不該至少謹慎地檢視自己的發心？措尼仁波切說道：

> 不但弟子要檢查自己的發心，上師也應當如此。善發心必須與悲心相連結，別無他法。[11]

若有必要，應不時地檢查並調整自己的發心。

修持「從無明睡眠中醒覺」（*Awakening from the Sleep of Ignorance*）的另一個方式是在每一座修法之前，以它的儀軌作為前行。這是一個便利的方法，怙主頂果欽哲仁波切（Dilgo Khyentse）鼓勵我們這麼做，如此不但能向上師祈願，安住於與上師之心無二無別的狀態之中，也可以提醒自己在從事每一座修法之前，要生起正確的發心。

---

[10] 中文版請參見依喜措嘉（Yeshe Tsogyal）著，郭淑清譯，《蓮師傳：蓮花生大士的生平故事》，台北：橡樹林文化，2009年。
11 竹旺措尼仁波切未發表的口頭開示。

第12-14章

「岡波巴四法」本身即是一條完整的證悟道。岡波巴四法的第一法「轉心向法」包括了「轉心四思惟」，此時可以參考《普賢上師言教》，它的內容最清晰易懂。此外，也可參閱《解脫莊嚴寶論》。之後的幾個章節將繼續談論這些法教。

祖古烏金仁波切解釋了「轉心四思惟」與前行法的起源，以及如何加以實修：

> 印度的班智達（梵paṇḍita）與西藏的喇嘛都提及，為了真實地修持金剛乘的法道，淨除障蔽與積聚資糧必不可缺。然而，由於佛法極為廣大，修行者難以修持所有的細節。有鑑於此，這些大師把所有的經與續精簡濃縮為四種要去思惟之法（轉心四思惟），以及五種要去修持之法（各修持十萬遍的五加行）。[12]

在全心投入於修持前行法之前，我們必須相信圓滿修持前行法的必要性。從親身經驗來看，我的修持是以下述的方式而開展。在修習禪宗多年之後，我成為金剛乘的弟子；我喜歡禪宗法門的簡明，對於金剛乘法門的繁複則抱持懷疑的態度。我皈依格甘欽哲仁波切（Gegan Khyentse），他出身竹巴噶舉傳承，極具成就且樸實無華。竹巴噶舉的風格與禪宗謹慎、有序、精確的宗風相契合，你井然有序地前進，在完成目前所修持的法門之後，才開始從事下一個法門。

格甘欽哲仁波切堅持，在修持不共的前行法之前，我應該投入數個月的時間修持「共」的前行法，即所謂的「轉心四思惟」。在細細思惟這轉心四法之後，我欣然樂意地開始修持「複雜的」前行法，這顯示出格甘欽哲仁波切的善巧與睿智。

---

12 祖古烏金仁波切未出版的口頭開示，1983年。

在這個故事當中，有兩件令人啼笑皆非的事情：一是直到我修持「最高深且最秘密的」大圓滿法之後，才認識到「轉心四思惟」的甚深之處。二是我所師承的多位金剛乘上師，從格甘欽哲仁波切到我的根本上師祖古烏金仁波切，都體現了禪宗的簡樸宗風，複雜的是我的先入之見，別無其他。

我們不應該把關於六道諸苦的法教外在化。身為初學者，儘管我們懷疑地獄道、餓鬼道等處所是否存在，但其實可以很容易地就在心續當中發現六道的習氣。以瞋怒為例，請觀察自己是如何地燃燒驕慢、貪執的熊熊火焰，猶如置身炎熱地獄。我們的心被強烈的瞋怒所佔據，繼而被其吞噬。人們常說：「我很生氣，氣到火冒三丈」，不是嗎？然後，有一種如鋼鐵般冷酷的瞋怒，完全孤立又戒備重重，使我們與他人隔絕，彷彿置身寒冰地獄。我們是否一再地把這些感受正當合理化？

輪迴其他五道的習氣亦是如此。我們難道不曾體驗過貪婪、自私、愚癡、執著、嫉妒與驕慢？難道不曾因為自己的利益受阻，而置他人的願望於不顧？難道不曾操縱現實，以迎合自己的需求，並且失去隨喜他人甚或隨喜朋友成功的能力？

我們往往以自身的利益與舒適為重，棄「利他」於不顧，重視自己與自身的顧慮遠勝於他人。這些行為再再地顯示，我們正是因為這些習性而親身經歷六道的種種。六道皆因不善心所生的妄相而「存在」。

請閱讀《突破修道上的唯物》的〈六道〉（The Six Realms）與《自由的迷思》（The Myth of Freedom）[13]，它們針對六道眾生的心境作了絕佳的解釋。

---

[13] Chögyam Trungpa, *The Myth of Freedom* (Boston: Shambhala Publications, 1976)。中文版請參見邱陽創巴仁波切著，靳文穎譯，《自由的迷思》，新北市：眾生文化，2013年（修訂版）。

第15-16章

請參考第十二章〈岡波巴四法之第一法〉。岡波巴四法的第二法「願法向道」包括了關於修持十萬遍五加行的法教。第三法「願道斷惑」包括了生起次第、誦修與圓滿次第的法教。第四法「願惑顯智」則是關於如何生起決斷，以三大見地來實證心性的法教。

如〈序言〉所述，本書解釋了岡波巴四法的第一法與第二法的部分內容。繼本書之後出版的書籍將繼續闡釋這四法的其餘部分。[14]

請繼續援用《普賢上師言教》與《智慧之光‧一》。

第17章

祖古烏金仁波切說道：

若未淨除障蔽並積聚資糧，你將無法實證自生本智的真實義。因此，首要之務是努力修持淨除障蔽與積聚資糧的法門。資糧也分為有相福德資糧與無相智慧資糧兩種，積聚有相福德資糧包括前行法與本尊法，無相智慧資糧則是修持三摩地——自生本智的本然狀態。[15]

第18-19章

繼續研讀《普賢上師言教》，以及《突破修道上的唯物》的〈歸

---

[14] 關於岡波巴四法的第三法，請參見Padmasambhava, *Dzogchen Essentials: The Path that Clarifies Confusion* (Boudhanath: Rangjung Yeshe Publications, 2004)。中文版請參見蓮花生大士等著，項慧齡譯，《我就是本尊：大圓滿斷惑之道》，新北市：眾生文化，2023年。關於岡波巴四法的第四法，請參見 Tulku Urgyen Rinpoche, *Quintessential Dzogchen: Confusion Dawns as Wisdom* (Boudhanath: Rangjung Yeshe Publications, 2006)。中文版請參見祖古烏金仁波切等著，項慧齡譯，《大圓滿之歌：總集歷代重要大圓滿成就者之證悟心要》，台北：橡實文化，2011年。

15 祖古烏金仁波切未出版的口頭開示。

服〉（Surrendering）。

第20章

　　本章可作為個人修持與團體共修的範本，你可以使用自己所熟悉的前行法的法本。

第21章

　　此處以寂天菩薩所著的《入菩薩行論》（The Way of the Bodhisattva）為輔助與參考，也借助《普賢上師言教》與《智慧之光・一》來支援以下三個章節。

第22章

　　研讀邱陽創巴仁波切所著之《突破修道上的唯物》的〈敞開之道〉（The Open Way）。

第23-24章

　　以《突破修道上的唯物》的〈菩薩道〉（The Bodhisattva Path）作為增補。

第25-31章

　　以《智慧之光・一》的〈勝義菩提心的見地〉（The View of Ultimate Bodhichitta）為依據，以釐清並闡明疑點。

　　這個部分介紹了許多新穎的概念與詞語。若要進行詳細的分析，恐怕耗時多年，所以此處只稍作概述。儘管如此，我們仍然可以進一步地將其濃縮為以下兩個要點：

　　一、如果我們開始審視自己對於「我」與「法性」的既定看法，

它們經得起縝密的檢視嗎？

二、我們能夠確定自己的念頭、感受與感知是實有嗎？

這是開始運用西方社會的批判態度，以發現孰真孰假的絕佳機會。我們應該以這些方式來提出質疑，然而，所有的方法都只有一個主要的目標：把法教融入親身經驗，以使自己徹底地轉化。

如果這一切讓你太激動了，不妨租一片「駭客任務」(The Matrix)的影碟來觀賞，或以悅耳動聽的旋律大聲吟唱密勒日巴尊者的證道歌〈修所成慧〉。

第32-33章

以《智慧之光‧一》的〈禪修勝義菩提心及其果〉的深入討論作結。

修持無分別念的本智,
才是唯一能夠盡除無明與削弱執取的方法。

—— 確吉尼瑪仁波切

〔第一部〕入門教言

| 導言一 |

實證見地是究竟的皈依

確吉尼瑪仁波切

當修行者已認出大圓滿的本淨正見，
並能加以保任時，
就自動包含了所有的修持面向。

心基本上是迷惑的

探尋並發掘何者為真實，是身而為人的主要任務之一。在這個過程當中，我們必須以智力作為主要的工具，以正理作為驗證，而這兩者是我們此刻所擁有的一切。然而，當我們努力去加深自己的體悟與認識時，有個問題仍然如影隨形：這個如此聰明、理智的心基本上仍然是迷惑的。

因此，所有的「洞見」都被迷惑所充滿。很抱歉，我如此地直言不諱，但人類的認知真的充滿迷惑。在證得正覺之前，這份認知並非無謬的智慧，也並非真實。我們是否能夠承認自己尚未證悟？

佛的證悟狀態是一種能夠清楚、明白且徹底感知諸法本性的狀態，它是一種明瞭諸法本來面目的智慧，了無任何迷惑與扭曲。這是我們必定會求助於佛語與佛法的原因。

當代社會充斥著各種宗教、信仰體系與思想學派，我不確定為

什麼會有這種現象，但是我相信，這是人們各自的業（梵karma）與習氣的表現。大多數的修行人視佛陀為一位睿智的導師與和平的倡導者。在某些地方，佛陀的地位與當地宗教的創始者等齊，在其他地方，佛陀則居下位。

「我的哲學、我的宗教是最真實的。我們的祖師所說的話語是至高無上、昭然若揭的實相」，這種感受是人之常情，而相信自己所擁有的一切最為殊勝，也是人性的表現。人們往往因為這種信念而認為其他人的見解或心靈道途大錯特錯，會使人誤入歧途。由於我們置身多元化的世界，因此沒有必要在公開講說時，就開宗明義地聲稱：「我們的佛陀，而且只有我們的佛陀才是真實的！」

老實說，人性的自立特質並非新鮮事，它向來如此。有鑑於此，佛學傳統一直強調，人們應當透過智識的推理來驗證佛語和後繼諸位大師的經教。具聰明才智者以邏輯為可靠的所依。

在近幾個世紀當中，包括現代科學等強調「客觀現實」的哲學觀點一直佔有優勢。就產品與科技而言，「創新」這個概念備受吹捧、讚揚，而異於過往的新思想、新思維也廣受大眾喜愛。當代社會著迷於新奇的事物，任何能夠史無前例地創新的人，不論是新創一種觀點或想法，就自動成為一種新「宗教」的創始者。學童被教導愛因斯坦是一位天縱之才、一位創新者，不是嗎？

我們應重視佛陀的話語

今天，我們看見世人對佛法的興趣日漸濃厚，來自各種背景的人開始接觸傳統的佛教法教。我認為，相較於一位學識豐富的佛教大師，剛接觸佛教的西方人士反而比較容易接受一位通曉心理學或科學的佛學老師，即使後者對佛法只有粗淺的認識。就西方人士的教養背景而言，這是情有可原的。

那些教授佛學卻貶低佛陀與佛法的人，往往受到人們張開雙臂地熱情歡迎，並被敬重為權威。例如，某個人為了迎合聽眾而說：「頂禮毫無用處」，就立刻受到喝采；若再說：「沒有必要修持前行法，那只是西藏文化的產物」，就歡聲雷動。好逸惡勞是人性，而迎合這種心態的人總是備受歡迎。那些為了遷就他人的弱點而更改教學內容，並將它冠上「佛教」品牌的人，很可能會成為一項新運動的領導人物，他的追隨者將會高呼：「你的作風非常自由、開放，我喜歡！」

　　這僅是個人的觀察，我無法論斷這個現象是好或壞。如果你關心佛教的正統性，那麼我建議大家應該把焦點集中於佛陀、偉大的傳承上師，以及來自印度與西藏博學有成的大師。我認為，這對佛法的未來至關重要。

　　我知道，人們總是喜新厭舊，而這也反映在出版佛教書籍這個領域。人們認為，翻譯已故上師的教言並無可貴之處；相反地，如果有人以自己的話重寫一本論著，或針對學者之間牴觸或相符的意見進行比較研究，可能就會被視為別出心裁。

　　我所要提出的重點是，佛語至關重要。

　　瑪西亞・賓德・史密特、艾瑞克・貝瑪・昆桑兩人與我共事多年，情誼深厚，他們常常說，我的傳法風格適合當前的時代，應該出版成冊。當然，我會全力以赴，但我衷心覺得，就把佛法傳播至西方社會而言，翻譯原典遠比出版我的書籍來得重要。我寧願西方弟子把重點放在研習諸位大師的正統著作之上，而這些著作也應該一直是所有佛教法教的共同基礎。

　　如果研習佛法僅僅是以我或某個人為中心，就可能會面臨這種危險：人們把個人的喜惡與法教摻雜在一起──某些人喜歡我，某些人痛恨我，某些人信任我，其他人則否。在龍樹菩薩身處的時代，即使「辯論」與「反論證」在印度蔚為風氣，仍有一些佛教徒

指控龍樹菩薩扭曲佛語，蓮師也曾面臨相同的處境。這正是我們應該特別重視佛語的原因。

「法」能淨除無明

就本書所安排的研習架構而言，第一個重點在於談論種子、本基或佛性，我們應該先理解這個重點。其次是道次第，也就是我們因迷惑而陷入的處境。這迷惑是由什麼所構成？它何以持續不斷？什麼是迷惑？為什麼迷惑？執取於能執與所執二元的習氣有多麼頑強？我們如何自欺地相信有一個「我」？這迷惑如何觸發業行與煩惱，積累愈來愈多的習氣？

這些都是重要的主題，同時我們必須承認自己是迷惑的。我們置身於一個已啟動的連鎖反應之中，既無法巧妙地繞過它，也無法假造清淨與證悟。我們已然迷惑，這是當前的處境。下一個步驟是去認識這個處境並非無可逆轉，也不必無止境地重複迷惑的習氣。

迷惑只是暫時的，而非我們的本性，這是佛教的要點之一。因此，迷惑既可被清除，也會止滅。在這個時候，佛教的修持就能派上用場，因為共的法門與金剛乘的不共口訣，都是消除迷惑習氣的實用工具。

人們常常提出這個問題：「初學者是否能藉由閱讀幾本書籍和稍微從事靜坐，而達到所欲的目標？」我得說，迷惑的心無法自救，它必須有所依。我們通常把這個「所依」稱為「皈依處」，也就是佛、法、僧三寶。

就我們的切身經驗而言，「法」（佛法）是最有效的所依，因為當我們聽聞了一個真實可靠的經教與法門之後，經過反覆思考而清楚明白，繼而將其付諸實修，清除了妄惑與謬誤，它的確鑿性就不證自明。若不這麼做，迷惑的習氣將會延續。

依三寶而生起信心

在傳承持有者的心中，法教與法教的真實性是一種法性實相，我們因而向他們領法。已斷惑的人堪能代表佛陀的傳承，而這些人被稱為「僧伽」。僧伽所給予的建言是「法」，佛陀則是這種寶貴教誡之源，而這也是「三寶」被視為珍貴的原因。這出自於親身的經驗，並非只是一種信仰；信仰常常是空洞且盲目的。

如果「信仰」是靈修的共同點，那麼凡事都可以成為一種信念或信仰。每個宗教難道不都把它特定的信仰體系視為至關重要嗎？我懷疑有任何例外。然而，最常見的情況是，到了某個時刻，「信仰」毫無理性可言，你不再容許提出質疑，或者你提出問題，卻得不到任何答案：

「上帝創造一切。」

「何以如此？」

「它是教義，所以它是我的信仰。」

「信仰」常常意味著取悅一位普世的神：「上帝是無上的，我是低下的，若我以愛與忠誠去取悅上帝，祂將會保護並拯救我。這是我的主要任務——光是信仰，我就能得到救贖。為什麼呢？因為祂具有救贖的力量，而非由我所掌握。我必須尊敬祂，不要惹祂生氣。如果我乖乖聽話，等時候到了，祂就會把我帶到一個安全的處所。」我不反對人們持有信仰，我所要指出的是，這種信仰經不起智識的審察與檢驗。

有趣的是，佛教的實修傳統也把「信心」視為關鍵，然而，佛教的信心是指「知其理而生信心」，迥異於其他宗教的信心。

如何才能「知其理」呢？藉由實修竅訣而知其理。當我們這麼做時，就會真正體驗到「無二」，繼而對提供這份體驗的法教生起無疑的信心。這種信任源於「知其理」，也就是「以佛法來解脫

迷惑」。僧伽對我們指出這個事實，佛陀則是本源，由此可見，三寶與我們的修持密切相關。我們確實能夠生起真實的信心。

了悟見地的三個真實義

就金剛乘的修持而言，信心與淨觀必不可缺。當我們把信心與淨觀融入個人的經驗之中，它們就開啟了一扇門，讓我們能夠直接認出本智——空性的本性。

在佛陀所授予的共的法教之中，「虔敬心」常被理解為對於智慧的欽慕與鍾愛。修行者愈真心想要實證人我與法我的空性，就會愈來愈接近實證空性的目標。然而，金剛乘卻僅僅視「虔敬心」為一種心念，而且是最強大的心念。就此而言，虔敬心等同於另一種心念——悲心，這兩者被視為最崇高、最具威力。它們的大威力與大善能夠中斷所有其他的念頭，尤其是不善的念頭。

竅訣與證道歌總是強調虔敬心與誠心的強度，而一般的哲學教科書常常未提及這一點。一種勢不可擋到幾乎難忍的清淨悲心或虔誠的渴望，能夠剝除所知障，揭顯出最赤裸無遮的本覺。請諸位認識虔敬心與悲心的重要性，尤其在金剛乘之中，虔敬心特別重要。

如果你已遇見一位金剛乘上師，並成為其弟子，這表示你試圖將上師的一切言行視為清淨。不僅如此，你也必須懷著某種程度的淨觀去欣賞同修的言行。共的法教並未對「淨觀」這個主題多所著墨，而我瞭解它可能會是一個棘手的問題。然而，修持淨觀能使修行者飛速地進展；它是一條迅疾的道路。

我在此總結殊勝正法的要點。厭離心與出離心、慈心與悲心、信心與虔敬心等三個面向皆不可或缺，當修行者具足這三個面向，他（她）就已準備就緒，能夠認出並實證空性見。這三個面向缺一不可，否則就難以實證見地。

若無厭離心,就不會覺得有修行的必要;欠缺慈悲心,猶如想要飛翔卻了無雙翼,想要行走卻了無雙腿;若無信心與虔敬心,就根本無法理解金剛乘的甚深法教,很抱歉,我把話說得這麼直白。

再者,「出離心」應該是對「我執」的厭離,而非只是厭離某個骯髒污穢的處所。慈悲心不該只對朋友與家人生起,而應該無一例外且了無藩籬地慈悲對待眾生。我們必須訓練自己,以生起這些功德。

「密咒」(Secret Mantra)是「金剛乘」的同義詞,「秘密」意味著對妄惑的心而言,它(心)的本性是秘密的。修行者是否能夠在一、兩年之內或即身有所成就,完全取決於是否實證心性,而實證心性需要信心與虔敬心。

在共的法教中,佛陀並未明確指出信心與虔敬心的重要性,而其中的原因在於它令人難以接受。親愛的讀者,大多數人會接受這個事實嗎?如果有人告訴初學者:「遵從這位佛教上師所說的字字句句,視他所作的一切為圓滿」,他們難道不會立刻做出「這是邪教」的反應?是的,乍看或乍聽之下,它肯定像是邪教。這是一個棘手的議題。

然而,金剛乘的修行者不該把「淨觀」局限於上師,也應以相同的敬意與淨觀來看待金剛手足。我們不該只以「淨觀」來看待金剛手足,也應以相同的方式來看待眾生與諸法。金剛乘的修行者應該一再地訓練自己,視諸法都具有三身(three kayas)的自性。不論從哪一個角度來看,外器世界與內情眾生的大壇城皆是「基」,這是內金剛乘(inner Vajrayana)的關鍵要點。

厭離心與出離心、慈心與悲心、信心與虔敬心三個真實義,能使你迅速體悟最崇高殊勝的見地,我對此深信不移。研習佛法時,若未融入這三個真實義,儘管你能滔滔不絕地談論佛教的見地,但是坦白說,空談能調伏自心嗎?空談是廉價的,你也可以教一隻鸚

鵡說「通膩」（藏tongnyi，空性）、「卡達」（藏kadag，本淨）或「倫竹」（藏lhundrub，任成），不是嗎？

研讀佛法的正確方式

我想要再補充說明，修行者無須從事深廣的「聞」與「思」，也能夠在佛教的道途上前進。與其收集大量的資訊，更重要的是將主題融會貫通，加以實修。密集的研習不一定會使人厭離我執，也沒有人能保證多聞者就必定慈悲，也不一定會生起深刻的信心與悲心。有時候，「博學」確實會阻礙修行的進展，因此，我要特別強調研習佛法的正確方式。

調伏自心

什麼是研習佛法的正確方式？切勿以佛學知識來助長我執，也不要為了專挑他人的毛病而去增廣自己的智識。驕傲自大，假想有一個對手（這個對手其實除了自己之外，沒有別人）而發動攻擊的習性，讓人難以敞開心胸，調伏自心。這難道不明顯嗎？

在研習佛法的同時，請甘心樂意地承認：「我確實有缺點與過失。它們是我的缺失，而我需要有所改變。」一旦我們真誠地面對自己，就能迅速地調伏自心，開啟通往真實進展的大門。

我知道，「我完美無缺，其他人都大錯特錯」這種想法是人之天性，而我們也都有規避責任、歸咎他人的習性。但是，若在研習佛陀殊勝經教的同時，仍懷有這種心態，那麼儘管我們明白佛語，卻往往會用它來美化、膨脹自己的驕慢，並且輕視、批評他人，從不自我檢討。已有所學的人常常會懷有這種心態。

精進於聞、思、修

總之,使用本書的方法在於把書中所談論的主題融入親身經驗之中。我們需要調伏、柔軟自心,這是不變的準則,否則佛法就不會發揮功效。不論空談是多麼地天花亂墜,都毫無益處。我曾以一首詩來為此作總結:

藉由「聞」佛語與論著以除三過,
你因而變得柔和、寂靜。
藉由「思」,
你因而深信解脫。
藉由「修」,
你從內心而體驗自生本智。
因此,請精進不懈地聞、思、修。

研習佛法與證悟上師之經教的真實利益在於,我們將受到啟發而去改變自己思考、言談與行為的方式,因而變得更有禮,更平靜祥和。當我們徹底探究本書所談論的真實義時,就會明瞭自己真的能夠獲得解脫,而且人人都能獲得解脫。

這種信心是透過勝解而達成,而勝解是反覆思惟法教的結果。我們不應任由法教流於文字或想法,反而應該付諸實修,使其融入親身經驗之中。如此一來,眾生所本具的佛性就能顯露。這是我鼓勵諸位研習、思惟法教,並將其付諸實修的原因。

離於二元的習性

讓我以不同的方式來說明。如果你想要確定修持佛法將會使自己與他人解脫,就必須進行「聞」與「思」:是什麼障蔽自己的本性?我們為什麼與它失聯而陷入迷惑?這是二元執取之習氣的緣

故。若是如此，該如何去除這二元執取？我們需要訓練自己離於二元執取。

當我們不容許二元執取之心生起，並且任其消融、消失，那麼還剩下什麼？最後剩下的是所謂的「無二本智」。是的，這即是離於二元，這即是解脫的方式。這很清楚，不是嗎？解脫是離於我執，解脫是離於執實有！我們以此而生起真實的確信，甚至無須從事嚴謹縝密的研習。

許多人把「從輪迴解脫」想像為一個遙遠的處所；對於許多宗教而言，確實如此。「當我上了天堂，去了淨土，我就解脫了！我會向上帝或佛陀祈願，淨化自己，積累福德，取悅眾神，然後他們會照顧我，神奇地把我送往淨土。」這可能是一種普遍的信念，但是在佛教之中，真正的解脫是離於所知障與煩惱障二障。

就此而言，瞭解什麼是「二障」不是比較好嗎？正如龍樹菩薩所教導的，諸如慳吝等煩惱是煩惱障，而區分「作者」、「受者」與「所作」三者的分別念，則是所知障。你唯一需要的是透過針對二障所作的解釋，就得以瞭解並辨識二障。就二障而言，除非你能夠消除三輪分別的串習，否則就無法脫離迷妄，獲得真正的解脫。

保任大圓滿的本淨正見

當修行者已認出大圓滿的本淨正見，並能加以保任時，就自動包含了所有的修持面向。實證見地是究竟的皈依，它是勝義菩提心，也是真實的迴向與圓滿的祈願。換句話說，諸法都被包括在一味的狀態之中。果真如此，修行者就可以只管靜坐，無須從事任何常規的修持。其他人可能會想著：「他不念誦（法本），不皈依，也不發菩提心（梵bodhichitta）。」但事實上，這種大師是在修持真實的皈依，發起真實的菩提心。這是一種不可思議的不共功德，而

它的真實勝義也難以理解。

　　我要釐清一件事情：本智不會分別造作出「作者」、「受者」與「所作」三輪，因此，除非你認出本智，並能保任本智的相續，否則就無法消除分別三輪的串習，妄相也不會終盡或消滅。不論這個道理是被直白或委婉地指出，不論你是否精進地淨除惡業、積聚福德，你總是必須回歸這個要點。

　　縱使欠缺這個要點，任何的修持都能減輕迷惑的強度。毫無疑問地，每個善發心、利他心都能鬆開頑固的妄惑，削弱視諸法為真實恆常的執取，但是這鬆開與削弱皆非徹底，亦非永久。修持無分別念的本智，才是唯一能夠盡除迷惑與執取的方法。這顯而易見，不是嗎？這是我們唯一所需，也是最重要的要點。

| 導言二 |

繪製一張修行的地圖

竹旺措尼仁波切

你聞法、習法，
藉以發掘何者為真，何者非真，
你將使用這張地圖，踏上未來的旅程。

讓我們假設諸位已下定要成佛的決心。你們已聽說證得菩提是可能的，並且想要證悟，那麼我們該怎麼做？如何才能成佛？

大圓滿的法道

有一個強調竅訣與簡易法門的特別方法，而祖古烏金仁波切所使用的就是這個方法。時至今日，人們相信有這樣一種方式，只要援引幾句經文，把重點主要放在「離戲」即可。這或許是真的，但是如果我們審視細節，就會看見祖古烏金仁波切的方法是以傳統的大圓滿法教為基礎。

祖古烏金仁波切的傳法風格完全奠基於這個傳統之上，他邀請修行者去深入大圓滿教誡，沿著法道前進而成佛。本書試圖把祖古烏金仁波切獨特的傳法風格制定為一本研習與實修的手冊，對於這個願望，我樂見其成，並且歡喜地在此獻上我的祝福。

然而,我也要釐清,在祖古烏金仁波切的法教之中,仁波切是以《道次第‧智慧藏》的綱要為本而規畫出一條道途。《道次第‧智慧藏》提供了一個非常明確的修行次第,它的英譯版《智慧之光》已由自生智出版社(Rangjung Yeshe Publications)發行。祖古烏金仁波切是以《道次第‧智慧藏》為據,基於此一緣故,我樂見瑪西雅‧賓德‧史密特竭盡所能地擷取涵蓋了相同教誡的選文,並依照《道次第‧智慧藏》的次序來編排。

《解脫莊嚴寶論》的修道教言

岡波巴大師的《解脫莊嚴寶論》是另一本備受眾人喜愛、廣被引用的傳統典籍。在此論中,法王岡波巴開宗明義地說道:

我為了自己與他人的利益而撰寫本書,並以我的上師——偉大的瑜伽士密勒日巴尊者——的話語為本。

接著,岡波巴大師開始講授:「一般而言,一切法不外乎輪迴與涅槃兩者。」這意味著不論我們體驗了什麼,諸法都屬於輪迴或涅槃。

他繼續說道:「我們所謂的輪迴,其本性是空性。」涅槃亦是如此。如果輪迴與涅槃的本性皆空,那麼兩者應毫無差異。然而,它們之間的差異是什麼?「輪迴之相是迷惑之相,苦是其特徵。」

就在此時,你清醒過來,環顧四周而開始納悶:「這是怎麼回事?我的生命是怎麼回事?什麼是覺性?」你開始認識並接受自己的生命充滿了迷惑,你體驗諸法的方式其實就是輪迴,遍滿痛苦。正是在此時,你生起想要解脫的真誠願望。

什麼是「涅槃」?在聽聞關於證悟功德的種種故事與詳盡解釋

之前，讓我們先從這個簡單的定義開始：「涅槃意味離苦。」岡波巴大師說：「涅槃的本性是空性」，又說：「涅槃之相是所有的迷惑皆已耗盡、消失，其特徵是離於一切苦。」

他提出一個重要的問題：「是誰變得迷亂而陷入妄惑的輪迴之中？」在使用「輪迴」一詞時，我們所談論的對象是誰？岡波巴大師回答他所提出的問題：「迷惑的是輪迴三界眾生。」

為什麼會發生這種情況？「這迷惑的基礎是什麼？」岡波巴大師問。「他們對『空性』感到迷惑。」他回答。

岡波巴大師繼續提出質疑：「是什麼令其迷惑？」

他回答：「大無明使他們迷惑。」「他們如何陷入迷惑？他們變得迷惑而陷入六道眾生的妄相之中。」

岡波巴大師提出更多的問答：

我們可以用什麼比喻來形容這種迷惑？眾生陷入迷惑，猶如在睡夢中一般。他們已迷惑多久？從無始輪迴以來，他們一直就是如此。陷入迷惑有什麼壞處？他們只會經歷痛苦，除此無他。這迷惑何時會被清除？迷惑何時會顯露為智慧？

他回答：「盡除迷惑的剎那，你就證得正覺。」岡波巴大師的最後一句教言是：

如果你認為這迷惑會自動消失，輪迴就永遠不會終盡，這是人盡皆知之事。

他以此為《解脫莊嚴寶論》作結：

由此可見，輪迴是迷妄，充滿巨苦，永無止境且不會自行解

脫。因此，從今以後，你必須全力以赴，以證得正覺。[1]

這是岡波巴大師針對「為什麼要修持佛法」所提出的基本見解。《解脫莊嚴寶論》包括所有從事「思」與「修」的主題，並且說明如何透過集合本因、所依、助緣等必要條件，以進行思惟與實修。本書也針對這些主題作了解釋。

《道次第‧智慧藏》的修道架構

《道次第‧智慧藏》以這句話總結了一切：「它具有所知、所證，以及最終之果。」[2] 換句話說，這些是指你要去了知的事物、了知此事物的道途，以及徹底實證之果；這三者通常被稱為「基、道、果」。

《道次第‧智慧藏》說道：

周遍的善逝藏（梵sugatagarbha）是要去理解之基，
非和合、明、空，這是本覺的本然狀態。
它如虛空般全然寂靜，超越妄惑與解脫；
它安住，既不離輪迴，亦不入涅槃。

由於俱生無明與分別無明的大魔，
從執取與固著的頑固習氣，
以及從外器世界與內情眾生的不同感知之中，
六道眾生顯現為一場夢。

1　這些引文皆出自《解脫莊嚴寶論》，由艾瑞克‧貝瑪‧昆桑口譯。
[2]　請參見蓮花生大士口授，法護老師譯，《上師意成就金剛忿怒力‧口授道次第‧智慧藏》之〈本頌〉（以下略稱《道次第‧本頌》）：「於其所知能證究竟果，以三種相作為代表者」。本書所譯是依據艾瑞克‧貝瑪‧昆桑之英譯，與法護老師所譯頌文略有差異。

儘管如此,你卻從未離於也將永遠不會離於本然心性。
因此,請努力淨除暫時的雜染。[3]

這個部分說明了修持法道的原因,而這也是我們所擁有的基本架構。《道次第・智慧藏》的其他部分則解釋了「證悟」這個主題,以及前行法、正行、灌頂、三昧耶(梵samaya)與見、修、行等不同層次的修持。

人們常常不確定自己為什麼應該修行:「為什麼要修行?它會帶來什麼結果?我們目前的處境是什麼?」有鑑於此,我們必須先認識自己的基本潛能——佛性,並瞭解自己被什麼所障蔽、如何去除障蔽,以及最後會得到什麼結果。我們可以透過這個基本的架構而瞭解什麼是「道」與「證悟」。

祖古烏金仁波切傳法的特質在於以見地為始,而非以見地為終。他鼓勵修行者在見地的架構之內,修持虔敬心、悲心、出離心、積聚資糧、淨除障蔽等所有面向,並視它們皆為見地的表現。這是祖古烏金仁波切獨一無二的風格。

我在此提及的《道次第・智慧藏》與《解脫莊嚴寶論》兩大文本並未明確地以見地為始,反而陳展了一條經過試煉而行之有效、適合各種修行者的道途。修行者先充分瞭解什麼是佛性,珍視「難得人身」這個真實所依,繼而與一位具德上師結緣,領受其口訣,漸進地依循次第而證得究竟的果位。

---

3 出自 *The Light of Wisdom*, Volume I (Boudhanath: Rangjung Yeshe Publications, 1999), p. 84。譯按:中文版請參見蓮花生大士口授,蔣貢康楚一世釋義,普賢法譯小組譯,《智慧之光・一:蓮花生大士甚深伏藏〈道次第・智慧藏〉》,台北:橡樹林文化,2016年。本段偈頌請參見《道次第・本頌》:「所知基是周遍如來藏,無為空明本明之自恣,超越迷悟如空極寂滅,更無輪涅增減而轉變。俱生遍計無明大妖魔,能執所執習氣深厚中,執著情器世間為相異,眾生六道如夢般顯現。縱然如是體性本性中,以無動故亦不成動轉,當勤淨治客塵之垢染。」

結合「聞」與「修」的法道

多年來，我遇見許多人想要瞭解佛法，並且踏上佛法的道途，但是他們常常為了如何結合「聞」與「修」而感到困擾。

座上修持止觀，座下研習

例如，在談到十地（梵bhūmi）時，它列舉了聖眾所擁有的種種殊勝功德，聽起來美妙至極，但是講授佛法的老師卻說：「你們現在尚未擁有大菩薩的功德，所以無法如他們那般地從事修持。」然而，你卻可以在座上修期間修持寂止與正念，於座下修期間研習所有的典籍。當你修止（奢摩他）到達某種程度的穩固之後，可以開始修觀（毘婆奢那），並於座下修期間從事研習。在這個時期，你可以把所研習的主題融入修觀之中。一旦修觀有所進步，就可以繼續修持大手印或大圓滿。

這意味著你在領受直指口訣之後，於從事座上修期間，以保任本覺為主。這應該相當明顯，因為座上修是你專門用來保任本覺的時間。在此同時，你仍然在座下期間繼續研習，不要中斷。我認為，這是一個非常務實地結合「聞」與「修」的方式：在座上期間修持，於座下期間研習。隨著你以此方式而按部就班地前進，你將發現它相當有效。

當然，初學者先要對佛法有基本的認識。一旦立定大方向，就可以踏上道途。奢摩他是第一個禪修訓練，同時在座下修期間，諸位應該竭盡所能地去熟悉輪迴的種種，以生起脫離輪迴的決心，這即是所謂的「出離心」。其次，你要學習如何覓得一位真實的上師，並且辨識、判斷對方是否值得依循。你也必須瞭解修持菩提心的重要性。在座下修期間，你研習並理解所有這些主題。

我建議，當諸位從修止而進步到開始修觀時，將修觀與座下

期間針對「空性」所作的研習相結合。「諸法從未生、住、滅」是什麼意思？「法我與人我皆不具實有」是什麼意思？「如何斬斷我執？」「如何避免落入修道的唯物主義？」請研習所有這些主題。

一旦你與真實的金剛上師結緣，不但從上師處領受了直指竅訣，也認出被指出的心性之後，這是開始修持自然地安住於自生本覺的時機。此時，在座下修期間，應當閱讀哪些書籍？你應該閱讀大圓滿法教、直指竅訣、《大鵬金翅鳥的翱翔》（The Flight of the Garuda）等類似的文本，慢慢地閱讀或大聲朗讀，並且交替地修學其中的意義。

此時，你仍然在座下修期間運用智識的判斷，深察其意，以對心性有愈來愈清楚明白的認識。你必須在智識上有所信服，因而繼續修學，直到全然信服，甚至信心滿溢為止。這極有幫助，因為當我們再度靜坐而從事座上修時，往往會昏沈或散亂。這種習氣必須加以調伏，而且一旦它們被調伏，美妙的結果就會隨之而來。

研習佛法，減少懷疑

吉美林巴尊者（Jigmey Lingpa）提及，在過往的「圓滿時」（梵krtayuga）期間，人們比較知足，少貪欲，不會因為外物而散亂，情緒因而比較穩定。在這個時期，修行者無須過度勉強自己去從事「聞」與「修」，反而只要依止上師所授予的竅訣即可。

基本上，他們只要透過上師所授予的竅訣，就能證得菩提。那是一個遠比今日更加穩定的時代。或許這是因為當時科學尚未發展，欠缺科技產品與精密複雜的玩意兒，令人散亂的事物遠比現在來得少，心也自然而然地平和。內心平靜時，人們對於修行就更容易有所決斷，較少懷疑。

當今的狀況則相當不同，我們的注意力被種種外物所佔據，

世界充斥著各種偏見、不同的哲學學派，以及古老與新興的宗教等等。人們面臨巨大的抉擇，必須判斷並決定哪一個對自己最好、最有利。這是一個非常艱難的抉擇，我們應該依止什麼？

我們必須依靠自己的理智，即使擺在眼前的是佛教，也不能立即相信而照單全收。我當然可以說佛教最殊勝，遠勝過其他宗教，並細數佛教的不共功德，但這仍得由你自行判斷、決定與信任。因此，研習佛法是個好主意。

且讓我改述吉美林巴尊者所說的話。如果諸位真的想要理解大圓滿的法教，請瞭解我們已不處於「圓滿時」。在當前的時代，研習佛法有其必要。我們研習，接著實修，然後再研習，再實修。這是一個結合「研習」與「實修」的時代，而不該頑固地執著於「實修是對的，研習是錯的」的想法。吉美林巴尊者說道，這種心態在這個時代不管用，在未來也行不通。有鑑於此，尊者寫道，未來世代的人們若想要如實地實證大圓滿，就必須或至少在某種程度上聞、思佛法。

當我閱覽瑪西亞‧賓德‧史密特的選文時，我感到相當歡喜與滿意。我之所以這麼說，是因為只專注於靜坐禪修而不習法的人一旦心生疑慮，就非常難熬。他們納悶：「嘿！我真的修得正確嗎？」我現在談論的不是某個心續已解脫的人，而是在此之前的次第。「疑惑」與「猶豫」會阻礙修行的進展。「疑惑」正是在座下修期間立足生根，它是一個胸無點墨之人無從解答的問題。某人若對佛法已獲得某種紮實的理解，將會稍作思考，想出一個聰穎的答案，然後塵埃落定。

了無懷疑即是真信心

現代人往往會在生命的某個階段，開始對感官刺激、物質、冒

險與生活感到厭煩:「我厭倦了這一切!我只想要休息、度假。」這種心態猶如一個開始修止的處方,而深度放鬆則是這個處方所要達成的目標。

人們一旦身心安頓,尋得寧靜(這相當令人感到愉悅)之後,通常就會放棄佛法。何以如此?因為人們已達到所欲的目標,而且並未真正地瞭解佛法的真義。「我想要得到一些紓解、一些快樂。我找到了,而這已經足夠,我別無所求。」這種滿足很容易會遏止再進步的可能性。

然而,另一種人卻如此地思惟:「那一丁點的快樂有什麼大不了的?那種快樂並不深長,而且佛法並非僅止於此。什麼是佛法的真實要義?」若以這種心態來從事「聞」與「修」,將會卓然有成。在座下修期間,你聞習佛法,藉以發掘何者為真,何者非真,並且以此為踏上未來旅程的地圖。然而,倘若你不使用它,繪製地圖就毫無意義。

當你真正地踏上旅程,就證明了地圖的重要性。隨著你發現沿路所見的山光水色與地圖的描繪相符一致,就會生起一份更強烈且堅定不移的信心。若無地圖,你很難生起一份確信。如果你知道如何正確地修持,那麼在座上修期間,你可能毫無懷疑,但是疑慮可能仍然會在座下修期間生起。

許多人對我訴說他們的種種疑惑,每當疑慮生起時,假如他們能夠立即解決、因應,那就太美妙了。在納悶自己該怎麼做、這麼做是否正確時,若能立即有所解答,那就太棒了。了無疑惑,即是真實的信心。在座上修期間,這份信心能夠增盛禪定。隨著持之以恆地修持,你的體悟將會日益深刻,直到你的心續變得解脫無礙。如此一來,研習與解脫、繪製地圖與抵達目的地之間就有了關連。

我的看法是結合「聞」與「修」,否則,我們最後可能無法作出任何選擇,或無法信任任何事情。我們與佛教修持之間的寶貴業

緣，可能會因為某個小小的事件而喪失，因此之故，諸位應該運用聰明才智來強化這份業緣，如此就能調伏煩惱的串習，繼而解脫、證悟。我認為這是一個更好的選擇。

人們也可能持續不斷地研習，最後沒有時間從事實修。若是如此，就失去了佛法的真正目的。這個情況猶如你不斷地研究並重新繪製地圖，直到你年至耄耋，卻從未拜訪任何風光綺麗的處所。這有什麼意義呢？另一個可能性是，你不攜帶地圖，就開始上路，並指望自己最後會到達正確的地方。如果你恰巧抵達西藏，你甚至可能不知道自己已置身西藏，也可能不會認出拉薩。如果你對拉薩的某些處所略有所知，當你抵達時，就能夠有所認出。

以淨觀從事修持

我想要以這個願望作結：願諸位的研習成為一盞驅散無明黑暗的明燈，願諸位的修持能夠盡除障蔽與煩惱習氣。如此一來，你們不但將會證得心的寂靜，也會朝著證悟的目標前進。

以本書作為研習依據的讀者可能是我的學生，或是我的父親祖古烏金仁波切、兄長確吉尼瑪仁波切的弟子。此外，你們也可能師承邱陽創巴仁波切、索甲仁波切或任何其他當代的大師。我想要鼓勵諸位在研習佛法時，不要抱持分派主義的心態，也不要懷有諸如此類的想法：「我是確吉尼瑪仁波切的弟子，不是其他人的弟子！」「措尼仁波切是我的上師，這本書沒有摘錄太多他的法教，所以我不會使用這本書！」「我依止邱陽創巴仁波切，這本書沒有擷取他的法教，所以不適合我！」這些都不是正確的心態。請保持開放的心胸，重視值得重視的事物。此舉也將確保諸位在未來，也將能無分別地利益他人。

不分派的態度不但切合實際，也接近真實。我們應該繼續依循

自己所屬的傳承，但與其讓心胸變得愈來愈狹窄、充滿偏見，反而應該珍視所有其他傳承的法教。

在趣入金剛乘的法教時，淨觀必不可缺，因此，請以淨觀與一顆開放的心來從事修持。「淨觀」是金剛乘的不共觀點，藉由淨觀，妄相之「不淨」將逐漸地成為本智的清淨壇城。請任此一境界現前。

你應該猶如在購買黃金之前，
仔細檢測黃金那般地分析我的法教，
切勿不予置疑地相信我的話語。
你必須親自抉擇審視。

—— 釋迦牟尼佛

〔第二部〕 起點

第1章

佛性

堪千創古仁波切

人人皆有佛性,也擁有證悟的種子。
佛性是一種相續,
陪伴我們在基、道、果的旅途上前行。

發起利益眾生的菩提心

　　當人們力求自利時,通常會被視為明智,甚或可敬,但人們有時卻為了獲得自身的快樂而意圖傷害他人。就佛法的脈絡而言,這被稱為「不善發心」;「善發心」則是利他的願望。然而,假若我們把「他人」詮釋為朋友、親戚、同胞等特定的少數人,這發心就是偏頗的。我們絕不應該偏袒某些眾生,傷害其他眾生,反而應努力培養這種態度──懷著善願去接納包括動物在內的一切眾生,如此一來,這份善發心將逐漸成為廣大遍滿的菩提心。

　　某些人說,佛教徒並未真正地服務、貢獻社會,反之,基督教組織則建校興學、設立醫院等等。從這個觀點來看,佛教徒似乎未以具體的方式來利益社群。然而,佛教的主要目標卻在於透過心靈的修持,成就他人的福祉與安樂。佛教修行者秉持善發心而服務他人,倘若他(她)持續地發起善願,就能真正地利益眾生。因此,

不論我們是在閱讀或聽聞法教，或將其付諸實修，發起菩提心皆至關重要。

雖然我們決定要去尋覓並依循一條真實且圓滿的道途，但是若無具德上師的指引，我們將永遠無法尋得。如果我們試圖自行尋找這條道途，或依循一位有所缺失的上師，可能就會面臨鑄成大錯的危險。因此，我們必須先小心翼翼地尋覓真實的上師，然後依止他的建言。

人人皆有佛性

人人皆有佛性，也有證悟的種子。由於這種子（或潛能）能被實證，所以我們都擁有佛性。在「基」的時期，我們擁有佛性；在「道」的時期，佛性是相續的；在「果」——正覺——的時期，佛性也是相續的。佛性是一種相續，一路陪伴我們在基、道、果的旅途上前行。

佛陀循序漸進地授予法教，以幫助眾生認識諸法的本性。他首先教導，輪迴充滿諸苦；「苦」始於顛倒迷妄。佛陀最初所授予的法教被稱為「初轉法輪」，指出無常與苦是輪迴的本質。

當弟子熟悉這些基本的法教之後，佛陀教導，「無常」這個事實雖然無可否認，但它也不具實有。因此，佛陀在「二轉法輪」時強調「空性」，即諸法皆欠缺實有與自性。

在此之後，佛陀教導，空性並非一個空無的狀態。若是如此，諸法怎能顯現？宇宙怎能生起？佛陀於是「三轉法輪」，傳授最後一系列的法教。這個甚深且究竟的法教強調「本智」，著重於心的明分——了知諸法的能力。

佛陀首先給予建言，強調利己的重要性；這是小乘的重點。接著，佛陀指出證得菩提，以利益如虛空般廣大無盡之眾生的重要

性;這是大乘法教的特徵。最後,佛陀傳授金剛乘。為了修持金剛乘的法教,修行者必須先奠定基礎,而這基礎包含兩個面向,一是生起菩提心,二是確立正見。這兩個面向若不穩固,修行者就無法真正地修持金剛乘的法道。

■ 本章摘自堪千創古仁波切(Khenchen Thrangu Rinpoche),《佛性》(*Buddha Nature*,暫譯),〈導言〉(Introduction),博達那:自生智出版社(Boudhanath: Rangjung Yeshe Publications),1988年。

第 2 章

基——佛性

祖古烏金仁波切

認出佛性的剎那,就猶如附身的鬼靈突然消失,
我們甚至不知道它去了哪裡。
這即是所謂的「斷惑」。

佛性是眾生身、語、意之「基」

我們必須明瞭「輪迴」與「涅槃」這兩個用語的意義。「涅槃」意味著全然實證、圓滿成就的佛性,而佛性是由身、語、意三面向所構成。「身」是真如體性;「語」是它的自性,即明明白白的明分;「意」是光明燦亮的大悲力用。這三個面向無異是諸佛的體性、自性與大悲力用（essence, nature, and capacity）,也構成了諸佛的體性;善逝（梵 sugata,諸佛十號之一）都具有這相同的本性。同樣地,輪迴是眾生的身、語、意,而這三個面向是眾生的體性、自性與大悲力用的迷妄表現。

佛性是遍滿的,這意味著佛性本就存在於輪涅諸法之中。請記得,「涅槃」是指所有覺者的身、語、意。「身」是本然的體性,「語」是明現的自性,「意」是光明燦亮的大悲力用,諸佛的身、語、意即是所謂的「三金剛」（three vajras）。

佛性是存在的，猶如存在於天空中的明亮太陽。它無別於證悟狀態的三金剛，既不壞亦不變。金剛身是不變的功德，金剛語是不息的功德，金剛意是真實無謬的功德。因此，三金剛是佛性或法界（梵dharmadhātu）；在此同時，佛性的妙力顯現為眾生迷妄的身、語、意。

就一般的意義而言，「身」是會腐爛的血肉之軀；「語」是斷斷續續的話語，它們來來去去，最後消失；「意」是來來去去的念頭與情緒，受到二元心的控制，猶如一串念珠上的珠子，這些不同的心所也是短暫的。我們都同意，眾生的身、語、意不斷地變化、來去，儘管如此，佛性或含納輪涅諸法的法界仍是眾生的身、語、意之「基」。佛性是眾生之「基」，無一例外。

從「清淨」的觀點來看，眾生皆有佛性，佛性是勝者（諸佛）的妙力，猶如太陽散放出來的光芒。光是太陽散放出來的，對不對？若沒有太陽，就不會有光。同樣地，佛性的妙力是眾生身、語、意的本源，而這佛性遍滿輪涅。

話說，眾生皆是佛，但他們卻被暫時的障蔽所遮覆。我們的念頭即是暫時的障蔽。佛性或覺性（本覺）遍滿輪涅——它不只遍滿於涅槃的覺醒狀態，也遍滿於諸法。眾生未證悟的身、語、意，是從證悟身、語、意的功德妙力當中生起。正如虛空是遍滿的，覺性也是遍滿的。若非如此，虛空會是遍滿的，覺性則否。覺性如虛空般廣大且遍在，而且一切諸法皆在覺性之內。正如虛空遍滿於外器世界與內情眾生，覺性也遍滿眾生的心。

本初虛空與本覺無別

重要的是，我們必須先瞭解此處所提及的奧義，才能真實地修持大圓滿的法教。除非我們對「真實」有所了知，或至少在智識上

有所認識，否則就可能會認為眾生是不相干且陌生的外來個體。我們不知道他們究竟是誰，也不知道他們的來處與歸屬，但眾生並非互不相干。諸佛與眾生之間的差異在於，後者的眼界與心態是狹隘的，並且因此而困在自己小小的、局限的輪迴之內。

話說，諸佛與眾生的差異，猶如狹窄局促的空間與廣大通徹的虛空之別。眾生猶如一個緊握拳頭之內的空間，諸佛則全然開放，廣大遍在。「虛空」（basic space；藏ying；界）與「本覺」本就廣大遍滿，「虛空」是「心無造作」，「本覺」則是了知這「心無造作」，認出心性的大空性。虛空與本覺本就無別。話說：「當母親（虛空）不離其子（本覺）時，毫無疑問地，他們將永不分離。」

實證虛空與本覺之無別，即是究竟的佛法。這是起點，也是第一個被指出的要點。我們對此必須有所瞭解，否則可能會認為本初佛普賢王如來與佛母是生活在數劫之前，全身藍色的老叟與老婦。其實並非如此！他們是虛空與本覺的無別雙運。

空性是「空明」而非「空無」

如諸位所知，佛教的九乘次第[1]與四大部派——毘婆沙宗（梵Vaibhāṣika）、經量部（梵Sautrāntika）、唯識宗（Mind Only）與中觀派（Middle Way）——是依人各具的根器而立。另一方面，「大圓滿」一詞意味著大圓滿包含一切，而且一切皆圓滿。

話說，大圓滿是無與倫比的，這表示最崇高者莫過於它。何以如此？大圓滿之所以無與倫比，是因為它了知什麼是「真如」——法身（梵dharmakāya）究竟且本然的狀態。這難道不是究竟至極

---

[1] 九乘是指顯三乘（聲聞、緣覺與菩薩）、外密三乘（事部、行部、瑜伽部）與內密三乘（瑪哈瑜伽、阿努瑜伽、阿底瑜伽）。

嗎?請諸位仔細地瞭解這一點。

大圓滿離於任何限制,它是全然的通徹,超越分類、諸邊,以及種種假設與信念的束縛。所有其他描述諸法的方式,都受到類別與諸邊的約束。在大圓滿之中,三身與五智的見地是我們所要企及的終極目標。請仔細聆聽以下這個引言:「雖然諸法皆空,但是佛法的不共功德卻非空無三身與五智。」其他宗派都闡釋諸法皆「空」,但佛陀的真正用意其實在於使用「空性」一詞,而非「空」。這是一個關鍵要點。

例如,般若波羅蜜多(梵Prajñāpāramitā)諸經說道:「外在諸法是空性,內在諸法是空性,空性是空性,廣大是空性,勝義是空性,有為法是空性,無為法是空性……。」[2]

在此,「空性」應被理解為「明空」(empty cognizance),請瞭解這一點。「emptiness」(空性)一詞的詞尾「-ness」(性)暗示著「明分」。我們必須瞭解「空性」這個詞的正確意涵,否則,光是說「外在諸法皆空」,這聽起來太過虛無。若把空性理解為「空虛」或「空無」,而非「明空」,那就太傾向於「斷見」,即認為一切皆空無。這是一個嚴重的誤解。

佛陀首先教導「諸法皆空」,這無可非議,也在所難免,因為我們需要去瓦解「視所有的經驗為恆常」的固著。一般人把自身的經驗執取為「彼」——某件堅實、具體、真實且恆常的事物,而非只把它視為「經驗」。但是,如果我們誠實且仔細地檢視,就會發現「經驗」就只是「經驗」,而不是由任何事物所構成。它不具形相、聲音、顏色、味道與質地,它只是顯相——明空。

---

[2]《大般若波羅蜜多經》卷462:「外空、內外空、空空、大空、勝義空、有為空、無為空……。」(《大正藏》第7冊,頁333)

體驗諸法的是「心」

你睜開雙眼所見的繽紛、生動的顯相不是心,而是「明的色相」(illuminated matter)。同樣地,當你閉上眼睛所見的黑暗也不是心,而是「暗的色相」(dark matter)。就這兩個情況而言,「色」只是諸法的顯相或經驗,而體驗諸大種與諸法的是「心」。

要有一個注視顯相的心,顯相才會存在。事實上,注視那顯相的「注視」也只不過是一個經驗。若無能執的心,顯相怎能成為顯相?它根本無法生起。顯相是被心所體驗,而不是被水大或地大所體驗。只要心執取於五大,它們就會是清楚分明的。然而,五大也僅僅是顯相,除此無他。

執取顯相的是「心」,當「心」不執取或不固著於對境——換句話說,當真實的真如三摩地(samadhi of suchness)在心續之中顯露時,諸法實相就失去它堅實、障蔽的性質。這正是具成就的瑜伽士不會被火焚燒、被水淹溺或被風侵襲的原因。對他們而言,心的固著已然瓦解,所有的顯相因而都僅僅是顯相。心是能執,而顯相是由心而生。除了心之外,還有什麼能夠體驗?「心」意味著個人的體驗(自顯),而所有的體驗都是個人的。

例如,某位瑜伽士的無明瓦解了,這不表示其他人的無明也消失了。某人證悟時,證悟的是那個人,而非其他人。瑜伽士離於固著時,只有他的妄相消融了。請思考這一點。然而,另有一個面向被稱為「他顯相」(他人的經驗),或眾生的「共顯相」。

在所有看似堅實的諸法當中(此時,仁波切敲擊他的木床),無一是不可摧毀的。在這個世界上,所有的物質(色法)都會被劫末火所焚毀殆盡,無一例外。然後,劫末火將會自行消失。(仁波切輕笑)

請諸位花一些時間修持「淨治明相」(藏Nangjang,音「囊

將」）³這個法門。經由這個修持，我們將發現諸法皆非實有，皆非真實，所有的顯相皆是自顯。當我們不再固著於顯相時，就會看見它們皆非真實、非實有。世界上任何被造作出來的顯相都不會常住，而看似真實的外在色相也不會駐留，它們皆是依業而生的顯相。

就定義而言，世俗諦皆仰賴因緣，對不對？在解釋世俗法時，你必須提及它們的因緣，別無他法。最後，我們瞭解到，究竟而言，它們的本性超越因緣。「勝義」不可能由因緣所造。

佛性能淨治無明

唯有真實的三摩地，才能淨治或滌除自心造作的迷惑。更多的顯相與更頑強的固著，將無法摧毀迷惑。這是眾生所本具的甚深狀態，要是他們知道就好了！我們已具足真實的本性，它被賦予「法身」、「報身」（梵sambhogakāya）、「化身」（梵nirmāṇakāya）等名稱。它被無明所遮蔽，但在此同時，只有它才能摧毀無明，這是不是很不可思議！（仁波切輕笑）

一旦證得穩固的三摩地，無明就被摧毀殆盡。三摩地拆穿了無明的整齣戲碼。換句話說，這個心基本上造作了無明，而藉由認出自心本性，就能從此淨除無明，並且不會再造作出無明。要是每個人都能瞭解這一點，那該有多好！這太美妙了！（仁波切笑）正是心製造了無明，而這個心也能徹底瓦解無明。（仁波切笑）除了佛

---

3 「囊將」（藏Nangjang）意指「淨治明相」或「修治顯相」，它是修行者透過大圓滿的甚深法教而決斷諸法與顯相之本性的過程。敦珠林巴尊者（Dudjom Lingpa）所取出的伏藏《無修佛道：現證自性大圓滿本來面目之教授》（*Buddhahood Without Meditation*, Padma Publishing, 1994）即是教授「囊將」這個法門的超絕範例。譯按：中文版請參見掘魔洲尊者（敦珠林巴）著，許錫恩譯，《無修佛道：現證自性大圓滿本來面目之教授》，新北市：全佛文化，2009年。

性之外,還有什麼是離於無明的?佛性既是無明之基,也能瓦解無明。請努力去瞭解這個道理!這是諸位能理解之事!

無明使眾生與佛性分離,但是淨除無明者,也正是這佛性。基本上,是否認出佛性乃是關鍵所在。寂忿百尊與普賢王如來等諸佛從未陷入無明。未認出佛性時,你是迷惑的;在認出無明之本性的剎那,無明隨即消融。

無明猶如某人在一場降神起乩儀式期間被鬼靈附身,突然開始跳來跳去,做出各種瘋狂的舉動;我們全都是這個樣子。眾生被無明與八萬四千煩惱的「鬼靈」附身,手舞足蹈,行徑荒誕,並且劫復一劫地經歷各種痛苦與不幸。儘管如此,這卻是一種自造作的附身,而非源自外力。佛性已經迷失,並且創造出輪迴,但也正是這佛性——認出自心本性——盡除輪迴無明。在認出佛性的剎那,就猶如附身的鬼靈突然離開、消失,我們甚至不知道它去了哪裡。這即是所謂的「斷惑」。

天哪!我們飽受痛苦與磨難,在輪迴之輪上轉個不停,流轉於六道之間,當然吃盡苦頭!(仁波切笑)瑜伽士猶如曾被附身的人,如今鬼靈已經離去。被「附身」時,由心所生起的念頭與行為皆是迷惑的,但是在認出心性(本覺)的剎那,附身的鬼靈立刻消聲匿跡。(仁波切笑)

■ 本章摘自Tulku Urgyen Rinpoche, *As It Is*, Volume I, (Boudhanath: Rangjung Yeshe Publications, 1999), "The Basis, the Buddha Nature"。

■ 中文版請參見祖古烏金仁波切著,項慧齡譯,《如是(上):心要口訣篇》,〈根基:佛性〉,台北:橡實文化,2010年。

第3章

基

竹旺措尼仁波切

「基」是本淨,「道」是迷惑,「果」則是離惑。
如果有人問:「什麼是修行?」
我們應該回答:「修行是斷惑。」

諸法本淨

就佛教而言,「心」是最重要的面向,「心」意味著心境或心態。我們必須懷著真誠的心態而踏上佛教的道途。一旦決定要踏上法道,就應如此思惟:「我多麼幸運,能得此境遇!我感到非常歡喜,並將充分善用,藉以減少煩惱,獲得自身的暫時安樂或成就,並且為了眾生的利益而朝著證悟的方向前進。」我們必須訓練自己生起這種心態。

在生起這種心態之後,我們需要努力去瞭解「諸法本淨」。諸法本就圓滿解脫,而這並非我們的想像。諸法的自性是本淨,不論我們談論的是心性或法性(梵dharmatā),它基本上都是清淨的。這份本淨與諸法的不淨面向是無別的,它也不是我們必須去製造或完成的產品。它是已然自成的本淨,諸位瞭解這個真實義嗎?它非常重要。

我們不應該視「本淨」為一項產品或一件新創的事物；它完全不是如此。「本淨」不是某件被創造或被完成的事物。我們可能以為，由於自己感受到「不淨」，那麼肯定可以在他處找到「清淨」，彷彿我們置身一個臭氣熏天的房間，同時想像另有一個滿室生香的處所。然而，情況並非如此。

　　這「本淨」不屬於任何類別，也不屬於輪迴或涅槃。就此脈絡而言，這不表示輪迴是一種不淨的狀態，涅槃則是位於他處的清淨地。我們的清淨本性遍滿一切，既不屬於輪迴，也不屬於涅槃，反而是遍在的。我之後將會對此多所著墨。

　　「俱生本性」、「佛性」、「諸佛之體性」等用語，其實指的就是「諸佛」。這即是「本淨」，它是我們所要從事的修持，也是大圓滿修持的精要。

　　基本上，「基、道、果」等語詞都關乎俱生本性，而這本性不只限於輪迴或涅槃。我們的本性遍滿輪迴與涅槃，同時也不屬於兩者。就某方面而言，這本性是輪涅的共同基礎。因此，那是清淨──本性之淨。重要的是，我們必須先瞭解「基」──本性。

　　本性是什麼？它是清淨的，它是淨性。它是我們能夠成就的事物嗎？不，它不是。它屬於輪迴嗎？不，它不屬於輪迴。它屬於涅槃嗎？不，它也不屬於涅槃。然而，它卻遍滿一切。我們應徹底實證這本性。儘管我們常常以「虛空」作為比喻，但仍然很難找到一個能夠正確、如實地形容「本性」的例子。虛空不只存在於牆壁與柱子、地板與天花板之間，它遍滿一切。

心就只是「了知」

　　現在，我要為「心」這個字下定義。基本上，「心」（藏sem，音「森」）是指分別諸法為「好」或「不好」的了知者。因為有

「了知」，所以也有了知者的某種特性或屬性。它究竟是什麼？它究竟是什麼樣子？它其實是你遍滿、遍在的本性。

我們會常常使用「心」這個字，但最重要的是，記得不要把「心」想成一件具體的「事物」。它其實是一種「了知」與「分別」的特性，每當你聽見或讀到「心」這個字時，請記得，它純粹是指「了知」或「分別」的行為。它其實相當簡單，它就是「了知」。

「了知」有很多方式，它可能是二元分別的了知，或離於二元分別的了知。不論如何，「心」就是「了知」；藏語裡的「心」意味著二元分別的知（別知）。諸位現在可能覺得我朝你們丟了很多字詞，但是請先接住、保留它們，之後再整合貫穿起來。

大圓滿的基、道、果

「基」是了知之心的本性

讓我們談論基、道、果。「本性」不屬於輪迴，也不屬於涅槃，然而，它卻遍滿於輪迴與涅槃等所有狀態。「基」是這覺了能知之心的本性。你可以說，這了知既是「空」，亦是「明」。

空性與明性是兩個無別的面向，無法加以分割。它有時被描述為三個無別的面向，即體性空、自性明與周遍力用。這無別的心性一直都是遍在的，而且被賦予不同的名稱，例如，「本然狀態」、「本性」、「真性」、「如來藏」或「佛性」。不論是哪一種名稱，皆是「基」的意義。

「道」是迷惑

在這個脈絡之下，「道」被稱為「惑」。從佛教的觀點來看，我們所談論的不只是一世的迷惑，而是無數世的迷惑。未如實地認

出「基」,反而混淆或誤以為它是其他事物,這即是根本的迷惑。例如,我誤認手上的這串念珠是一條蛇或一根繩子,誤會了它的形相、味道、質地等等。

我們的本性被迷惑所障蔽,而這個強化、鞏固迷惑的過程已持續許多生世,不只是一時而已;長久以來,我們一直是迷惑的。我們藉由修持見、修、行而重新發現那已然存在的事物,再度認識自己的本性。

本性是無礙的明空

「基」意指自心本性,它具有證悟、覺醒的能力。「證悟」意味著我們能夠解脫,而人人都具有這種潛能,而它即是「基」。

> 「基」是諸法的本性。
> 這法性是自生的,
> 這法性是非造作的,
> 它不是某件被造作出來的事物,
> 它不是某件原本不存在、之後被創造出來的事物,
> 它無法被改善或被修整,
> 它就是本然,就是真如。
> 它即是本來的狀態,
> 它並非由佛陀所造,
> 它並非由眾生所造,
> 它並非由四大所造,
> 它是本自真如之性。

這個本性並非是佛陀降世而創造出來的。空性本就遍滿諸法,同樣地,心也本就充滿了明性與空性。所謂的「諸法」,也包括具

體的物質（色法），它們全都充滿了空分，而正是這空分得以讓諸法生起。縱使事物存在，其中仍有空分，同樣地，所有的心識狀態（名法）也都充滿了明空的本性。

諸法的空分意味著「通徹」，得以讓諸法生成、開展、現起。你的手之所以能在半空中移動，是因為空間是開敞的，對不對？換句話說，這「通徹」的特質即是空分。讓我再舉一個例子：我手中的木條會分解，具有會腐壞的本性，對不對？它的存在是無常的，而這證明了「空」是它的本性。我們可以從這些例子而概略地瞭解「空分」的意義。

讓我們回到「心」這個主題。基本上，明空無別是我們的本性。以注視一朵花為例，在感知到花朵的剎那，我們的本性——無礙的明空——不知何故地變得狹隘局限，「空分」受限為「能執」，而「所執」的明分則受限為「對境」。原本無礙的明空被分割為能執與所執、主體與客體。

當然，情況其實並非如此，只是看起來是這個樣子而已。這種誤假為真、顛倒是非，即是「惑」；在同一個剎那，我們未認出「真如」。「惑」是一種不斷地分別造作出主體與客體的行為，而這主體與客體並非真實存在。

這猶如我們把地上的一條彩繩誤認為蛇而驚慌失措，繩子與蛇看來相似，但我們未直接看見真實而變得迷惑。另一方面，在認出繩子就只是繩子（認出它的本來面目）時，「它是蛇」的想法就消失了。這之所以可能，僅僅是因為繩子不具任何「蛇性」。因此，讓我們膽顫心驚的「蛇」，只不過是念頭的造作。

話說，在「基」之中，煩惱不具實有。煩惱是輪迴的本因，唯有在「道」的次第，它們才會透過顛倒迷惑而生起。「道」是「迷惑」的同義詞；「道」是顛倒。「基」是我們的本淨心性，由於我們不知道、未認識這淨性，才會把它與「不淨」混淆。因此，迷惑在

「道」上生起，而迷惑盡除時，即是所謂的「果」。

我們現處於「道」的次第

我們現在處於基、道、果之中的哪一個次第？我們處於「道」的次第，也就是迷惑的狀態。我們為什麼修持佛法？因為我們全都有佛性作為基礎。這猶如芝麻富含油脂，只要透過適當的壓榨程序，就能釋出油脂。佛性並非虛構出來的事物，也並非如沙中的油脂那般根本不存在，我們唯一需要做的是如實地認出自己本具的佛性。我們需要一個「認出」的方法，而這方法確實存在。

我們需要認出什麼？認出自心本性——「基」，這本性包含了證悟身（顯現為體性）、證悟語（顯現為自性）、證悟意（明現為大悲力用）三面向。由於證悟身、語、意三者已是「基」所本具，因此即使我們目前處於「道」上，我們仍然擁有身、語、意的本性。

讓我們回到繩子與蛇的例子。若無繩子，就不會生起「蛇」這個想法。事實上，若無繩子，就根本不可能生起「這是蛇」的念頭。同樣地，證悟身、語、意——體性、自性、力用，已是我們的本性。正因如此，我們才可能誤認自己的本來面目。在一個沒有繩子的國家，你絕對不會把繩子誤認為蛇，因為沒有讓你產生誤解的依據。

讓我們更深入地探究自己的迷惑。由於我們未能認出證悟身即是體性，它因而變成肉身。作為體性的證悟身離於生滅，超越生死。由於它尚未被認出，因而顯現為出生後會死亡的色相。我們的「語」和「意」也是如此。

在「道」上斷除迷惑

我要再次強調，「道」是迷惑的階段。我們目前置身於「道」

上，而這迷惑必須被淨除。在「道」上斷除迷惑的法門包含見、修、行三個面向。在此，我們要談論「認出本覺」。

認出本覺，實證法身

我們要去實證的本覺，其實是「基」或法身自性（dharmakaya nature）的一個面向。但是，在「道」的階段，我們也該認出本覺。就此而言，「基」與「道」根本上是相同的，唯一不同的是我們的本性是否被迷惑所遮蔽。

在認出本然赤裸的本覺時，我們就像這個樣子（仁波切拿出一塊藍布），這是「基」，但它卻被「道」所覆蓋（仁波切把白色、綠色、紅色、黃色的紙片覆蓋在藍布上）。諸位可以看見，障蔽有許多種類，包括煩惱障與所知障。我們先有「我」這個概念，接著有「我的」等等概念，它們猶如覆蓋本基的暗幕。

我們可以運用各種除障的法門，其中包括修持止觀、生起次第與有相圓滿次第，以及脈、氣、明點（channels, winds, and essences）等金剛要訣，單一一個禪修法門就能移除一層障蔽。在證得初地（即「見道」）時，「實證」就會顯露於心相續之中。所有的障蔽漸漸被移除，最後「基」完全被揭顯，這即是實證法身。

「立斷」徹底斷除障蔽

一般咸認這個過程十分耗時，而且肯定有比花上三大阿僧祇劫的時間來積聚福德、淨除障蔽更直接的方法。大圓滿法確實能夠直接且迅速地移除障蔽，揭顯本性。「立斷入本淨」是大圓滿的見地，大圓滿的法教分為心部、界部、竅訣部三部，其中竅訣部具有「立斷本淨」（藏kadag trekchö，音「卡達澈卻」）與「頓超任成」（藏lhündrub tögal，音「倫竹妥噶」）兩個面向。

從大圓滿的觀點來看，所有覆蓋或障蔽清淨本基的諸法，都

被稱為「分別念」或「分別心」。不論它是業或習氣，都屬於分別心。「立斷」（藏trekchö，音「澈卻」）是徹底地斷除，猶如用一把刀猛烈地揮砍，把障蔽切成碎片。由於過去念已止息，未來念尚未生起，所以這把刀正在斬斷的是當下念頭之流。但是，這把刀也不是一直握在手中不放；你把刀放下，於是有了一個間隙。當你如此一再地切割，念頭之繩就會斷裂，猶如一串念珠被切斷之後，就無法再使用。

　　如果你切下措尼仁波切的頭、手臂與雙腿之後再繼續切割，就不會有措尼仁波切。如果你只切下措尼仁波切的頭，你可以說，這裡是措尼仁波切的頭，那裡是他的身體。但是，如果你再切割他的頭，分出臉頰、眼睛等等，你很快就無法再稱這些部位為「頭」。如果你把這些部位全部一起剁碎，剁得很細、很細，就完全不會有各別的部位。它最後變成空性，只剩下「措尼仁波切」這個名字，卻沒有一個東西可以讓我們貼上「措尼仁波切」這個標籤。如果措尼仁波切不太出名，那麼在幾個世代之後，甚至連他的名字都不復存在。諸法都會消失，甚至連名字亦是如此。

　　同樣地，迷惑也必須被剁成碎片。分別心並非一團固體，也並非單一且具體的事物。它其實是由許多小部分所構成，這些小部分是以一種模糊的方式而連接在一起。你可以把那種連結稱為「業」、「習氣」或「分別心」。但是，如果你知道如何去認出，就會立刻出現一個間隙，猶如障蔽被移除，你因而瞥見一小部分的本性。然後，它又被覆蓋住，於是你必須再去認出本覺。你會發現，隨著你一再地劈砍，障蔽東山再起的能力就會漸漸式微。

　　縱使你只瞥見一丁點的本性，但如果它是真實的，那瞥見就是「認出法身」。但是，我們是否真的有所認出，這完全取決於自己。大圓滿的法教教導認出本性的方法，但是如何實修，則完全取決於個人。我們無法肯定究竟誰認出或未認出（本性），這事說不

準,但我們卻能知道自己是否認出。

「認出」不應摻雜分別心

這「認出」不應摻雜分別概念、貪著、執取、尋伺,也不應該摻雜「安住於對境」。「諸法被感知,但我們卻不陷入感知之中。」這是一個非常重要的句子。自心本性的本然妙力能以兩種方式而生起或顯現,一是生起為分別心或分別念,其結果是迷惑,二是顯現為智而成為本智,繼而帶來解脫。

在此,我常常使用「分別」一詞。「分別念」是一個區分主體與客體的念頭,而「分別心」則奠基在對主、客二元的執取之上。主體與客體可能會是許多不同的事物,最明顯的是,它們可能是我們所看見或聽見的對境。例如,當我注視著面前的曼達盤時,心把注意力集中於曼達盤(客體),能執之心(主體)以眼睛為媒介而生起眼識(對曼達盤的認知),繼而無可避免地對曼達盤生起某種分別念。所有諸根都會經歷相同的過程。這個例子說明了分別心的運作方式。

分別心也以更細微的方式來運作。基本上,「分別」意味著「二元」,例如,「此」與「彼」、主體與客體等二元分別。這不但是就外在的物質而言,它也可能是指過去的念頭(客體)與當下的念頭(主體)。

「分別」也暗示了「時間」這個概念,它可能是一種與外界互動的粗重、實質的時間感,或是更微細的內在時間感,例如,一個念頭注視著前一個念頭,或回顧過去的記憶。儘管它的二元性並不明顯,但其中仍有某種間隔、某種時間感。時間感一向都是一種分別的概念,世間的短暫事物都是分別的,因此,時間的概念也是分別的。時間的概念是一種分別的狀態,各位明白嗎?

「道」是迷惑

現在,我要談論「道」的意義。在此,「道」是指未如實地了知本性,反而把本性想成其他事物,這即是所謂的「道」。「道」是迷惑。

基本上,「迷惑」意味著我們未能如實地認識自心本性,反而誤以為它是其他事物。那即是迷惑——未如實地認出真如本性,反而視其為別物。心性本淨,當我們未能認出心性是清淨、解脫、無我與非實,反而把這能了知的心性視為「我」,並執著於「我」這個分別念,這就是一種顛倒、迷惑的狹窄見識。生起「我」這個想法,即是誤認自己的本性為他物。

在某個時候,我們藉由某個法門而被指出自己的本性,並且認出什麼是真如。當迷惑盡除時,認出真如本性即是「果」。當迷惑消失時,它去到何處?它並未去到任何地方,因為它從未存在。如果迷惑是一個真實的本體,那麼當它離開時,我們可以跟蹤它,看看它前往何處。但是,它一點也不真實。

在基、道、果三者當中,「基」是本淨,「道」是迷惑,「果」則是離惑。如果有人問:「修行是什麼?」我們應該回答:「修行是斷惑。」如果有人問:「什麼是迷惑?」諸位要怎麼回答?

【問答】

學生:〔迷惑是〕分別念。

仁波切:什麼是分別念?

學生:無明。

仁波切:什麼是無明?

學生：顛倒是非。

仁波切：你怎麼知道什麼是真如？離惑有何用處？迷惑有何過患？

學生：迷惑是苦，而明了迷惑是苦，則是「道」。

仁波切：佛陀曾經這麼說過，對不對？讓我們聽聽其他人的想法。離惑有什麼用處？有多少人同意自己是迷惑的？我們為什麼是迷惑的？你為什麼同意這一點？

學生：雖然我們在智識上瞭解您所說的「諸法如實」，卻沒有親身的經驗與覺受。

仁波切：有沒有別的回答？

學生：「求不得」引起痛苦。

仁波切：正因為你沒有如願以償，這是否意味著你的希求與想望是錯誤的？是誰決定諸法應該是什麼樣子？誰知道其中的對錯？

即席譯者：我要在此插個話。當仁波切使用藏語「觸爾」（trül）一詞時，我把它翻譯為「無明」、「迷惑」或「顛倒」。

仁波切：有迷惑，有解脫，諸位瞭解什麼是「解脫」嗎？

學生：無分別念。

仁波切：那是一種解脫。

學生：不受習氣的控制。

仁波切：很好。

學生：醒覺，有一顆開放的心。

仁波切：什麼是「醒覺，有一顆開放的心」？

學生：行善利生，避免不善。

仁波切：這些都是「解脫」的面向。「離惑」意味著離於善業與惡業的束縛，解脫且獨立自主。「解脫」意味著獨立自主，在這個狀態之中，你是無懈可擊的，完全不受阻礙或障蔽。沒有任何事情能阻礙你的解脫，這即是所謂的「正解脫」。

感覺寧靜安詳當然是一種解脫，或至少有一份解脫的滋味，但是，「正解脫」意味著徹底地獨立自主，不受任何事物的宰制或影響。在徹底實證法身、報身、化身三身時，你就能隨心所欲地同時散放出千億個化身，並加以收攝。若能如此地掌控諸法，就是「正解脫」。

我們必須斷捨分別心，才能證得正解脫。老實說，分別心屬於「道」，它是顛倒、迷惑的。分別心是短暫的，它屬於時間；它受到束縛，卻也是束縛本身。諸位要好好思考這一點。

在聽了這些討論之後，大家可能都累了。請放鬆，讓自己舒服一點！保持心無罣礙，而非僵硬死板或停滯不動，不是那個樣子。請試著保持心無罣礙與內心的喜悅溫潤，如此一來，微笑得以綻放。就是這個樣子。

■ 本章摘自Tsoknyi Rinpoche, *Carefree Dignity* (Boudhanath: Rangjung Yeshe Publications, 1998), "The Ground"。

■ 中文版請參見措尼仁波切著，連德禮譯，《覺醒一瞬間：大圓滿心性禪修指引》，〈基：心的基本面是什麼？〉，新北市：眾生文化，2014年。

第4章

再次證悟

祖古烏金仁波切

眾生的心性猶如被污垢所覆蓋的如意寶，
藉由從事修行以清潔如意寶，
眾生就有可能「再次證悟」。

解脫完全取決於自己

遺憾的是，眾生並非一體，當某人證悟時，其他眾生不會跟著證悟。人們的業與習氣各異且不計其數，其中一人已滌淨其惡業、障蔽與習氣，不表示其他人也都得以淨除。究竟而言，每個人都必須行經這條道途，並且滌淨自己的障蔽。

過往的諸佛無法令眾生解脫，甚至連觀世音菩薩（梵Avalokiteśvara）也無法成辦此事。然而，覺者卻可以透過悲心與大願的力量，慢慢引導無量眾生朝著證悟的方向前進。據說，尤其當修行者證得虹身（rainbow body）時，三千位眾生也會同時證得虹身而解脫。

過去曾有許多人同時證悟的事例，這是因為他們擁有前世從事修持的業相續。在烏仗那國（Uddiyana，又作「烏迪亞納」），曾有十萬人同時證悟，但這些事例非常罕見。

除了認出佛性，並穩固這份「認出」之外，並無其他證悟之法。過去諸佛藉此而證悟，當今的修行者也將透過認出心性，證得穩固，繼而於未來成佛。除此之外，別無他法。沒有人可以代替我們證悟，也沒有人可以拖著我們契入解脫，這完全取決於自己。

　　舉例來說，如果一群人都領受了直指竅訣，認出心性，精進修持而日益熟悉於佛性，那麼他們肯定能夠即身證悟。然而，人們的根器與習氣各異，因而無法百分之百地確定有多少人在被指出佛性之際，能夠確實地認出佛性。我們也不確定有多少人在認出佛性之後，將會精進地修持。有鑑於此，沒有人能夠百分之百地保證每個人都會即身證悟。

　　在過去，許多修行者已證得成就與解脫，其中包括印度的大菩薩與大成就者，以及藏傳佛教不同傳承的藏族修行者。請閱讀關於修行者證得解脫的傳記，他們的數量猶如夜空中的星辰。證得解脫肯定是可能的，但解脫與否卻由自己掌握。

　　就眾生這個整體而言，輪迴是無盡的，但是對於那些從事修持而證悟的個人而言，輪迴是能夠終盡的。此時，我們有兩個選擇，可以從中擇一，一是無盡的輪迴道途，二是能夠終盡輪迴的道途。我們可以從事修持，獲得成就，證得菩提，並且斷除輪迴的纏縛與迷惑。就一個受分別念控制的人而言，輪迴的道途是無止境的；然而，當他圓滿本覺的修持而穩固心性時，輪迴就終盡了。

清潔如意寶，再次證悟

　　「基、道、果」三個關鍵字總結了所有的法教。「基」——佛性、諸佛的法身，猶如一顆如意寶。它是諸佛與眾生的根基，其中了無差異。話說，心性猶如一顆如意寶，未認出心性者被稱為「眾生」，實證心性者則被稱為「佛」。換句話說，諸佛的如意寶未落

入淤泥之中,而眾生的如意寶則掉入淤泥,並被污泥覆蓋。先有一顆如意寶,接著它落入污泥之中,受到迷惑的控制。

　　落入迷惑的控制,即是所謂的「道」。清潔如意寶以去除覆泥的種種企圖,是說明修行者能藉由法門而有所實證的例子。

　　「佛」一詞是指已實證「基」的人。就此脈絡而言,「佛」是指「本初的證悟」。由於眾生已弄髒如意寶,因而沒有本初證悟的機會。但是,藉由觀想、持咒與禪修等法門來清潔如意寶,他們就能滌除身、語、意的障蔽,積聚福慧資糧,繼而可能「再次證悟」,而這即是所謂的「果」。

　　換句話說,諸佛未偏離而墮入「道」的迷惑狀態。諸佛的如意寶未掉入污泥之中,無須被清潔。眾生的狀態猶如落入污泥的如意寶,必須先去除污垢,才能重獲如意寶的淨性。關於如意寶的故事是,一旦它被清潔乾淨,就能放置於尊勝幢的頂端,人們可以對著它獻供,如意寶將圓滿所有的願望,這即是「果」。

別入寶山空手回

　　「基」是佛性,猶如一顆如意寶。眾生皆具佛性,猶如所有的芝麻都含有油脂。雖然眾生都具有佛性,但是光有佛性並非足夠,也需要珍貴人身作為所依。昆蟲與動物確實具有佛性,但牠們的身體無法作為實證佛性的所依;牠們無法參加佛法開示、領受法教,也無法說話。唯有人道眾生能夠聞法、修持,並且獲得證悟。

　　此外,我們也必須具足得遇善知識的順緣。具有佛性,擁有珍貴人身,得遇善知識,這三個要素必須齊備,才可能領受關於如何「認出」並實證自心本性的竅訣。雖然我們無法成為本初佛,卻能再次證悟。

　　我們目前具足這三個要素:擁有佛性與珍貴人身,並且得遇善

知識。如果我們讓這個珍貴的機會溜失，不從事修持，任憑時光消逝，直到死亡降臨，就猶如入寶山卻空手而返。眾生已經迷失，我們已經丟失佛性。

讓我舉例說明：有個癡人迷失於人群當中，不知自己是誰，直到某人告訴他：「你在這裡！」若我們未認出自己的真實本性，就猶如迷失於人群的癡人，不知自己置身何處而問：「我在哪裡？」我們必須「找到」自己。即使我們看似迷失了，卻可憑藉善知識來指出自己所「遺失」的本性。善知識所指出的本性，並非是我們不曾擁有的事物。我們擁有它，卻丟失了它，最大的不幸莫過於失去自己所本具的佛。佛的證悟功德並非他的功德，而是全顯之佛性的功德。我們也具有相同的佛性，但它卻隱而未顯。

倘若佛性超越妄惑與解脫兩者，我們是否也可以說自己基本上是本初證悟的？我們或許可以用這種哲思辯論的技巧來成功地說服自己，但這並非真實，因為我們已誤入「道」上。如果我們從未落入迷惑之中，當然就可以理直氣壯地宣稱自己是本初證悟的，但遺憾的是為時已晚，無法如此宣稱了。我們珍貴的如意寶已掉入臭氣熏天的污泥之中。

眾生心性相同但分別獨立

「本初證悟」意味著「基」與「果」是相同的，而且沒有需要清除的迷惑之「道」。這肯定不同於我們目前的處境；我們已誤入「道」中，因此必須清除迷惑以證「果」。讓我們以各種寶石為例，其中一些寶石被污泥覆蓋，另一些則一塵不染，它們全是寶石，但各自獨一無二。同樣地，眾生的心各有認知，所以我們必須說，眾生是分別獨立的。

這是一個相當好的例子，把眾生與諸佛比喻為無數顆寶石，

其中一些被污泥覆蓋，另一些則潔淨無染。雖然它們具有相同的特質，但並非一模一樣。倘若眾生的心是相同的，那麼其中一位眾生證悟時，其他眾生也會在同一刹那獲得解脫。然而，當你證得菩提，不表示我也會證悟。請瞭解，雖然眾生具有相似的特質，但是並非同一。眾生都具有相同的明空心性，但是外顯的色相卻各異。

　　如果我認出佛性而證悟，這不表示另一個人也會如此。抱歉，這是事實！如果眾生都具有相同的體性與本相，那麼，當一位眾生證得菩提時，其他眾生也會證悟。我們猶如散置於不同處所的純金，品質相同，卻各自分散。水亦是如此，屬性相同，卻位於世界各地。或者，以不同房屋內的空間為例，它們都是相同的空間，卻有不同的形狀。明空是相同的，但它周圍的「形相」卻各自不同。某些寶石是幸運的，其他寶石卻落入污泥之中。

■ 本章摘自Tulku Urgyen Rinpoche, *Repeating the Words of the Buddha* (Boudhanath: Rangjung Yeshe Publications, 1996), "Re-enlightenment"。

■ 中文版請參見祖古烏金仁波切著，王淑華譯，《再捻佛語妙花：祖古烏金仁波切的實修直指竅訣》,〈再次證悟〉，台北：橡樹林文化，2012年。

第二部 **起點**

第 5 章

禪修

確吉尼瑪仁波切

自生本智是明空雙運，
完全離於主體與客體的二元固著。
平等地安住於自生本智之中，
即是「止觀雙運」。

依循四種上師

我想要先定義上師與弟子所應具備的資格，並且談論我們可以跟隨哪些種類的上師學習，以及結合聞、思、修三者的必要性。

上師——有時被稱為「善知識」——應具備許多勝妙的功德。簡而言之，他（她）應已完成聞、思、修的正統訓練，其中包含每一法乘的見、修、行、果四個階段。一位已對「空性見」生起信心與覺受的上師，絕不會誤解法教的實意。儘管遣詞用字時，他可能會犯一些無傷大雅的小錯，但由於他的見地穩固，所以將能立刻加以糾正。

當然，善知識應圓滿聞、思、修，同樣地，弟子也絕不應該分離這三者。光是「聞」是不夠的，我們應透過「思」而確立所學。「思」指的是什麼？它意味著探究並審察法教。因此，我們應該探究、辨析上師的教言與其中的含意，並且努力研究、深思、認識法

教的目的與利益。這種思惟能釐清我們對所學的理解。

若無某種程度的聞、思，我們對上師與覺者所生起的虔敬心將不會貫徹如一。同樣地，我們對眾生所生起的慈悲心，也會短暫且易變。尤其，若未從事聞、思，了無聞與思的基礎，就難以對勝義自性生起穩固的見地，並且很容易會被猶疑所干擾。在這個情況下，我們或許不會生起明顯的邪見，但是微細的邪見卻很可能會悄然潛入。

因此，經由聞、思法教而獲得某種智識上的理解，這是非常重要的。然而，若只從事聞、思，我們就仍然停留於智識的層次。毫無疑問地，我們需要禪修的訓練。在此，「禪修」（修）是指把所聞、所思融入個人經驗的過程。

上師有四種，他們皆不可或缺，而且利益至鉅，我們應依循這四種上師。在《生命的實相》（*Indisputable Truth*）[1]一書裡，我詳盡地談論這四種上師，但是在此，我將簡短地陳述。

第一種上師是「現世傳承上師」，這是指屬於某個傳承且仍然住世的上師。

第二種上師是「佛語教言上師」，這包括佛語，以及由歷代博學有成的大師所授予的經教。

第三種上師被稱為「表徵上師」，這是指自己的生活經驗與心得。佛教法教說「斷捨輪迴」，而為了充分理解它的意義，我們必須先瞭解什麼是輪迴的本質。我們從認識日常經驗的特徵而體悟輪迴既徒勞無益，又不可靠、不可信。如此一來，平凡無奇的生活變成自己的上師，它教導我們輪迴的徒勞無益與無常。這即是「表徵

---

[1] Chokyi Nyima Rinpoche, *Indisputable Truth* (Boudhanath: Rangjung Yeshe Publications, 1996), "Meditation"。中文版請參見確吉尼瑪仁波切著，虛空鏡影（Tracy Tan）譯，《生命的實相：以四法印契入金剛乘的本覺修持》，〈禪修〉，台北：橡樹林文化，2019年。

上師」的含意。

我們需要遇見、依止這三種上師，並且受其指引。然而，究竟而言，只有一種真實的上師，也就是我們的佛性或自生本智；它被稱為「勝義法性上師」。六道眾生都具有佛性，其中的地獄道、餓鬼道、畜生道等下三道眾生也具有佛性。但是，由於他們所面臨的逆緣，或者就畜生道眾生而言，由於愚癡之故，他們無法從事修持以實證佛性。

然而，任何體驗並實證佛性的眾生，確實能夠證得正覺。不論我們有多麼悲慘、多麼迷妄，都可以把佛性帶入經驗之中，並且加以實修，如此就可能證悟。另一方面，若不去體驗並實證這佛性，將不可能證得正覺。為了遇見並實證佛性，我們必須從事「聞」與「思」，而且最重要的是必須從事禪修。

儘管眾生無一例外地皆已具足「勝義法性上師」，但是我們卻不承認它，也未認出它。因此之故，才會有「它被無明的遮幕所覆蓋」這個比喻，它彷彿是在說，我們必須去看見某件被隱藏起來的東西。我們的俱生本性被關在二元固著的外殼之中，因而必須摧毀這種二元分別。現在，讓我們檢視這個陳述是否真確。

兩種奢摩他的修持

以「自然無造作」摧毀二元分別

除非我們運用法門，否則就絕對無法摧毀二元分別的外殼。想當然爾，最好的方法是「自然無造作」，但是「自然無造作」無法被教導、被傳授。即使我們努力嘗試，也不會自動變得自然無造作；它似乎不會自然地發生。但是，在我們只管處於「無二」狀態的剎那，二元分別的外殼就會瓦解。

另一個方法是去看清每個剎那的輪迴經驗，都受到習氣的控制。我們目前受到「刻意造作」這個習慣的控制，因此，我們別無選擇，只好運用這個習慣，以達到「自然無造作」的境界。

當心地仁慈的朋友想要安慰或紓解他人的痛苦時，他們會說：「放輕鬆，別擔心。」這真是一個人所能說出最精彩至極的話。放鬆，尤其是心的寬坦輕鬆，是一件基本且極具利益之事。努力追求利得、聲譽、欲樂與他人的青睞，這是人之常情，但是這種追求常常是以一種激烈甚或不顧一切的方式而達成。除非我們能夠放鬆而不耽溺於其中，否則就會像機器人一般，與財富、享樂之間的關係變得空洞且毫無意義。

當他人飽受困擾與憂愁時，「放輕鬆，別擔心」這句出自真心憐愛的話語能使情況大為改觀。「放下、放輕鬆」這句話能夠注入一份寧靜祥和之感，這不僅對人類是如此，對動物也能發揮相同的功效。當你面露真情，慈愛地輕撫動物時，牠們會感到安心、放鬆。最重要的是，我們應該懷著慈悲而行止，並且溫柔深情地表達這些感受；相反的作法是怒氣沖沖地以瞋心待人處事。。

全然地放下、安住

這正是佛陀說「寂止安住」的原因。事實上，關於「修止」的種種法教，聽起來非常像「放輕鬆，別擔心」。光是告訴彼此「放輕鬆」，就能帶來深遠的影響。我們說「放鬆」，但多數人並不識它的真實深意。在粗重的層次上，煩惱使我們無法放鬆；在較微細的層次上，潛意識的念頭活動阻止自心完全放鬆。潛意識的念頭活動是一種幾乎難以覺察的分別念的暗流。

當佛陀說「修止，安住」時，他是在給予一個充滿深情的建言。他叮囑我們試著與自己和平共處，猶如不受煩惱波浪影響的汪洋。我們必須明白，自心的煩惱愈多，所感受到的痛苦與焦慮不安

就愈劇烈。我們有中等程度的煩惱，就會感受到中等程度的痛苦。即使那只是一個分別念的暗流，我們仍然會因此而無法感到全然的自在，也無法安住於奢摩他的寂止狀態之中。

因此，佛陀說：「自然安住，了無煩惱，了無念動。」這個法門被稱為「奢摩他」，經乘的法教對其作了詳盡的教導。所有修持奢摩他的法門可以簡要地分為兩類，即「有所緣奢摩他」與「無所緣奢摩他」。

初學者很難在心無所緣的情況下保持寂止安住。這是因為執取對境的習氣，使我們的所有行為與感知方式都是二元分別的。因此，在修止時，初步的作法是在心中憶念某個概念或對境。只要一個簡單的概念或對境即可，無須複雜或一個以上的對境。

有所緣奢摩他

最廣為接受的「有所緣奢摩他」的形式是觀呼吸，或專注於一塊卵石、一根木棒、佛陀的法像等諸如此類的對境。專注於一個簡單的對境，可以防止自心渙散。我們不規畫未來，不緬懷過去，不憂此慮彼，也不沈湎於愛恨情仇之中。藉由專注於一境，平靜、放鬆、安適的感受可能就會生起。

想像一隻猴子被關在一個有著四個孔洞的小箱子裡，牠坐立難安，一下子把頭從一個孔洞探出去，一下子又從另一個孔洞探出頭來。牠如此快速地重覆相同的動作，旁觀者可能會認為箱內有四隻猴子。我們目前的心境猶如這隻坐立難安的猴子，一刻也無法停留在同一個地方。我們的心總是非常忙碌，念頭不斷。在修持「有所緣的奢摩他」時，我們專注於一個對境，經過一段時間之後，就會習慣於這個新的習慣。這是修止而證得穩固的方式。

專注、放鬆、寂靜的心境，遠勝過一個充滿不安念頭的心。修止的利益是立竿見影的──在心專注於對境的剎那，妄念與煩惱

的波浪立時平息。以此方式從事一座止禪，彷如小憩片刻，它成為一段寧靜安詳、舒坦自在的時光。當我們的注意力開始流散，無法專注於對境時，心隨之散亂，自在的感受也消失無蹤。此時，我們憶念所緣的對境，並如之前那般繼續修止，平靜的感受就會再度生起。

在這個禪修的階段，二元固著尚未瓦解，請別認為它已消失。儘管如此，在心寂止安住的剎那，它即離於貪、瞋、癡等粗重的煩惱。例如，我們現在專注於一瓶花，卻不對花起反感，這反感與厭惡是「瞋」；我們不心生歡喜，想著它們有多麼漂亮，這歡喜是「貪」；我們也不會無動於衷，這無動於衷是「癡」。雖然此時的心離於這三種粗重的煩惱，但仍然有所緣，仍然有「我」、「那個」以及「我專注」的感覺。

只要我們仍然持有主體與客體的分別概念，二元固著就不會消失。因此，這不是圓滿的奢摩他，肯定也不是菩提心。不論如何，相較於未證悟且充滿煩惱的心，「有所緣奢摩他」則更可取，因為它離於粗重的煩惱。

無所緣奢摩他

初學者應專注於所緣境，但也必須瞭解，只要心專注於對境，就仍然不圓滿。「我將專注於對境」的決心是相當具利益的，但是，如果我們能夠無所緣地安住於一個了無參考點的通徹無礙之中，則更殊勝；這即是「無所緣奢摩他」。只要我們專注於某個對境，就仍然有「那個」與「我」的概念，這意味著有「能緣」與「所緣」，其中仍有某種程度的固著或執取。在佛教之中，二元執取或二元固著是輪迴的本因。

因此，從事一種保有二元固著的禪修，雖然稱不上圓滿，但它卻是一個墊腳石。如果我們在小學一年級沒有學習注音符號，將

永遠無法開始閱讀。同樣地,一旦我們愈來愈熟悉「有所緣奢摩他」,學習如何無所緣地安住就會變得非常容易。當自心完全不受煩惱、念頭、分別概念所擾,並離於所有的參考點與所緣時,這就是所謂的「無所緣奢摩他」。

修持毘婆奢那

在修習了「無所緣奢摩他」之後,下一個步驟是結合毘婆奢那(觀)。光是修止,不足以證得解脫而離於輪迴三界[2]。因此至關重要的是,我們應仔細地研習法教,深思法教的意義,並且明白要如何實修。

如果我們不從事聞、思、修,並且認為奢摩他是究竟真實的禪修狀態,那麼縱使修止已達到非常穩固的境界,也無法超越「無色界」這個輪迴狀態。我們可能會留在無色界很長一段時間,但是當業力耗盡時,又會回到其他的輪迴狀態。因此,小心謹慎,有所洞察,實屬至關重要。

我們應瞭解修止有其利弊,它的好處在於能使我們離於煩惱與三時的妄念,壞處則是它不足以令我們從輪迴中解脫。唯有止觀雙運,「止」才會成為解脫之因。諸佛的實證都被描述為止觀雙運,從未被描述為「止」本身。

諸佛的實證即止觀雙運

讓我們重溫前述的內容。首先,寂止的狀態未被過去、現在、未來三時的念頭所染污,當我們離於煩惱與念頭時,立刻會生起一

---

[2]「三界」是指欲界、色界、無色界。

種寂靜、離苦之感。若無三時的念頭，我們就能離於煩惱。

除了奢摩他之外，也有毘婆奢那的修持；「毘婆奢那」意味著「清晰地觀見」。自心本性是一種明空無別的本智，除非我們對「本智」生起某種程度的勝觀，否則僅僅安住於寂止的狀態，基本上即是無明。離於煩惱與念頭的寂止狀態儘管殊勝，卻不足以使我們清晰地看見自己的俱生本性；我們必須有所超越。

自生本智是明空雙運，完全離於任何主體與客體的二元固著。平等地安住於自生本智之中，即是所謂的「止觀雙運」。因此，請挺直背脊、禁語，不要強迫或控制你的呼吸，只要任其自然即可。諸佛的實證，即是止觀雙運。

佛陀針對不同類別的人而授予不同層次的法教，因此，我們應該修持適合自己的法教。如果你知道如何修持止觀雙運，就應該修持它。如果你已準備就緒而能修持「無所緣奢摩他」，就應放手去做。你若覺得這有點困難，而且必須專注於一個對境才不會散亂，你就應修持「有所緣奢摩他」。我們知道自己的能力所及，所以應該量力而為。自欺欺人，認為能夠修持自己不太明白的法門，這不會有所幫助。誠實地面對自己，按照自己的程度來修持，如此就不會白白浪費一座修法。

禪修相反於分別心，後者想著：「我在這裡，世界在那裡。」由於禪修與我們慣常的心境差異極大，因此從事聞、思是至關重要的，如此才能盡除對於「正見」的誤解、疑慮或無知。「正見」是指正確地認識諸法的本來面貌。在確立了正見，並有所決斷之後，如果我們把正見融入禪修之中，那麼即使是短時間的禪修，也會帶來深遠的影響。

另一方面，若未生起正見，未勝解諸法的本性，那麼不論我們多麼精進地修持，都不會有太大的成效。總之，聞、思、修三者能盡除所有的誤解、疑慮、無知等過患，因此切勿分離三者。

■ 本文摘自Chokyi Nyima Rinpoche, *Indisputable Truth* (Boudhanath: Rangjung Yeshe Publications, 1996), "Meditation"。

■ 中文版請參見確吉尼瑪仁波切著,虛空鏡影(Tracy Tan)譯,《生命的實相:以四法印契入金剛乘的本覺修持》,〈禪修〉,台北:橡樹林文化,2019年。

以出離心為基礎，
以虔敬心開啟修行之門，
以悲心踏上法道，
這一切都包含在前行法之中。
除此之外，沒有其他的道途，
也沒有其他的金剛乘修持法門。

〔第三部〕 融合

第6章
融合見地與行持
祖古烏金仁波切

見地從上而開展,行持由下而趨上,
我們應持有崇高的見地,行持卻要非常低調。
行止先如聲聞,接著如獨覺,然後如菩薩。

見地與行持的原則

行持由下趨上

話說,在「見」(見地)與「行」(行持)兩個面向之中,行持應該由下而趨上。這意味著依序地研習與修持聲聞乘、菩薩乘、金剛乘的法教。

就「行持由下趨上」而言,我們依序修持轉心四思惟、不共前行法與本尊法,最後以三大見地為終。這三大見地即是眾所周知的大手印、大圓滿與中觀。佛陀如此陳述他的法教:

正如同階梯一般,
你應按部就班且精進地修持我的甚深法教。
切莫跳級,要循序漸進地貫徹始終。

猶如稚童的身形逐漸成長壯碩，
佛法亦是如此，
從入門的階梯一直上行而至大圓滿。

因此，我們的行止應依循基本的法教，猶如上階梯般地由下往上。我們無法從最頂端上階梯，而必須從第一個臺階開始上行。

見地從上開展

另一方面，見地則應從上開展。這是為什麼在說了「行持由下趨上」之後，又說「見地從上開展」。想像一張華蓋或寶傘在自己頭頂上方開展，見地應以這種方式而從上而下。

我們必須小心謹慎，否則可能會完全地扭曲、顛倒這個基本原則，而變成見地由下趨上，行持由上趨下的狀況。這意味著我們依照最高的法乘而行止，卻持有最低下的見地；這即是所謂的「曲解法教」。我們應該擁有至高無上的見地，行止則應先如聲聞（梵 śrāvaka），接著猶如獨覺（梵 pratyekabuddha），並且漸如菩薩。「行持」應該由下趨上，別無他法。你不會找到任何法教說：「持守聲聞的見地，甚至持守低於聲聞的見地，但行持應猶如一位大圓滿瑜伽士。」盡可能持守最崇高的見地，行止卻非常低調，這是一個非常重要的原則。行止猶如聲聞，接著彷如獨覺，最後如同菩薩，這即是所謂的「見地從上開展，行持由下而趨上」。

基本上，大手印見、大圓滿見與中觀見是相同的。雖說「大手印是基，中觀是道，大圓滿是果」，但就見地而言，三者了無差別。在我的傳承之中，我們不會從這三者之中僅挑其一。心本然、赤裸的狀態，並非專屬於中觀、大手印或大圓滿等任何類別。

此處所教導的中觀、大手印與大圓滿基本上是相同的，大手印的證悟狀態與大圓滿或中觀的證悟狀態並無不同。不論你依循三者

之中的哪一條道途,「證悟」皆是究竟之果,這猶如不論你們是從南方、北方或西方趨近菩提迦耶的金剛座,最後都會抵達目的地。從哪個方向趨近它並不重要,因為最終的目的地都相同。

若想要成為一位已實證這三大見地的真實瑜伽士,就必先認出真如本覺;其次,藉由保任本覺的相續,以穩固這份「認出」;最後,我們證得某種程度的穩固。這是唯一的真實之道。然而,某些人卻想要立竿見影,既不想修持前行法,也不想修持正行——本尊法;另一些人則只想要生起見地,不顧其他。如果這真的就已足夠,那也無妨,但情況並非如此。

你不能只教導見地,主要原因在於人們會錯失重點,相信「我只需要見地!沒有什麼要做的!我可以放棄所有的作為!」當然,就某種意義而言,這或許是真的。然而,要是人們太早放棄基本的修持,就無法從事任何淨除障蔽與積聚資糧的法門。在此同時,他(她)也未真正地認識、體悟見地,繼而增盛這份認識與體悟,最後證得穩固。最終的結果是,他(她)的見地仍然停留於概念的層次,行止則不分善惡。這即是蓮師所謂的「行持失落於見地之中」的意義。

見地與行持保持一致

我們需要融合見地與行持。蓮師也說:「見地比天高,行止比(青稞)粉細。」「行止比(青稞)粉細」意味著取善捨惡,重視因果業報,並且注意最微小的細節;這麼做是為了使見地與行持保持一致。相反地,若分離見地與行持,即是在說服自己無須修持前行法,無須行善、獻供,也無須懺悔惡行。人們可能會自欺欺人地相信,自己只需安住於「離戲」當中即可。

誤解「沒有什麼要做的」

老實說，這種人的修持將不會有任何進展。究竟而言，「沒有什麼要做的」這句話確實千真萬確，但是唯有在修行者已有所超越而生起勝解、覺受與實證之後，它才屬實。僅在智識上相信見地，未經由實修而確立見地，這是一個嚴重的誤解。那些自稱「大圓滿修行者」的人，也正是因為這個緣故而偏離正道。

在西藏，許多人犯下這個嚴重的錯誤。然而，在西方國家，佛法剛剛生根，人們對修持也才有所認識，所以他們犯下這個過失無可厚非。另一方面，佛法已在西藏廣傳達數世紀之久，但是許多人（而非只有少數人）仍因這個錯誤而偏離正道。老實說，在西藏，懷著「偽真之見」的人或許多於持有真實勝觀的人。

西方人在聽說佛陀與印度諸位大成就者領受「心性」與「無為」等法教的故事之後，心想：「我們是一樣的。沒什麼要做的，一切保持原狀就好。」我不能怪他們有這種想法。

吹噓自己是上師

老實說，要確立正見並非易事。你必須遇見一位真實的上師、具足必要的根器與能力，並且完成所有的修學與訓練。相較之下，睜大眼睛瞪視著功德主，擺出一副「大圓滿」的神態四處張望則容易多了。如此這般行止的人大多是江湖騙子，他們常常不得不虛偽作假，否則可能很難收取香油錢，生活將無以為繼。

假裝自己是一個簡樸、低調的禪修者，這是不會成功的，有誰會知道你的證量呢？如果你是一位新貴上師，並有酷愛名聲與財富的胃口，就得稍微吹噓一下，告訴大家你持有多少傳承與法教，從事了多少年的閉關，證量有多麼殊勝，以及如何調伏天眾與魔眾等事蹟。如此一來，功德主與信徒就會蜂擁而至，猶如一塊腐肉上覆滿了蒼蠅。在西藏，假上師其實多過真上師。

以為已證悟或修行有成

某些人習慣性地認為自己從事禪修一段時間之後,必定會有所成就,猶如求學十年或十五年之後,就會取得學位。人們心存這樣的想法:「我會成功!我會證悟!」然而,情況並非如此。你無法製造「證悟」,因為「證悟」是非造作的。唯有精進修持,任由不二本覺重獲它本然的穩固,才能證得菩提。若欠缺這種精進,未經歷任何艱難困苦,就難以獲得證悟。

當你從事所謂的「分別修」而毫無進展時,可能會感到挫折:「我無法證悟!我花了三年時間閉關,什麼也沒發生!」另一方面,若你真實地從事修持,無疑將會證悟。如果你懷著虔敬心、慈悲心而精進地修持,並且一再自然地安住於非造作的平等之中,你肯定會生起真實的修行徵相,例如,生命無常,不應虛擲光陰的迫切感;佛法是真實無謬的;修持三摩地能帶來真實的利益;真的有可能調伏分別念等等。

根據教導,這些是修行有所進展的最美妙徵相,但是唯物主義者不會認為它們有何美妙之處,他真正想要的是一個令人瞠目結舌的禪修經驗。如果他能看見、聽見甚至碰觸到這個令人驚奇的經驗,他會心想:「哇!我真的有些進展!這與過往的經驗完全不同,多麼美妙!如此的大樂!如此的明性!如此的空性!我覺得自己徹底轉化了!這一定就是了!」(仁波切輕笑)

勿迷失於見地或行持之中

另一方面,當你抵達無分別念的「平原」——分別念消失之後的全然寂靜,你會發現沒有什麼特別可看、可聽或可執取的東西。你可能會覺得:「我真的有進步嗎?這一點也不特別!」老實說,「見地」並無令人歎為觀止之處;相反地,它一點也不特別。

不瞭解這個事實的人會認為:「這有什麼用處?我努力修持多

年,卻毫無進步!或許觀想某個本尊會比較好。或許我應該持誦某個能夠賦予力量的特別咒語,如此我就能展現修行的成果與真實的成就!」人們確實會墮入這種思惟而深受其害。

在這個過程當中,你的微細煩惱仍然絲毫未損,而且終究會再度生起而掌控你的心。為什麼不呢?除非已證得穩固的不二本覺,否則每個人都會受到煩惱的控制。唯有在證悟的剎那,我們才不會陷入煩惱之中。不二本覺是最有效的方式,但是唯物的修行者卻不欣賞這種狀態,反而渴望一種有所增減的造作狀態、一份特殊的覺受或一個令人驚奇的夢境。當他的希求成真時,他恭賀自己:「太棒了!這是真的!」這是人性的弱點。

我的根本上師桑天嘉措(Samten Gyatso)曾說:

> 我從未有過任何特殊的覺受。隨著歲月流逝,我深信三身的真實義,對真實佛法的信任日益增盛。八歲那年,我瞥見心性,此後從未與心性分離。我並非始終如一地精進修持,有時當然也會散亂,但我大多都在持續地修持心性。

他從不討論這種私事,這是我唯一一次聽他說這番話。

桑天嘉措見識廣博,極具聰明才智,注重細節,為人穩健,善於執行各種任務,人們因此視他猶如大譯師馬爾巴。他在各方面都非常嚴謹,而且言出必行,極為可靠,值得信賴。

他的雙眼閃爍著一份令人驚歎的光彩,猶如一盞即將燃盡的油燈的火焰,也有點像小貓的明亮雙瞳。在他的跟前,你會覺得自己最深藏的秘密被他一眼看穿,一覽無遺。他嚴謹周到、一絲不苟地關注所有修行與世俗的日常事務,從未擺出一副證量高深的姿態。在西藏不乏這種人——他們從不低頭凝視,反而總是瞪著空洞茫然的目光,滔滔不絕地冒出諸如「輪涅諸法皆是大平等性」之類的話

語。（仁波切笑）你究竟能從這種裝模作樣之中得到什麼！

因此，行持是有可能迷失於見地之中，而見地也可能迷失於行持之中。愛護他人，以醫藥與教育濟世，這些肯定都是善法。然而，這一切都必須以四無量心（four immeasurables）為發心，同時了無任何追求名聲與敬重的自私目標，了無「我很棒！我仁慈待人」的想法。以四無量為發心，這創造了「共」的有漏善業。出於無我的清淨發心而利生，則是無上的有漏善業，這真是太勝妙了！

另一方面，無漏善業是修持無分別智。許多人問：「坐著禪修怎能助人？起身而行，建校興學，布施食物與醫藥，難道不是更好的作法？」人們可能會在自己尚未有任何成就之前，就想要利他。助人肯定是善的，也肯定有所助益。當然，你可以透過助人而創造善業，但是這種利他的行為不一定表示你將會解脫。唯有在證得解脫之後，才能無量地利益眾生。

避免修道上的陷阱

在修行的道路上，「智慧」與「信任佛法」是避免陷阱的首要方法。「智慧」意味著透過研習與理解法教而能夠明辨真偽。然而，真正的智慧是對見地有所勝解，這是我們應該精進修持的智慧。見、修、行、果四者全都仰賴見地。精進禪修是指生起次第，精進行持則是指菩薩學處。

對三寶堅信不移

對三寶堅信不移，這是一個非常重要的因素。你可以透過如此地思惟而生起堅定不移的信心：若無佛寶，這個世界豈不徹底陷入黑暗無明之中？人們如何能從輪迴中解脫，證得證悟的遍知狀態？唯有研習、依循無瑕的佛語——法寶，我們先天全盲的雙眼才會復

明。佛陀住世並傳法，但是若無人護持法教，透過講說與撰述來授予法教，它們肯定就會失傳，這整個過程甚至無須經歷一百年的時間。佛法至今仍然存世，都要歸功於僧寶。僧寶主要是由所有十地的大菩薩、諸勝者之法嗣與阿羅漢所構成。

我的角色是教授佛法，而且不論這是矯飾做作與否，我肯定已領受了僧寶的加持。每當我思及三寶，都會覺得三寶的仁慈不可思議！因此，我怎麼可能不信任三寶呢？

以智慧減少固著

另一個因素是「智慧」，它有助於區分孰真孰假。在古代，佛陀教導，世上有三百六十種宗教與信仰體系。由於它們並不正確，所以也被稱為「三百六十種邪見」，而且主要是由不同種類的常見與斷見（eternalism and nihilism）所構成。佛陀基於這個簡單的理由而教導真實的見地：眾生的心都是分別心，無法實證未摻雜分別見的正見。依循正覺者的話語，則是離於分別心的唯一方式。

「智慧」能區分真實與非真實，也能區分正確與不正確的禪修。當我們的所聞、所學日益深入，智慧日益廣大，固著就會自動式微。固著與執取不就是輪迴之根嗎？當我們不再執取於苦受或樂受時，就能離於輪迴。

正如帝洛巴尊者（Tilopa, 988-1069）所言：

> 束縛你的不是你的經驗，而是你對經驗的執取。因此，那洛巴（Naropa），斬斷你的執取！

話說：「柔和、自律是『聞』的徵相」，想像被火焚燒的紙張，它變得十分柔軟。一份寂靜的感受，是「多聞」的真實徵相。「煩惱減少是『修』的徵相」，這意味著你藉由禪觀心性而消融了

三毒或五毒,而三毒或五毒是未認出心性的表現。在認出心性的剎那,煩惱就如火焰熄滅般消失無蹤,不留痕跡。

眾生忙於種種追逐,現在該休息了,否則將繼續流轉於輪迴之中。唯有正念能夠真正地斷業,除此之外無他。正是業與煩惱迫使我們在輪迴中遊蕩,因而必須加以滅除,不再受其控制;難道無須如此?在實證見地的剎那,就不再受制於業與煩惱。「見地」是諸佛不受業與煩惱控制的主因,他們已掌握見地的堡壘。

在真實且全然地實證了見地之後,業與煩惱的障蔽隨之消失,本智的功德得以開展,這即是「佛」(心的覺醒狀態)的真實義。如果這真的發生了,一切過患不就消失,一切善德不就圓滿了嗎?正見盡除所有的過患。穩固的見地能揭顯那離於障蔽的心性,這心性猶如無法被染色的天空,也沒有任何東西能夠附著於其上。然而,天空本身並不會消失。請諸位務必瞭解這個重點!

無散亂的無修

常言道,計畫於未來從事修持,這無異於尚未開始修持,就已讓障礙悄悄生起。大多數人虛度光陰,心裡想著:「我真的想要多多修持佛法,我日後肯定會這麼做!」其他人或許認為,此時應該為他人的福祉而貢獻心力,但是他們其實不具有利他的資格。他們揣想:「現在我可以教學!我能夠助人!我能夠有所作為!」於是奔走世界,假裝為了眾生的福祉而努力。

一般來說,就理解真如本性而言,西方人是相當敏銳的。要是他們在有所理解之後,也能付諸實修,那該有多好!然而,我們不但要修持真如本性,也必須精進行善。造作惡業是自發的,完全無須努力精進。傷害他人、盜取他人的財物、說謊等等,幾乎完全不費力氣。我們不必教導昆蟲如何彼此殘殺,眾生無須任何訓練,就

知道如何造作三種身不善業。我們相當自發地造作這些惡業，甚至連動物都無須教導，就知道如何殺生。

我們無須研究、學習，就相當自然地知道如何從事妄語、兩舌、惡口、綺語等四種語不善業，沒有人需要去學習如何造作瞋恚、貪欲、邪見三種意不善業。對於如何做出這些行為，眾生已是相當在行的專家，而且由於宿業成熟之故，這事發生地相當自然。另一方面，研習佛法卻需要努力而為。

我們需要使盡力氣才能把一塊巨石推上山頂，但是若要它從山頂滾下來，則不需要費太大的勁，只要放手，任它滾下去即可。只要輕推一下，石頭就會自動滾下山，但是卻沒有石頭滾上山這回事。同樣地，我們無須學習如何作惡。有時候，當我們屈從於作惡的衝動時，就是受到業力的控制。在其他時候，我們對法教生起信心，覺得自己心地善良、慈悲、虔誠等等，但是這種情況非常罕見。因此，有句話說：「不修持的人多如夜空繁星，實修的人則寥若晨星。」這是業的緣故。

對於已具善業的人而言，情況則有所不同。噶舉派大師唱道：

> 甚至當我在母親子宮之中，修行的願望就已醒覺，我渴望修行。八歲時，我即住於平等捨之中。

這是善業成熟的例子。縱使你的見地極為崇高，行持仍應保持如青稞粉般細緻。在此，「細緻」意指你觀照並憶念死亡與無常。當你能保任對心性的認出而不散亂，「無常」就不再是如此重要的議題。如果諸法是無常的，就任它無常；如果它並非無常，它就不是。唯有當你了無散亂時，才不需要去思惟無常。

就此而言，「崇高的見地」意味著如實地觀照諸法，例如，觀照無常。「出色的禪修」不但意味著精通生起次第或各種瑜伽法

門（yogic exercises），也意味著正視「諸法無常」這個事實，並且達到「無散亂」的境界。換句話說，這是指修行者夜不入眠，不落入虛妄的夢境之中，反而能夠認出夢只是夢。此外，在深眠期間，光明本智得以長時相續。當修行者臻至此境時，就無須再住於無常。

「證悟」（enlightenment）的藏語相應字是「強秋」（jangchub），意思是「清淨圓滿」；梵語的相應字是「菩提」（bodhi）。就字義而言，「強秋」意指徹底淨除二障與習氣，圓滿所有的智慧功德，猶如出污泥而盛放的蓮花。在此之前，我們應如往昔諸位大師所建議的：

前往林間或山間的閉關處，舒適地坐在一個僻靜的地點，專一地向上師祈願，並懷著悲心而思惟無常，藉以激勵自己。

在康巴藏區，有句俗話說道：「當你想要煮水時，可用嘴吹動火焰或鼓動風箱，〔不論用哪一種方法，〕只要水能燒開就好。」同樣地，如果我們所從事的修持能夠利益自己的心相續，那麼即使它們有所不同，也無關緊要。如果你能夠在無修、無散亂的情況下，安住於不二本覺之中，就完全沒有問題。但是，如果你的不二本覺僅只是想像，或你試圖在禪修當中造作它，它就仍然只是一種分別。假若忘失本覺，你就已然陷入妄惑之中。

在此，「無散亂的無修」是一個關鍵詞。當不二本覺完全離於迷惑與散亂時，你的水就已經燒開了。

■ 本章摘自Tulku Urgyen Rinpoche, *Rainbow Painting* (Boudhanath: Rangjung Yeshe Publications, 1995),"Conduct"。

■ 中文版請參見祖古烏金仁波切著，楊書婷譯，《彩虹丹青：融合見地與修持的成就口訣》，〈行〉，台北：橡樹林文化，2011年。

第7章
蓮師對「道」所作的概述

蔣貢康楚仁波切

藉由正確地修習「道」的五個面向
而徹底地步入正道，
你將如完全成熟的作物般
實證解脫之「果」。

闡釋能證之道

這分為兩個部分，一是以總結的形式所作的概述，二是對此所作的詳細解釋。

概述

《道次第‧智慧藏》的〈本頌〉說道：

能夠帶來實證的道次第不可計數。
清淨你的心相續，播下種子，加以培育。
去除障礙，令其增上。
因此，經由這五個面向而趣入正道。[1]

---

[1]《道次第‧本頌》：「能證知道次第雖無邊，淨治相續播種子養護，除障以及如是激效益，以五種法趣入清淨道。」

經乘與咒乘的道次第數量多得不可思議，它們是實證「基」與「果」無別的法門。然而，當我們把這些法門濃縮為一精要時，清淨心相續的方法，就彷如耕耘一片未開墾的堅硬土地；播下能熟解脫之種子的方法，猶如種植毫無瑕疵的穀粒；[2] 培育種子的方法，就像是從事灌溉、施肥等農事；去除道上障礙的方法，猶如努力預防冰雹等災害的侵襲；增上、穩固功德的方法，就像是透過降雨等措施來改善耕作。

因此，藉由正確地修習「道」的五個面向而徹底趣入正道，你將猶如完全成熟的作物般實證解脫之「果」。

詳釋

這包括清淨心相續、播種、培育種子、去除障礙、增上等五個步驟。

清淨心相續

這包含兩個要點：（一）依循善知識——道之根本——的方式；（二）在依止善知識之後，修心的方法。

■ 本章摘自Padmasambhava and Jamgön Kongtrül, *The Light of Wisdom*, Volume I (Boudhanath: Rangjung Yeshe Publications, 1998)。

■ 中文版請參見蓮花生大士口授，蔣貢康楚一世釋義，普賢法譯小組譯，《智慧之光·一：蓮花生大士甚深伏藏〈道次第·智慧藏〉》，台北：橡樹林文化，2016年。

2 不善習氣猶如木頭或未開墾的荒地般堅硬。「未開墾的堅硬土地」意指堅硬且難以耕作的荒地或荒野。「毫無瑕疵的穀粒」是指無蟲害、霜害、腐壞等缺陷的穀粒。（久恰仁波切〔Jokyab〕）

第 8 章
正確地修持佛法
蓮花生大士

切勿把言語文字誤解為法教的實義。
請把修持融入你的心相續之中,
並且證得解脫,離於輪迴。

烏仗那國的大師貝瑪卡惹(梵Padmakara,譯為「蓮花生」或「蓮花源」)應藏王之邀而入藏之後,駐錫於桑耶寺,並於該寺主殿的東廂授予藏王、朝臣與其他信眾無數法教。由於他們未能正確地理解法教,所以蓮師一再地給予此一建言。

蓮師說道:「不論我傳授了多少法教,藏人仍不瞭解,非但如此,還不從事修持,反而盡做一些墮落的邪行。諸位若真心想要修持佛法,就應該這麼做:

「成為優婆塞(梵upāsaka,在家居士),不但意味著要持守四根本戒(four root precepts),也要斷除不善行。成為沙彌(梵śrāmaṇera),不但要持守清淨的外相威儀,也要正確地修持善法。成為比丘(梵bhikṣhu),不但要恪守各種禁戒,並於日常活動中控制自己的身、語、意,也要將一切善根帶上正覺之道,作為道用。

「成為善來(比丘),並非只要穿上黃色袈裟即可,也要畏懼業果成熟。成為善知識,不但要行止莊嚴且具威德,也要做一位保

護眾生的吉祥怙主。成為瑜伽士,不但表示他的行止自然不做作,其心也已與法性相融。

「做為密咒行者(梵māntrika),並非(心懷惡意地)喃喃念咒,反而要透過方便與智慧(means and knowledge)雙運的道途而迅疾地證得菩提。做為禪修者,並非只是住於洞穴之中,也要修習(真如本性的)真實意義。做為隱士,並非只是潛居於深幽的森林,也意味著自心離於二元造作。

「『多聞』不但意味著不應以世間八法(eight worldly concerns)[1]為重,也應區分是非對錯。做為菩薩,並非意味著自利,反而應該努力帶領眾生離於輪迴,證得解脫。

「『具信』並非嗚咽啜泣,而是畏懼死亡與投生而趣入正道。『精進』並非從事各種令人坐立難安、不得休息的活動,反而應該為了脫離輪迴而努力精進。『布施』並非有所偏袒地施予,而是離於所有的貪執。

「『口訣』不是許多書寫成文的書籍,而是切中要點的隻字片語。『見』並非哲理,而是離於分別心的種種限制。『修』並非以分別念而固著於對境,而是指你的心離於固著,穩固地住於本然明性之中。

「『自然的行止』並非荒唐放縱的行為,而是不執取妄相為真實。『般若』(梵prajña)並非敏銳的分別心,而是明瞭諸法無生,並且離於心的分別造作。

「『聞』並非只是用耳朵聽聞法教,而是斷除謬見,生起離於分別心的實證。『思』並非只是追求概念思惟而獲得種種假設,而是斷除妄執。『果』並非意味著從奧明淨土(梵Akaniṣṭha)應邀前

---

[1] 在此,蓮師戲謔地使用「世間八慮」(eight wordly concerns,八種世間的掛慮)這個詞,「掛慮」(concerns)是「諸法」(dharmas)的同義詞。在其他脈絡之下,「dharmas」也意指「佛法」。

來的二色身（梵rupakāya），而是認出心性，並且證得穩固。

「切勿把言語文字誤解為法教的真實義。現在，請把修持融入你的心相續之中，並且證得解脫，離於輪迴。」

■ 本文摘自Padmasambhava, *Advice from the Lotus-Born* (Boudhanath: Rangjung Yeshe Publications, 1996), "Advice on How to Practice the Dharma Correctly"。

■ 中文版請參見蓮花生大師口授，江翰雯、孫慧蘭譯，《蓮師心要建言：蓮花生大師給予空行母伊喜‧措嘉及親近弟子的建言輯錄》，〈如何正確修持佛法〉，台北：橡樹林文化，2010年。

第9章

具德上師

祖古烏金仁波切

在踏上解脫證悟道之前，
必須先遇見一位真實的具德上師，
最具德的上師被稱為「具足三戒金剛持」。

真實金剛上師的特質

在踏上解脫證悟道之前，必須先遇見一位真實的具德上師。為了尋得這樣的上師，我們必須先瞭解他所體現的德性。就學需要良師，如果你的老師是個毫無本事的蠢材，你怎能從他身上學到任何東西？同樣地，我們所尋覓的善知識，必須能引導我們一路通達解脫與遍知的證悟狀態。難道不是如此嗎？

「解脫」意味著於今生往生淨土；「遍知的證悟狀態」是指具足圓滿功德、離於所有過患的正覺。我們所尋覓的上師，必須能夠帶領我們通達正覺之境。最具德的上師被稱為「具足三戒金剛持」，就外的面向而言，他（她）應具足別解脫戒（梵 prātimokṣa）的圓滿功德；就內的面向而言，他（她）應具足菩薩學處；就秘密的層次而言，具德上師應證得真實的三摩地。

只具足小乘別解脫戒的人，即是「善知識」。若他（她）還具

足菩薩學處,則被稱為「上師」。若他(她)也通曉金剛乘的修持,就堪稱「金剛上師」(vajra master;藏dorje lobpön)。

真實的金剛上師應已透過實證而解脫自己的心相續,這意味著他(她)已實證真實的三摩地。此外,他(她)也應能透過慈悲心而令眾生解脫;這是第二種必要的功德。

具德金剛上師——桑天嘉措

我將談談我的上師桑天嘉措,藉以說明一位具德金剛上師的特質。桑天嘉措是我父親的兄長,也是第四世阿旺聽列(Ngawang Trinley)。由於我無法不去讚美桑天嘉措,因而感到有一點靦腆,不知是否該說這個故事。我不希望大家覺得我是透過褒揚一位家族成員而間接地誇讚自己。

然而,我可以用一個粗俗的例子來說明。桑天嘉措是一位殊勝的上師,而他與我的關係則猶如佳餚與佳餚被消化後所得的糞便,請大家理解這個比喻。這是我的真心話,但是即便如此,我仍然感到難為情,因為我必須讚美一個源自我的傳承的人。

具足三戒金剛持

桑天嘉措是我的伯父,也是我的根本上師,他出身於我祖父的蒼薩(Tsangsar)家族世系,其母康雀帕諄(Könchok Paldron)是伏藏師(藏tertön,音「德童」)秋吉林巴(Chokgyur Lingpa, 1829-1870)的女兒。他被視為四臂瑪哈嘎拉(梵Mahākāla)的化身,也是《秋林巖藏》(Chokling Tersar,音「秋林德薩」)傳承的持有者。第二世秋吉林巴曾生起淨相,看見桑天嘉措是無垢友尊者(Vimalamitra)的化身。

就外的面向而言,桑天嘉措非常嚴謹、清淨地持戒,終生滴酒

不沾,葷腥不進。就內的面向而言,他總是保持低調,所作所為符合菩薩學處。他從未盛裝打扮,從不佩戴諸如錦緞等特殊衣飾,只穿著僧袍。

人們說他擁有極高深的見地或證量,他本人卻對此隻字不提。但是有一次,他告訴我:「我年幼時,即被指出心性,從彼時至今,我都能毫無困難地保任見地。事實上,我能無晝夜之分地時時保任見地。」容我在此重述,「具足三戒金剛持」持守外(別解脫戒)、內(菩薩學處)、密(金剛乘的三昧耶戒)三戒,而桑天嘉措已圓滿具足三者。

眾人敬畏的風采

話說,對佛法所生起的信心會影響他人的經驗。桑天嘉措具有這份勇氣,從未懼怕任何人。不論前來的訪客是誰,或他要去會見何人,即使對方是西藏最崇高尊貴的大師,他也總是穿著簡單、普通的衣物,從不特意盛裝打扮。雖然他從不穿著華服,但是當他進入廳室時,人們總是禮敬地為他開路。即便是達官貴人也對他敬畏有加,立刻退到一旁讓路給桑天嘉措。

甚至連大寶法王噶瑪巴也有點懼怕桑天嘉措。有一次,噶瑪巴告訴一位隨從:「不知為什麼,我真的很怕那位喇嘛,他真的把我嚇唬住了。」甚至連我也必須叮囑自己:「我不必害怕,畢竟他是我的伯父!」然而,每天早晨,站在伯父的房門前,我仍然猶豫再三,才敢開門。桑天嘉措真的沒什麼可怕的,但是不知何故,包括我在內的每個人都對他有所畏懼。他具有某種不可思議的功德——一種威風凜凜、彷如君臨天下的風采。

噶美堪布仁欽達傑(Karmey Khenpo Rinchen Dargye)是桑天嘉措的上師之一,他後來轉世為桑天嘉措妹妹的兒子,被命名為「堪楚」(Khentrül),即「噶美堪布的轉世」之意。年輕的堪楚曾對我

說：「他是我們的伯父，為什麼要怕他呢？」堪楚年紀輕輕，卻極具膽識，口才便給得令人刮目相看。然而，每當他來到桑天嘉措的面前，看見他的光頭時，堪楚就把自己原本要說的話忘得一乾二淨。他微微地顫抖，低著頭，不敢直視桑天嘉措。

桑天嘉措是國王的上師，常被召喚至王宮主持法會。他住在舊宮殿，國王及其眷屬則住在新宮殿內。在新宮殿內，有一個名為「方廳」（Square Hall）的會堂，重要的族長、朝臣與達官貴人都趾高氣揚、姿態傲慢地坐在那裡。國王也相當古怪，不容許會堂內設置裝有軟墊的坐席，只能有硬板凳。不論大臣有多麼重要、特殊，都必須坐在板凳上。儘管如此，他們仍然穿上精緻的長袖錦袍坐在板凳上。他們昂首闊步，目中無人，完全不會去注意尋常人等。

桑天嘉措每天早晨前去觀見王室成員時，都必須穿過方廳。在入廳之前，他常常會輕咳幾聲。達官貴人聽見傳來的咳聲，全都立刻試圖起身。有時候，他們都以相同的方式，倚著鄰人的肩膀站起身來，最後弄得跌跌撞撞，翻滾成一團。他們全都懼怕桑天嘉措，而且怕得要命。

桑天嘉措造訪王室廂房時，我常是兩位隨行侍者之一。當他進入廂房時，王后、王子與公主都立刻放下手邊的工作，跳起身來。國王很久以前就已把王室交給王子統御，並進行閉關，鮮少露面。

秘密瑜伽士的作風

桑天嘉措從不甜言蜜語，巴結奉承。他說話總是直截了當，真假分明，恰如其分，而且不誇大、不減損，從未漫無邊際地亂說一通。如果有人開始當面談論他不可思議的功德，他不會給人說話的機會。例如，如果他們開始說：「仁波切，你非常博學多聞……」或「你一定極具證量……」他會立刻斥責，絕不姑息。

桑天嘉措保持「秘密瑜伽士的作風」，既不對人示顯成就，也

從未擺出自己特別重要的模樣。他從未建造寺院或塑造佛像，不坐於高座，不把手放在人們頭上作為加持，也不容許人們對他做大禮拜。在早年生活期間，他大多以洞穴為居。要是他擁有任何證量或神通，也從未對任何人透露。

早年時，他身邊總是有四或五位私聘的書記，謄寫複製了整部《秋林巖藏》，大約有四十函。事實上，這是他唯一真正費勁去做的事情——一字不漏地謄寫整部《秋林巖藏》。

受命為金剛上師

桑天嘉措日後何以被任命為金剛上師？事情是這樣子的：第十五世噶瑪巴卡恰多傑（Khakyab Dorje）原本想從秋吉林巴的子嗣策旺諾布（Tsewang Norbu）處領受《秋林巖藏》的口傳，但當時策旺諾布已抵達中藏，住在拉薩的功德主家中。噶瑪巴派人前去邀請策旺諾布，後者也應允前往。不幸的是，那位自視甚高的功德主不肯讓常駐上師策旺諾布離開，於是百般刁難。此後不久，策旺諾布圓寂，無緣前往楚布寺授予《秋林巖藏》。

噶瑪巴於是派人去找策旺諾布的外甥德瑟祖古（Tersey Tulku，「德瑟」〔藏Tersey〕意指「德童（伏藏師）之子」）。策旺諾布的兄弟（秋吉林巴的另一個兒子）在極年幼時往生，後來轉世為秋吉林巴之女康雀帕諄的兒子，即德瑟祖古。康雀帕諄育有四子，德瑟祖古年紀最小，是桑天嘉措的弟弟。德瑟祖古博學多聞，注重細節，完全具有精準地授予《秋林巖藏》的資格。在他抵達中藏後，噶瑪巴捎了信息，邀請他前往楚布寺。

當時，噶瑪巴派遣他最信任的侍者——比丘蔣巴楚卿（Gelong Jampal Tsültrim）——去邀請德瑟祖古前往楚布寺。蔣巴楚卿來自果洛（Golok）地區，是一位非常清淨的比丘，聲譽與性格極佳，他雖是噶瑪巴的侍者與書記，但憑其本身的條件，也堪稱大師。他為

人可靠，令人印象深刻，噶瑪巴於是派他出這趟任務。然而，由於他出身果洛地區，所以相當固執倔強，而且過於自信。

他拜訪德瑟祖古，並且說道：「噶瑪巴請您前往楚布寺，授予《秋林巖藏》。」然而，德瑟祖古一如其兄長桑天嘉措，是個祕密瑜伽士，因而當場拒絕：「這簡直太荒謬了！一隻狗怎能把狗掌放在一個人的頭上呢？你為什麼提出這種要求？」蔣巴楚卿說：「我不是在請求你做這事；這是噶瑪巴下達的命令。你想要違背你與他之間的三昧耶嗎？」德瑟祖古說：「不！他是十地菩薩，我一無是處，跟一條狗沒什麼兩樣，我怎能做他的上師，授予他灌頂呢？我怎能這麼做呢？這萬萬不可！」

然後，他們起了激烈的爭執。最後，蔣巴楚卿摑了德瑟祖古一巴掌說道：「你這個卑劣的人！」然後就走了。蔣巴楚卿回到楚布寺，對噶瑪巴說：「那個人簡直不可理喻，根本是個無賴！我跟他爭論，但他壓根拒絕前來。」噶瑪巴並未因此而心煩氣惱，只說：「沒關係，我們靜觀其變，或許最後會圓滿落幕。」

噶瑪巴於是邀請桑天嘉措前來楚布寺，卻未告知箇中緣由。桑天嘉措抵達楚布寺之後，被邀請到卡恰多傑的密室。他進入密室，看見一張法座，以及金剛上師所穿的錦袍、法冠與全套法器。噶瑪巴要他登上法座，剛開始，只見兩人你來我往地抗議，最後噶瑪巴說：「我命令你坐在那裡。從現在開始，我任命你為金剛上師。」

不只噶瑪巴強迫桑天嘉措擔負起金剛上師的重任，策旺諾布也這麼做。策旺諾布曾受邀前往類烏齊寺（Riwoche Monastery），授予《大寶伏藏》（*Rinchen Terdzö*，音「仁欽德佐」）的灌頂。由於當時秋吉林巴已圓寂，類烏齊寺認為蔣貢康楚仁波切是授予《大寶伏藏》的最佳人選，但他已經年邁體弱。欽哲旺波仁波切（Khyentse Wangpo）是他們心目中的次佳人選，但是欽哲旺波也年近古稀。於是，兩位仁波切決定派遣秋吉林巴的兒子策旺諾布前往類烏齊寺，

代表他們授予《大寶伏藏》。當時，許多偉大的轉世喇嘛（祖古）都在場，其中包括大伏藏師秋吉林巴的兩位轉世。

《秋林巖藏》的傳承者

每一個傍晚，在法會結束之後，眾位祖古與偉大的喇嘛都聚在策旺諾布的房間內進行討論與問答。一天晚上，他們討論著《秋林巖藏》的未來。策旺諾布的體型極為壯碩，而且氣度威嚴，目光銳利。在大家進行討論的當兒，策旺諾布就只是目光炯炯地瞪視著眾人，然後他一邊指著沈默、低調地坐在門邊的桑天嘉措，一邊看著德瑟祖古說道：「你以為你是秋吉林巴之子的轉世。」然後，他看著兩位秋林祖古說道：「你們兩個自認是秋吉林巴本人的轉世。你們三個全都以為自己非常重要、特殊，但其實都比不上坐在那邊的那個人！」策旺諾布指著桑天嘉措繼續說道：「就護持傳承而言，他的影響力更為深遠。」聽到這番話，桑天嘉措感到非常惶恐。雖然策旺諾布是他的母舅，但是每個人都有點怕他。策旺諾布說出這番話，就猶如即將成真的授記。

多年後，當策旺諾布出發前往中藏時，他似乎知道此行將與桑天嘉措永別。於是，他在房間內私下為桑天嘉措陞座，並贈予他親用的金剛鈴杵。策旺諾布說道：「我把《秋林巖藏》的傳承交託予你，未來你必須將其傳承下去。」儘管桑天嘉措有所抗議，策旺諾布仍然交付重任。這正是後來噶瑪巴邀請桑天嘉措前往楚布寺，後者未予拒絕的原因。他說：「好的」，然後授予灌頂。

桑天嘉措授予整部《秋林巖藏》的口傳時，噶瑪巴並非住在楚布寺，反而住在寺院上方的閉關所。當時，噶瑪巴已上了年紀，並且剛剛再婚，他的明妃被稱為「康卓千媽」（Khandro Chenmo），意指「噶瑪巴的大空行」。當時，康卓千媽年方十六；三年後，噶瑪巴圓寂，她才十九歲。桑天嘉措授予《秋林巖藏》時，德瑟祖古也

在場。一旦他的兄長桑天嘉措同意給予灌頂，他就不再避而不去楚布寺。

傍晚時分，他們常常與噶瑪巴促膝長談，有時直至午夜或深夜。長談之後，噶瑪巴離開桑天嘉措的閉關小屋，返回住處。某個夜晚，在他們道別之後，噶瑪巴雙手合十地對康卓千嫫說道：「在這個時代，大概只有桑天嘉措一人具有大圓滿心滴的真實證量。」這是噶瑪巴對桑天嘉措純粹的賞識之情，大空行康卓千嫫於日後親口告知此事。

愉悅的障礙

被立為金剛上師，這個情況可能有點棘手。就桑天嘉措的情況而言，他是被根本上師策旺諾布與噶瑪巴強迫擔任金剛上師一職，而他幾乎從未提及此事。在桑天嘉措圓寂之前不久，我曾在他的房間內共度許多夜晚。當時，他躺在床上，我則睡在靠近他腳邊的地板上。有天晚上，我們正聊著，桑天嘉措破天荒地開始談及他最秘密的實證，也鉅細靡遺地訴說他與噶瑪巴、策旺諾布之間所發生的種種事情。除了這一次，他從未對任何人傾吐這些私事。

「從那時開始，」他告訴我，「我真的落入四魔羅之中的『天子魔』的控制而散亂了。在此之前，我唯一的抱負是待在洞穴內從事修持。但是，由於噶瑪巴強迫我擔任金剛上師，我現在必須表現得像一位金剛上師，給予灌頂、口傳等等。」他從未做過這些事情，而且總是避而遠之，但從那時起，他就必須擔負金剛上師的重任。如今回顧過往，他無疑是《秋林巖藏》得以廣傳的功臣。

桑天嘉措曾說：「我只要住在洞穴裡，就很歡喜了。我從未有為人上師的意圖或欲望。八歲那年，我被指出心性，從此以後，我一直盡可能地安住於心性之中，直到現在。」因此，隨著年紀漸長，他常常心想：「早知道，我就應該留在洞穴裡；相反地，我落

入魔障的控制。」

　　這番話並非空談，而是肺腑之言，他毫無成為金剛上師或坐於高座的野心。他曾經告訴我：「功成名就其實被稱為『愉悅的障礙』。每個人都能輕易地認出令人不悅的障礙，但是愉悅的障礙卻鮮少被視為障礙。」

　　舉例來說，令人不悅的障礙包括遭人毀謗或醜聞纏身、罹病、遭逢不幸等等。大多數的修行者都能認識到這些境況是障礙，並且加以處理，作為道用。然而，愉悅的障礙卻是靠不住的虛偽假象，例如，成為家喻戶曉的人物，招攬弟子，膚淺地為了他人的福祉而努力等等。這種人會開始想著：「老天爺！我真的很特別，我饒益眾生，事事完美順當！」卻未察覺到自己已落入愉悅障礙的陷阱，因此之故，它們是修行的主要障礙。桑天嘉措對未認出這些障礙的人提出警告，這些人通常只認為：「我利益眾生的能力愈來愈強了！」這其實是未注意到自己已落入障礙而一廂情願的說法。

■ 本章摘自Tulku Urgyen Rinpoche, *Rainbow Painting* (Boudhanath: Rangjung Yeshe Publications, 1995), "The Qualified Master"。

■ 中文版請參見祖古烏金仁波切著，楊書婷譯，《彩虹丹青：融合見地與修持的成就口訣》，〈具德上師〉，台北：橡樹林文化，2011年。

第10章
具足大力的金剛上師

邱陽創巴仁波切

在金剛乘之中，
上師是傳導能量的唯一體現。
若無這樣的上師，
我們就無法正確且徹底地體驗世界。

　　就修行而言，我們面臨了「師徒關係」這個問題。不論我們稱他為「上師」、「喇嘛」或「咕汝」（梵guru），他都讓我們瞭解什麼是「修行」。這些詞語，尤其是「咕汝」一詞，已牽扯了西方社會所賦予的意義，不但有所誤導，也為「師從一位上師」的意義抹上了迷惑的色彩。

　　這並非意味著東方人知道如何與上師相處，西方人則否；這是一個普世的問題。人們對於「修行」總是存有一些先入之見，例如，他們會從中得到什麼，以及如何與那個能使他們如願以償的上師相處。我們將會從上師處得到自己所追求的事物，不論是快樂、寧靜、智慧等等，而這種想法是一種棘手的偏見。因此，我認為，審視一些著名的佛弟子是如何處理修行、與上師相處等問題，將會有所助益。這些例子或許與我們的追尋有所關連。

馬爾巴尊者的求道歷程

馬爾巴尊者是西藏最著名的大師之一，也是我所屬的噶舉傳承的主要上師之一。他師承印度大師那洛巴，而密勒日巴尊者則是他最知名的法嗣。

立志成為大譯師

馬爾巴是一個憑一己之力而成功的典範。他出身農家，從小胸懷大志，選擇學術與僧職作為成名之路。我們可以想像，在西藏的宗教傳統之中，農家子弟要用盡多大的努力、下定多大的決心，才能躋身上師之列。在十世紀的西藏，像他這樣的人要取得任何一點地位，只能憑藉幾種途徑，例如，從商、入草野為盜或成為喇嘛，尤其是成為一位喇嘛。在當時，加入當地的寺院，幾乎等同於集醫師、律師、大學教授三者於一身。

馬爾巴首先學習藏文、梵文、印度的口語，以及數種其他語言。如此學習了三年左右，他的語言能力嫻熟到足以擔任學者而開始掙錢，並將其用於研習佛法，最後成為一位喇嘛。雖然此時馬爾巴已結婚成家，而且這種地位讓他在當地享有某種程度的知名度，但是他的雄心更加勃發，繼續積攢儲蓄，直到積聚大量的黃金。

此時，馬爾巴向親戚宣布，他打算前往印度，蒐集更多法教。當時的印度是世界佛學中心，也是那爛陀寺以及最偉大的佛教聖哲與學者的發源地。馬爾巴想要學習、收集西藏所沒有的佛教文本，並將其帶回西藏，翻譯成為藏文，藉以奠定自己是大學者暨大譯師的地位。在當時，甚至直到最近，從西藏前往印度是一段漫長且危險的旅程，馬爾巴的家人與長輩都極力勸阻，但他已下定決心，與一位同是學者的友人一起出發。

在歷經數個月的艱困旅程之後，他們越過喜馬拉雅山而抵達印

度。在到達孟加拉之際,兩人就分道揚鑣,各奔前程。就語言與佛學而言,兩人都極具素養與資質,所以決定各自去尋找適合自己的上師。分別之前,他們相約再度聚首,結伴返鄉。

向那洛巴尊者求法

當馬爾巴行經尼泊爾時,他碰巧聽人談及那洛巴。那洛巴名聞遐邇,曾是那爛陀寺的住持,而那爛陀寺可能是有史以來最大的佛學中心。在職業生涯的巔峰,那洛巴覺得自己明白法教的道理,卻未識它們的真實義,於是毅然決然地拋下住持的職位,出發去尋找上師。他跟隨帝洛巴尊者十二年,忍受種種艱辛,最後終於證悟。當馬爾巴聽說關於那洛巴的種種時,後者已是公認最偉大的佛教聖者之一,馬爾巴想當然爾地出發去尋找那洛巴。

馬爾巴終於在孟加拉的森林裡尋獲那洛巴;當時,那洛巴生活貧困,住在一間陋舍之內。馬爾巴原本預期這樣一位大師會住在一個極具宗教氛圍的環境之中,所以當他在森林裡找到那洛巴時,他有點失望。然而,陌生的異國文化不但令他有點困惑,也使他願意有所讓步,心想這或許是印度上師的生活方式。此外,他對那洛巴的仰慕之情,遠遠超過心中的失望,馬爾巴於是把大部分的黃金獻給那洛巴,並且向他請法。

馬爾巴對那洛巴解釋,他來自西藏,已結婚成家,同時集喇嘛、學者、農夫三種身分於一身。儘管他不願意放棄自己赤手空拳所打拼出來的人生,卻也渴望擷取法教,將其帶回西藏,翻譯成藏文,以賺取更多的金錢。那洛巴相當爽快地答應馬爾巴的請求,授予教誡。一切都進行得非常順利。

過了一段時間之後,馬爾巴自認已達成目的,收集了足夠的法教,於是準備打道回府。他前往一間位於大城鎮的客棧,與之前的同伴會合,他們坐下來相互比較各自努力的成果。當朋友看見馬爾

巴所集結的法教之後，他笑著說：「你這些東西根本一文不值！西藏已經有這些法教了，你必須找一些更稀有罕見、更激動人心的法教。我從一些偉大上師處領受了絕妙的法教。」

聞言之後，馬爾巴當然非常挫折與氣惱，千里迢迢從西藏前來印度，歷盡艱辛，而且花費龐大，於是他決定回到那洛巴的處所，再次放手一搏。當他抵達那洛巴的小屋，請求那洛巴授予更稀有、更上乘的法教時，那洛巴出乎意料地說：「很抱歉，我無法傳授這些法教，你必須向庫庫日巴（Kukuripa）[1]請法。他住在一座位於毒湖中央的小島上，這段旅程將會異常艱辛。如果你想要領受這些法教，就得去見他。」

向庫庫日巴求法

此時，馬爾巴愈來愈不計後果，決定鋌而走險，孤注一擲。此外，他心想，如果庫庫日巴擁有甚至連偉大的那洛巴都無法授予的法教，而且住在一面毒湖的湖心，那麼他必定是一位相當不可思議的上師、偉大的密士。

於是，馬爾巴踏上旅程，想方設法渡過毒湖而抵達小島，開始尋找庫庫日巴。他找到一位年邁污穢的印度老叟，與數百隻骯髒的母狗生活在一起。說得含蓄一點，這光景異乎尋常。儘管如此，馬爾巴仍試著與庫庫日巴交談，但庫庫日巴卻滿口胡言亂語，盡說些莫名其妙的話。

現在整個情況幾乎令人難以忍受，馬爾巴不但完全無法理解庫庫日巴所說的話，還必須時時提心吊膽，提防數百隻母狗。一旦他與其中一隻母狗交好，另一隻母狗就對他狂吠，作勢啃咬。最後，

---

[1] 庫庫日巴（Kukuripa）是那洛巴的七大弟子之一，也是印度八十四位大成就者之一，又稱「愛狗者」。

馬爾巴幾乎要發瘋，情緒失控到完全放棄，不再試圖作筆記，也不再試圖領受任何密法。就在那時，庫庫日巴開始以一種簡明易懂、條理清晰的聲音對馬爾巴說話，數百隻母狗也停止騷擾馬爾巴，他終於得以受法。

所有心血付諸流水

馬爾巴在庫庫日巴處完成學業之後，再次回去見上師那洛巴。那洛巴說：「你現在必須回到西藏傳授法教。光是從理論的面向來受法是不夠的，你必須有實際的生活經驗。然後，你可以再回來更深入地研習。」

馬爾巴與旅伴再度會合，開始踏上返回西藏的漫長旅程。馬爾巴的旅伴所學甚豐，兩人都攜帶成堆的手稿，他們邊旅行邊討論所學。很快地，友伴愈來愈好奇，想要追究馬爾巴收集了哪些法教，這令馬爾巴感到不安。他們之間的對話愈來愈繞著這個話題打轉，最後友伴覺得馬爾巴所取得的法教更為重要、更具價值，因而心生嫉妒。

他們坐上渡船之後，友人抱怨自己被大包小包的行李擠得很不舒服，於是開始調整姿勢與位置，佯裝要讓自己更舒服，但其實是趁機把馬爾巴的手稿全部扔進河裡。馬爾巴拚命搶救他費盡心血所收集的文本，但全都在頃刻間付諸流水。

馬爾巴懷著沈重的失落感返回西藏。儘管他可以述說旅行與求學的種種故事，卻沒有任何實質的憑據來證明自己的學識與經驗。儘管如此，他仍然從事教學與工作數年，直到有一天，他突然明白，縱使他能及時搶救，那些手稿也毫無用處。在印度時，他只書寫紀錄了部分的法教，而這些法教也是他個人的心得與覺受。唯有在數年之後，他才發現它們已成為自己的一部分。

經由此一發現，馬爾巴完全失去以法教來求取獲利的欲望，不

再在乎金錢或聲譽,反而立志要獲得證悟。他於是積累金沙,作為獻給那洛巴的供養,並且再次踏上前往印度的旅程。這一次,他滿懷著親見上師與領受法教的渴望。

開放與降服

然而,當馬爾巴再見到那洛巴時,情況卻迥異於以往。那洛巴異常冷淡,毫無人情味,甚至含有敵意。他劈頭對馬爾巴說:「很高興再見到你。你有多少黃金來受法?」馬爾巴攜帶重金,但他想要留下一部分作為生活費與回程的旅費。他打開行囊,只把部分黃金獻給那洛巴。那洛巴看著黃金說道:「這不夠,我的法教值更多黃金。全都給我!」馬爾巴再給一些,但是那洛巴仍然要求全數供養。

如此你來我往幾次之後,那洛巴終於笑著說道:「你以為你可以用詭計來收買我的法教?」聽了這話之後,馬爾巴徹底屈服,獻上所有的黃金。令他震驚的是,那洛巴拎起袋子,把金沙拋灑於空中。

突然之間,馬爾巴感到非常困惑與懷疑,他不瞭解這究竟是怎麼回事。他費盡心血地積攢黃金,以取得自己渴望的法教,另一方面,那洛巴也表明需要黃金,才會授法,然而他現在卻把金沙全扔了!那洛巴對他說:「我需要黃金做什麼?對我來說,整個世界就是黃金!」

在這個勝妙的剎那,馬爾巴豁然開朗。他敞開心扉,因而能夠領受法教。在此之後,他留在那洛巴身邊很長一段時間,刻苦修行,而且不再像以往那般只聽聞法教,他還必須努力實修。他必須放棄自己所擁有的一切,不只是放棄財物,也必須放下隱藏於心中的種種。這是一個不斷開放與降服的過程。

第三部 融合

密勒日巴尊者的求道歷程

密勒日巴的境遇則相當不同。他曾經務農，比起馬爾巴遇見那洛巴時所具備的學識與練達，密勒日巴則相去甚遠，並且曾犯下謀殺等種種罪行。他悶悶不樂，渴望證悟，願意支付馬爾巴所要求的任何費用。馬爾巴要求以勞力來支付，接二連三地要密勒日巴建造房屋，而且一旦竣工，就下令拆毀房子，並把石頭搬回原處，以免損毀地形景觀。每次馬爾巴命令密勒日巴拆毀房屋時，都會給一些奇奇怪怪的荒謬藉口，例如，當他下令蓋房子時，他喝醉了，或他從未下達這種命令。每一次，滿心渴望受法的密勒日巴都聽令行事，拆毀房子，然後重新開始。

最後，馬爾巴設計了一座九層塔樓。密勒日巴背著石頭建造塔樓，身體受盡磨難。完工之後，他再次請求馬爾巴授予法教，馬爾巴卻說：「就因為你建造了塔樓，就想要從我這裡領受法教？你恐怕還得送我一份禮物，作為領受灌頂的費用。」

在投入所有的時間與勞力來建造塔樓之後，密勒日巴已身無分文。馬爾巴的妻子達媚瑪（Damema）憐憫密勒日巴，對他說道：「你所建造的這些塔樓，都是勝妙虔敬心與信心的表現。如果我給你幾袋青稞與一匹布作為領受灌頂的費用，我的丈夫肯定不會在意。」於是，密勒日巴收下青稞與布料，帶到灌頂壇城，連同其他弟子的禮物一起供養給馬爾巴，作為受灌的費用。當時，正在壇城傳法的馬爾巴認出密勒日巴的禮物，隨即大聲怒斥：「你這個假仁假義的東西，這是我的東西，你想要騙我！」罵完之後，就把密勒日巴踢出灌頂壇城。

此時，密勒日巴已完全不指望馬爾巴會授予法教。正當他萬念俱灰，決定要自我了斷之際，馬爾巴前來告訴密勒日巴已準備就緒，可以受法了。

弟子回贈上師的禮物

降服並敞開心胸

領受法教的過程取決於弟子有所回贈,而某種心理上的降服是必要的,這是一種禮物或回贈的形式。這是在談論上師與弟子的關係之前,我們必須先探討「降服」、「開放」與「放棄期望」的原因。重要的是,在上師面前,與其努力表現出自己是個堪受教的弟子,反而應該降服、敞開心胸、原原本本地暴露自己。至於你願意付多少錢,行止有多麼端正,或有多麼伶俐,知道如何對上師說中聽的話,這些都無關緊要。上師與弟子的關係不像是應徵工作或購買新車。你受聘與否,取決於你的資歷、穿著多麼得體、皮鞋擦得多亮、言語多麼合宜,以及舉止多麼有禮。如果你要買車,那麼重要的是你有多少錢,以及你的信用有多好。

但是,修行則需要更多條件。它並非應徵工作,打扮得光鮮亮麗來使雇主印象深刻。與上師面談時,這種詭計不管用,因為他能把我們一眼看穿。我們若為了面談而刻意打扮,上師會覺得好笑。就此而言,迎合奉承並不適用;事實上,它徒勞無益。我們必須真心承諾要對上師敞開心胸,並且願意放棄所有的先入之見。密勒日巴預期馬爾巴是一位大學者、大聖人,身穿瑜伽士的服裝,手持念珠,持咒禪修,但他反而發現馬爾巴在農地工作,指揮工人,親自犁田。

在西方社會,「上師」(guru)一詞恐怕被濫用了,「善知識」(spiritual friend)這個詞反而比較恰當,因為法教強調的是「兩心相會」。此事關乎相互的溝通,而非證道者與迷惑眾生之間的主僕關係。在主僕關係之中,這個證道者甚至可能不坐在座位上,反而漂浮於半空中,向下俯視芸芸眾生。他的聲音穿透、瀰漫整個虛空;他所說的每個字、所發出的每個咳嗽聲、所作的每個動作,都是智

慧的表現。然而，這只是一場夢。猶如馬爾巴之於密勒日巴、那洛巴之於馬爾巴一般，上師應該是一位善知識，他與我們溝通，展現其功德。

馬爾巴展現出一位務農瑜伽士的功德。他結婚成家，與妻子育有七個子女；他照料農地、耕種作物，扶養家庭，自給自足。但是，這些作為只是他生活中的日常。他關愛弟子，一如關愛作物與家人。他為人縝密周到，注重生活細節，因而能夠勝任上師、父親、農夫三職。在馬爾巴的生活方式之中，完全未摻雜物質的或心靈的唯物主義。他沒有因為著重於修行而忽略家人，或忽略他與土地之間的關係。如果你未涉入心靈或物質的唯物主義，就不會強調任何的極端。

若你選擇某人為上師，只因為他名聲響亮、著作等身、信徒滿天下，這種作法並無助益。相反地，你是否能夠直接徹底地與他溝通，才是準則。在這個過程當中，你自欺欺人的程度有多嚴重？如果你能坦誠地面對你的善知識，你們就注定可以一起共事。你能夠毫不保留地與他交談嗎？他瞭解你嗎？他瞭解自己嗎？上師是否能看穿你的面具，直接與你溝通？在尋找上師時，名聲或智慧不是準則，這才是準則。

有一則耐人尋味的故事，述說一群人決定師從一位偉大的西藏上師。他們已跟隨其他上師，但是決定專一地向這位大師學習。他們急不可待地想要成為他的弟子，於是設法覲見，但這位大師卻不肯收他們為弟子。他說：「唯有你們願意放棄之前跟隨的上師，我才會收你們為弟子。」儘管他們苦苦懇求，述說自己對他有多麼虔敬，他的聲譽多麼遠播，以及多麼渴望在其座前學習，但他仍然不為所動，除非他們同意他所提出的條件。儘管他們從之前的上師處獲益良多，但是最後除了其中一人，其他人都決定捨棄之前的上師。對此，大師顯得相當歡喜，要他們隔天回來。

但是,當他們回返時,這位上師卻說:「我已經摸透你們這些偽君子,下一次你們去找另一位上師,就會把我拋棄。現在都給我滾出去!」除了那個未捨棄上師、珍惜所學的弟子之外,他把所有人都趕走了。那位弟子不肯玩騙人的把戲,也不願意作假來取悅上師。如果你想要與一位善知識結交為友,就必須坦誠、開放,如此雙方才能平等地溝通,而非試圖去贏得上師的歡心。

經歷生命的試煉

你必須徹底敞開心胸,才會被上師接受而與其為友。此外,你或許也必須通過善知識的考驗與生命的試煉,才可能敞開心胸,而所有的考驗與試煉都會以失望的形式呈現。在某個階段,你將會懷疑善知識是否對你有任何的情感,而這其實是在處理自己的偽善。偽善——自我的做作與扭曲——是非常強硬的,它有一張非常厚的外皮。我們常常穿上一層又一層的盔甲。

這層層的偽善非常緊密厚實,一旦我們移除一層盔甲,就會發現底下還有一層。我們希望自己不必寬衣解帶,卸除所有的盔甲;我們也希望只要褪除幾層盔甲,就會看起來光鮮體面。然後,我們穿上一件新的盔甲,帶著一張奉承的嘴臉而現身,但是善知識則赤身裸體,未穿上任何盔甲。相較於他的赤裸,我們猶如身穿水泥。我們的盔甲是那麼地厚重,以至於善知識無法感受到我們的膚質與身體,他甚至無法端詳我們的臉。

在過去,有許多關於師徒關係的故事,描述弟子必須受盡千辛萬苦,歷經漫長的旅程,直到他的迷戀與衝動開始消磨為止。這似乎是重點所在:追尋某件事物的衝動本身,即是一種煩惱。當這份衝動開始消磨時,本初的赤裸(basic nakedness,本心)就會開始顯現,兩顆心於焉相會。

遇見上師

話說，遇見善知識的第一個階段猶如上超市。你興奮雀躍，夢想著將要購買的各種物品：善知識的明燦豐饒，以及他豐富多采的性格。這段關係的第二個階段猶如上法庭，彷彿你是罪犯。你無法滿足善知識的要求，並且開始感到局促不安，因為你知道他把你看透了，這令你感到相當難堪。

在第三個階段，當你去見善知識時，彷如看見一頭牛快樂地在草原上吃草。你欣賞牠的寂靜安詳與四周的風光景致，然後繼續前進。最後，在第四個階段，善知識猶如路上的一顆石頭，你甚至沒有注意到它，你只是經過，然後走開。

上師如火，想靠近又想逃避

在初始，你與上師之間的關係猶如一場戀愛，你能夠贏得上師的心到何種程度？你渴望親近善知識，因為你真心想要學習。你衷心仰慕他，但是在此同時，他又令你畏懼，令你疏遠迴避。不論是仰慕或畏懼，皆與你的期望有所出入，或令你感到局促不安：「我可能無法徹底敞開心扉。」一段愛恨交加的關係，一種降服與逃避的過程於焉展開。

換句話說，我們開始玩一場遊戲，一場想要敞開心扉、想要與上師談戀愛，又想要逃開的遊戲。如果我們與善知識太過親密，就會覺得自己被其征服。猶如西藏古諺所說：「上師猶如火焰，靠得太近，就會被灼傷，離得太遠，就不夠暖和。」這是弟子所經歷的求愛示好的過程。你往往太靠近上師而被灼傷，想要逃跑。

漸漸地，這段關係終於開始變得非常重要且深厚。你瞭解到，想要親近上師以及想要疏離上師，都是你自己玩的遊戲。它僅僅是自己的幻想，與真實狀況無關。上師或善知識總是在那裡燃燒著，

始終是一團生命之火,你可以決定是否要跟他玩遊戲。

接著,你與善知識的關係開始變得充滿創意。不論你是被上師弄得不知所措,或與他保持距離,你都全盤接受。如果他冷若冰霜,你接受;如果他熱情如火,你也接受。沒有什麼能夠撼動你,你與上師已達成和解。

上師的世界是唯一存在的世界

下一個階段是,在全盤接受善知識的作為之後,由於你已徹底投降、放棄,因而失去自己的創意與靈感。你覺得自己渺小得猶如一粒塵沙,微不足道。你開始覺得,這位善知識——上師——的世界是唯一存在的世界,這彷彿你正在觀看一場引人入勝的電影,它是如此地扣人心弦,你因而融入其中,成為電影的一部分。

此時,只有電影,沒有你,沒有電影院、座椅、觀眾,也沒有朋友坐在旁邊。這是所謂的「蜜月期」,所有的一切都被視為「上師」的一部分。你只不過是一個一無是處、微不足道的人,不斷地被這個偉大、迷人的重要人物所哺育、餵養。每當你感到怯懦、疲倦或無聊時,你就去電影院,坐在那裡被娛樂、提振而恢復精神。此時,「個人崇拜」這個現象變得彰顯。在你眼中,這個世界上只有上師一人,鮮活靈動,你生命的意義完全取決於他,你為他而生,為他而死,你無足輕重。

諸法皆成為上師

然而,這場與善知識的愛戀必定無法長長久久、轟轟烈烈,遲早會趨於平淡,而你也必須面對自己的生活與內心狀態,這猶如結婚之後,蜜月期宣告結束。你不僅意識到愛人是你的重心,也開始注意到他(她)的生活方式,以及是什麼造就他(她)超越個體與性格的局限而成為上師。因此,這也牽涉了「上師遍在」(一切皆

上師）的原則。

你在生活中所面臨的每個問題，皆是（你與上師）互結連理的一部分。每當你歷經艱辛，上師的話語就在耳邊迴響，也正是在此時，你開始獨立，不再把上師當作愛人來依賴，因為所有的情境皆是法教的表現。首先，你降服於善知識；接著，你與他溝通、玩遊戲；現在，你已企及全然開放的境界。因為這份開放，你開始在每個生活情境當中看見上師的功德。所有的生活情境都提供了契機，使你能夠如上師那般開放，諸法於是都成為上師。

當密勒日巴在寶谷紅崖閉嚴關時，他生起上師馬爾巴的清晰淨相。彼時，他飽受大自然的摧殘，因飢餓而身體羸弱，以致在洞穴外收集木柴時昏了過去。恢復意識之後，他望向東方，看見馬爾巴居住的方向有朵朵白雲。他心中滿懷渴慕而唱起一首祈願道歌，向馬爾巴傾訴自己多麼嚮往伴其左右。

接著，馬爾巴騎乘一頭白色的雪獅，出現在密勒日巴的淨相之中，並且說道：「你怎麼了？煩惱大作了嗎？你勝解佛法，就繼續禪修吧！」聽了這番話之後，密勒日巴感到安慰，於是回到洞穴內繼續禪修。此時，他對馬爾巴的依賴，表示他尚未脫離「上師是密友」的想法。

然而，當密勒日巴返回洞穴時，他發現穴內滿是惡魔，他們的眼睛大如平底鍋，身體則只有拇指般大。他用盡方法要惡魔停止嘲笑他、折磨他，但他們硬是不肯離開，直到密勒日巴終於不再耍花樣，並且認清自己的偽善而完全降服，敞開心胸。自此以後，密勒日巴道歌的風格產生了巨大的轉變，因為他已經知道如何認同上師普世、遍在的功德，而非只把馬爾巴視為單獨的個人。

上師讓你原形畢露

善知識（上師）既是外在的個人，也是你的一部分。就穿透

與暴露我們的偽善而言，內在與外在的上師扮演至關重要的角色。上師可以是一面讓你原形畢露的鏡子，或者，上師是你的本智的映現。當內在的上師開始發揮作用時，你就無所遁形，不得不敞開心胸。本智如影隨形，你無法擺脫自己的影子。「老大哥在監視你」，但是這個一直監視著我們、糾纏不休的老大哥並非外在的本體，而是自己；我們的影子正在監視著自己。

我們可以從兩個角度來看待此事，一是把上師視為糾纏不休的鬼魂，嘲笑我們的偽善，我們可能會因此而發現自己帶有一分邪惡。另一方面，善知識的妙力也成為我們的一部分。本智持續地呈顯於生活情境之中，它非常敏銳犀利，以致在某個階段，縱使你想要除之為快，也無法擺脫。它時而表情嚴厲，時而綻放出鼓舞人心的笑容。

密宗傳統有此一說：你看不見上師的面容，卻會時時看見他的表情。不論是莞爾、露齒而笑或發怒蹙眉，皆是生活情境的一部分。本智、如來藏或佛性一直存在於每個生活經驗之中，我們無法從中逃脫。法教說道：「最好不要開始，一旦開始，完成為妙。」因此，除非必要，最好不要踏上修行的道途。一旦踏上道途，就無法後退，無路可逃。

上師把我們重新介紹給世界

金剛乘的上師被稱為「金剛上師」。金剛上師電力四射，令人激動，同時赤裸又毫不遮掩。他手持金剛杵，象徵「雷霆霹靂」，能夠從手中發出閃電，並以金剛杵來傳輸電力。如果弟子尚未和宇宙充分地連結在一起，金剛上師能重新通電而連結兩者。就此而言，上師對我們具有極大的控制權，但是這份權力尚未大到他會變成自大狂的程度。更確切地說，上師是一個發言人，重新把世界介紹給我們——他使我們重新認識自己的世界。

金剛上師猶如一位魔術師，能夠契入宇宙，操之在手，但這不表示他能夠突如其來地把地大變為火大，或把火大變成水大；金剛上師必須運用宇宙的真正功能。我們可以說，宇宙包含了許多奇幻神妙，而由於金剛上師與情器世界之間具有某種連結，所以這之中已經有了奇幻神妙。因此，金剛上師可以被視為奇幻神妙的監督者，而非魔術師。

　　此時，與金剛上師取得連結，是一件充滿力量又危險的事情。金剛上師能夠傳輸金剛的靈性能量，但是在此同時，如果我們完全走錯了方向，也會被他摧毀。「坦特羅」（梵tantra，密續）意指「續」或「相續」，但是其中一個密宗戒律的原則卻指出，唯有某件真實、可延續的事物，才會有這份相續。如果我們並非真實、真誠，我們的相續就會被金剛上師取消。因此，在金剛乘之中，我們不把上師視為救主或本尊，會自動給予我們所希冀的一切。

　　金剛上師可能會相當嚴厲或強力控韁，然而，當他發現我們的弱點時，他也不會只耍花招，開我們的玩笑。他依循傳統與戒律而行止：他觸動我們，對我們綻放笑容，他注視著我們，聆聽我們的心跳。這是一個非常明確且刻意的過程，而且是依據傳承的傳統而為。這個金剛上師注視、傾聽、感受、觸動我們的過程，即是所謂的「灌頂」（empowerment；梵abhisheka，音「阿毘謝卡」）。

　　「阿毘謝卡」有時被英譯為「initiation」[2]，但它並未傳達正確的意義。如之前所討論的，「阿毘謝卡」的字義是「塗聖水」或「塗油膏」，即在上師及其周圍的壇城所加持的聖水之中沐浴。然而，「灌頂」並非我們通過某種考驗之後，被接受入會的儀式。事實上，它完全不是如此。金剛上師授權與弟子受權的過程，取決於雙方的能力。

---

[2]「initiation」一詞有「入門」、「開始」、「啟蒙」之意。

因此，把「阿毘謝卡」譯為「empowerment」[3]比「initiation」更為恰當，因為這其中沒有所謂的「入會」。我們被引入整個宇宙，而非進入一個外人勿入的封閉圈子；宇宙是一個開放的虛空，而不是一個大族群或一個自大的自我。上師授予權力，我們因而能夠與自己的大宇宙相遇。此時，上師猶如一根避雷針，我們可能會因上師所傳輸的電力而大為震驚或身心交瘁，但也可能被這樣一個電導體所拯救。

上師是傳導能量的唯一體現

　　就金剛乘而言，遇見並信任上師是絕對必要的。上師或金剛上師是傳導能量的唯一體現，若沒有這樣的上師，我們就無法正確且徹底地體驗世界。我們不能只閱讀幾本關於密續的書籍，然後試著自行理出頭緒，這是行不通的。密續必須以一份鮮活靈動的經驗而傳授給弟子。與世界共事的密宗體系，以及密續的能量，都必須從上師直接傳授給弟子，如此法教才會是真實、顯明且精確的。

　　在金剛乘之中，上師與弟子之間坦率、直接的關係必不可缺。若未與金剛上師建立某種連繫，人們甚至不能開始修持密續。金剛上師不能是某位來自外太空、抽象且空泛的人物，他必須已親身經歷這整個過程——他必須曾是一位驚慌失措的弟子，也必須曾是一位驚慌失措的上師。

　　我們可以說，金剛上師之所以存在，是因為他離於業的束縛，卻透過悲心而與世界建立了一個世俗的連結。然而，就某種意義而言，甚至包括諸佛在內，沒有人能真正地離於業的束縛。諸佛不會「退休卸職」而去到某個天界，他們必須幫助眾生，與眾生共事；

---

[3]「empowerment」一詞有「授權」、「賦能」之意。

這是諸佛的業,也是眾生的業。

這是有神論與無神論之間耐人尋味的差異之一。就有神論的觀點而言,一旦我們離世之後前往天堂,就與這個世界脫離關係,了無義務,從此幸福快樂。然而,在無神論的傳統之中,縱使我們證得解脫或空性,卻因為手足仍在世間受苦而身負義務,必須返回世間,不能留在涅槃閒晃。

因此,金剛上師是一個因為悲心強烈而必須償還業債的人。太陽、月亮、星辰無法傳授佛法,只能在人與人之間傳授。所以,我們需要一位具有大力的金剛上師,他能夠掌控宇宙、眾生與自己。他也被警告,若誤用自己的能量,他將會被貶為一小片木炭。

得遇金剛上師,這至關重要;他感同身受,親身經歷我們所經歷的苦樂。與密續結緣,是一件非常特別的事情,我們必須對自己能夠直接與密續結緣而生起敬畏之情。遇見一位真實的密宗上師,身歷真實的密宗情境,實屬難得。成為真正的密宗弟子,覓得「真實」,也堪稱千載難逢。

■ 本章摘自Chögyam Trungpa, *Cutting Through Spiritual Materialism* (Boston: Shambhala Publications, 1973), "The Guru"。Chögyam Trungpa, *Journey Without Goal* (Boston: Shambhala Publications, 1981), "The Vajra Master"。

■ 中文版請參見邱陽創巴仁波切著,謬樹廉譯,《突破修道上的唯物》,〈上師〉,台北:橡樹林,1973年。邱陽創巴仁波切著,《沒有目的的旅程:佛陀的密續智慧》(*Journey without Goal: The Tantric Wisdom of the Buddha*,暫譯),〈金剛上師〉(The Vajra Master),波士頓:香巴拉出版社(Boston: Shambhala Publications),1981年。

第 11 章

從無明睡眠中醒覺

祖古烏金仁波切

我們被上師的悲心與大力喚醒，
不是只從一般的睡眠當中醒來，
而是從無明的睡眠當中醒覺。

從無明睡眠中醒覺

晨起時，我們應先修持「從無明睡眠中醒覺」的法門。

念誦《意成就障礙盡除》（Clearing Away the Obstacles；藏 Barchey Künsel，音「巴切昆瑟」）之中，名為〈從無明睡眠中醒覺〉（Awakening from the Sleep of Ignorance）的儀軌，並在清除滯氣之後，觀想上師位於頭頂上方。

接著，在念誦〈蓮師金剛六句祈請文〉之後，觀想上師融入自身。

呼出煩惱氣，吸入智慧氣

從無始以來至今，智慧氣一直被煩惱氣所障蔽。貪、瞋、癡等念頭不斷地從煩惱氣中生起，漸漸成為習氣，而「消除滯氣」則能避免這個情況。

在開始從事修持時,先挺直身體。由於右鼻孔是強烈煩惱(梵kleśa)的主要行進路徑,因此,先從右鼻孔呼出滯氣,接著從左鼻孔,最後從兩個鼻孔一起呼氣。諸位可依自己的需求而呼出滯氣三次或九次。

呼出滯氣時,應發出嘶嘶聲,並觀想所有的業、煩惱、惡行、障蔽、疾病、邪魔等等,都猶如煙從煙囪冒出般地從鼻孔散出。吸氣時,則應輕緩,想像諸佛及其佛子的加持、智慧、慈悲、事業、功德之五色虹光融入自身,所有的邪惡黑暗則經由毛細孔而離開身體,但主要是從鼻孔散出。

觀想上師與念誦

接著,在觀想根本上師位於頭頂上方的同時,念誦〈蓮師金剛六句祈請文〉。這篇祈請文極具加持力,尤其適合這個時代。在西藏,佛法廣傳,大多數人對這篇祈請文都耳熟能詳,甚至連幼兒都能不經研讀就朗朗上口。

在唸誦「三世諸佛咕汝仁波切」(藏 düsum sangye guru rinpoche,音「杜松 桑傑 咕汝 仁波切」)時,我們是在向蓮師(咕汝仁波切)祈請。蓮師為了調伏眾生而實行諸佛之事業。

在唸誦「一切成就之主大樂尊」(藏 Ngödrub kündag dewa chenpö shab,音「俄竹 昆達 德瓦 千波 夏」)時,我們認識到他證得大樂尊(大樂蓮師)的成就。

在唸誦「障礙遍除威猛伏魔力」(藏 barchey künsel düdül drakpo tsal,音「巴切 昆色 杜杜 札波 察」)時,我們知道他能降伏一切。

這是「外」的修持。秋吉林巴尊者所取出的伏藏包括外法《意成就障礙盡除》(即《巴切昆瑟》)、內法《蓮師意修遂願成就》(藏 Sampa Lhundrub,即《桑巴倫竹》),以及密法《金剛威猛力》(藏 Dorje Draktsal,即《多傑札察》)。

〈蓮師金剛六句祈請文〉包含了外、內、密三法。
第一句「三世佛咕汝仁波切」是外法《意成就障礙盡除》；
第二句「一切成就之主大樂尊」是內法《蓮師意修遂願成就》；
第三句「障礙遍除威猛伏魔力」是密法《金剛威猛力》。
我們向外、內、密三者祈願。

殷切至誠祈請賜加持。
梭瓦 迭索 欣記 拉度 索
solwa debso jingyi lobtu sol

諸外內密障礙悉息滅。
齊囊 桑威 巴切 息瓦 黨
chinang sangwey barchey shiwa dang

外、內、密的障礙分別是四大的障礙、氣與脈的障礙，以及執取與固著的障礙。因此，外法《意成就障礙盡除》的精髓在於平息或驅除這三種障礙。

加持所願任運得成就。
桑巴 倫給 竹巴 欣記 洛
sampa lhüngyi drubpar jingyi lob

不論你希求什麼，例如，希求共與不共的成就（common and supreme siddhis；梵siddhi，音「悉地」），願所有的願望都因這份加持而自然任成。事實上，當障礙盡除時，將會任運得成就。

向上師祈願

《意成就障礙盡除》成就法（梵sādhanā；藏sgrub thabs）被包含在《修心論說口訣如意寶》（Essence Manual of Oral Instructions；藏Sheldam Nyingjang）之中，而這口訣的精要則被濃縮為〈蓮師金剛六句祈請文〉的「三世諸佛咕汝仁波切」。修行者發起證得共與不共成就的願望，專一地祈願，了無疑慮。修行者決斷上師是唯一的寄望與皈依，除此無他。

在藏文之中，「吉祥」一詞是指為了利己而實證法身、為了利他而化現色身的榮耀；這即是「自他二利」。在藏文之中，常常使用「吉祥、珍貴的根本上師」這句話，因為授予灌頂、闡釋諸續並傳授口訣的正是根本上師。在根本上師之中，指出弟子自心之無生法身者，被稱為「珍貴的根本上師」。

在念誦〈蓮師金剛六句祈請文〉三次之後，持誦「喇嘛千諾」（藏Lama Khyenno）一百零八遍。「喇嘛千諾」意指「上師，請憶念我」或「上師，請眷顧我」、「我向您祈願」或「我皈依於你」。最後，上師化光，修行者思惟自己與上師無別。修行者的身、語、意與上師的（金剛）身、語、意變得無二無別。

發菩提心

繼此之後是兩種發心，一是經乘的廣大菩提心，二是咒乘的甚深秘密發心。

經乘的廣大菩提心

這兩種珍貴的菩提心是所有法乘的基礎。根據經乘的說法，修行者透過空性與悲心而獲得證悟；空性是智慧道，悲心則是方便道。根據咒乘（即金剛乘）的說法，生起次第是方便（梵upāya），圓滿次第是智慧（梵prajña），修行者透過修持生起與圓

滿（development and completion）二次第，而證得〔方便與智慧〕雙運的金剛持（梵Vajradhāra）位。這些是經乘與咒乘的不共真實義。

世俗與勝義二菩提心是經乘與咒乘的根本，而且必須以悲心為發心，才算圓滿。悲心是諸佛與眾生之間的連結，而且正是因為悲心的力量，即使在證得菩提之後，諸佛也絕不會拋棄眾生，並且毫無私心，只為利他而努力。

佛法修持是否能引領修行者邁向一條圓滿證悟的道途，取決於修行者的發心。修行者發起堅定且廣大的菩提心：「願如虛空般廣大的眾生皆離苦得樂。因此，我將修持這個甚深的修道，以帶領眾生證得正覺。」這個廣大的菩提心是指大乘菩薩道的法教。

咒乘的甚深秘密發心——淨觀

修行者生起咒乘的甚深秘密發心，觀想外器世界為越量宮，內情眾生具有勇父與空行的自性。此外，眾生的心皆具有本淨之性——菩提心的本智。這即是所謂的「三壇城」：顯相是本尊的壇城，音聲是咒語的壇城，心念則是智慧的壇城。這三者也被稱作「三種知」。咒乘的甚深秘密發心所指的即是「淨觀」。

密咒的真實義莫過於對「本具自性」所生起的淨觀，而我們應該永不離於淨觀。外器世界是清淨的，眾生皆是勇父與空行。雖然豬、狗顯現為不淨的眾生，卻都具有佛性，也擁有肌肉、血液、暖熱、氣息、孔洞等五大（five elements）的屬性。

事實上，五蘊（five aggregates）具有五佛父（five male buddhas）的本性，五大具有五佛母（five female buddhas）的本性。即便是印度教也把五大視為火神、水神等等，而印度教徒除了崇拜日神、月神等等，也皈依火神、風神或水神等五大眾神。他們不識真實義，這情有可原，事出有因，我們可以從中有所理解、認識。他們的神

祇是世間神祇，我們的本尊是智慧尊，後者意味著諸蘊與諸大不具有任何不淨。

如果我們探究金剛乘的法教而領會《秘密藏續》(Guhyagarbha Tantra)的密意，就會瞭解到所有的外器世界與內情眾生，皆是清淨本尊的相續。從本初以來，清淨本尊一直都是三金剛的自性。這不表示我們必須把外器世界與內情眾生變成其他的樣子，也不是要把「不淨」改變為「淨」。我們不必把自己的觀點附加於諸法之上，「淨觀」純粹是認出自心本性。

然而，我們無法區別「妄惑」與「解脫」之間差異而陷入迷惑。一直以來，這對我們沒有任何好處。事實上，諸法皆遍淨（all-encompassing purity）。話說，在法界遍淨之中，甚至沒有「魔障」這個名稱。因此，我們應該懷有「諸法皆清淨」的心態。

首先，我們觀想上師融入自身，接著生起菩提心。在藏傳佛教的所有傳統之中，不論是新譯派或舊譯派，皆廣為修持「從無明睡眠中醒覺」這個法門。儘管使用的法本有所不同，法門本身卻是相同的。秋林傳承的伏藏《意成就障礙盡除》是由蓮師口授。由於以慣常的方式從睡眠中醒來幾乎不具任何利益，所以我們在此把這個法門融入於其中。

從無始以來，我們其實一直處於睡眠狀態之中。「睡眠」是無明的一個面向或支分，但是睡眠的狀態並非無明本身，因為「無明」意味著無所覺察，或對真實義一無所知。「睡眠」是七種心念之一，而真正的無明則是對真實義一無所知；無明這個國王有睡眠做為他的大臣。

上師以悲心與大力喚醒我們

一旦從睡眠中清醒，我們應該憶念蓮師與所有的勇父與空行，

他們歡唱著，搖動手鼓與鈴鐺，身上佩戴的寶飾與骨飾懸盪著，「我被這些聲音所喚醒。」我們應該如此地醒覺，而非以平常的方式從睡眠中醒來，這即是「從睡眠中醒覺」的意義。我們被蓮師、勇父、空行的悲心與大力喚醒，不只是從一般的睡眠當中醒來，而是從無明睡眠當中醒覺。因此，「我已然醒覺而契入本覺智的虛空之中。」

仁波切吟唱著儀軌：

蓮師與勇父、空行眷眾，伴隨著手鼓與鈴鐺的樂聲，抵達我前方的虛空之中，散放大光彩。他們的舞姿曼妙，發出秘密語和咒歌的旋律，他們的心是自生本覺之體性，這一切全都在我面前開展。

上師尊與空行眾
以充滿慈悲之眼凝視著我。
此時，輪迴三界眾生都沉睡著，
他們的心處於無記的狀態。
當他們從睡眠中醒來時，他們在妄相之間遊蕩。
因此，願我——您的孩子，實證本覺的瑜伽行者，
引導輪迴六道的如母眾生，
前往天道淨土。
如父的上師，我將追隨您。
我將不再住於無記的身、語、意之中，
反而要透過聞、思、修而生起決斷，
並在餘生之中，每天修四座法。
在這個令人歡喜的山間閉關處，
我將成就自他二利。

上師，願您與您的空行眾，
加持我的身、語、意。

在此之後，清除滯氣三次。

■ 本章摘自祖古烏金仁波切，《金剛心》（*Vajra Heart*，暫譯），〈從無明睡眠中醒覺〉（Wake-up Practice），自生智出版社（Boudhanath: Rangjung Yeshe Publications），1988年。

第11章　從無明睡眠中醒覺

第12章
岡波巴四法之第一法

祖古烏金仁波切

岡波巴四法的第一法「願心向法」,
是透過「轉心四思惟」而成辦。

請賜予您的加持,使我轉心向法。

——岡波巴

發起珍貴的菩提心

在領受法教之前,讓我們先發起珍貴的菩提心,並如此地發願:「我將研習佛法,並正確地付諸實修,以安置如虛空般廣大的如母眾生於解脫之境,證得珍貴且不退轉之無上正覺。」

在此,我要講授一個名為「岡波巴四法」的法教,這四法與龍欽繞絳尊者(Longchen Rabjam,龍欽巴)所授予的「四法寶鬘」相同。修行者若領受這些教誡,並且精進修持,將能即身證得正覺。諸佛與具成就的修行者所授予的重要法教是多麼不可思議,令人驚歎。

諸佛已圓滿成就所有「斷」與「證」之功德;他們已斷除障蔽,並實證智慧功德。猶如母親鍾愛獨子一般,諸佛出於對眾生的

大慈大悲而傳授佛法。在這個世界上，無上正覺的釋迦牟尼佛是佛教之源，而佛法已透過諸地菩薩的傳承而傳遞。因此，這些法教已透過一個由具成就的修行者所構成的不間斷傳承而延續，下至我的根本上師。

轉心四思惟

岡波巴四法的第一法是「願心向法」（如何轉心向法），其中包括「轉心四思惟」。

第二法是「願法向道」（如何確保佛法修持成為道途），包括關於四十萬加行的法教。

第三法是「願道斷惑」（如何以「道」而釐清迷惑），包括生起次第、誦修與圓滿次第的法教。

第四法是「願惑顯智」（如何讓迷惑顯露為智慧），包括如何生起決斷，並透過大手印、中觀、大圓滿三大見地而實證自心本性。

話說，大手印是「基」，中觀是「道」，大圓滿是「果」，而岡波巴四法包含了一條完整的法道，修行者可藉此而即身證得正覺。

思惟人身珍貴難得

岡波巴四法的第一法「願心向法」是透過「轉心四思惟」而成辦，其中的第一個思惟描述了具足八暇十滿之珍貴人身有多麼難得。我們已身而為人，可能會因此而認為人身唾手可得，然而，情況並非如此。我們必須累世地廣積善業，才得以擁有珍貴的人身。

我們現在之所以擁有珍貴的人身，完全是因為前世所累積的善業與清淨願力之故。人道眾生的數量多如夜空之繁星，但其中擁有暇滿人身、意樂正法的人則寥若晨星；在意樂正法者之中，真正精

第12章 岡波巴四法之第一法

145

進修持的人則更加稀少。真正的佛法修持意味著放棄世俗的抱負，並追求即身證得正覺。

思惟死亡與無常

雖然我們已獲得珍貴人身，但它卻受到無常的掌控。「無常」意味著外器世界與內情眾生皆非永久，尤其人的壽命極為短暫，如閃電或水沫般無法預測且不具實有。在這個世界上，人們相繼死去，無人永生不死。如果我們死後墮入三惡趣，將經歷難以忍受、無可言喻的痛苦。此時，我們努力追求歡樂、財富等種種完美的條件，但不論我們坐擁多麼不可思議的榮華富貴與歡樂，都無法把朋友、家人、財富等種種一切帶到來世。

儘管我們鍾愛家人與朋友，但是在死亡之際，卻得獨自前往一個未知的處所。在所有過去的生世之中，我們已重複相同的經歷，將所有的故知與財產留在身後。不論今生有多麼幸福、豐足，皆如昨夜的夢境般不具實有。明瞭諸法無常，消逝如夢，即是認識死亡與無常。

思惟因果業報

命終時，若真的猶如水竭火滅般空無，那就完美收場，沒有什麼好憂愁的。但是很遺憾地，事情並非如此，因為我們的心識不會死亡。在死亡之後，我們被迫去經歷之前所造作的業果。

思惟輪迴的過患

由於無明的緣故，我們無止境地在輪迴上三道與下三道之間流轉，無法解脫。為了脫離六道，我們必須把握機會，立即修持正法。

請思惟我所提及的四個主題的意義：

一、人身珍貴難得。

二、死亡無常：諸法無常，我們都會死亡。

三、因果業報：人人都受業果所控制。

四、輪迴過患：在輪迴之中，沒有恆久的安樂。

這些即是所謂的「轉心四思惟」，它們並非虛構或空想，而是至關重要的事實。它們解釋，在輪迴之中，我們受到種種外緣的控制。在修持珍貴的佛法之前，應將其謹記在心。

我們不可能不知道自己終究會死，以及死後的種種細節；所有人都在排隊等著它發生。我們必須切合實際地面對這些事實，並將其謹記於心，這實屬關鍵。

■ 本章摘自Tulku Urgyen Rinpoche, *Repeating the Words of the Buddha* (Boudhanath: Rangjung Yeshe Publications, 1996), "Four Dharmas of Gampopa"。*As It Is*, Volume I (Boudhanath: Rangjung Yeshe Publications, 1999)。

■ 中文版請參見祖古烏金仁波切著，王淑華譯，《再捻佛語妙花：祖古烏金仁波切的實修直指竅訣》,〈岡波巴四法〉，台北：橡樹林文化，2012年。祖古烏金仁波切著，項慧齡譯，《如是（上）：心要口訣篇》,〈岡波巴四法〉，台北：橡實文化，2010年。

第13章

出離心

宗薩蔣揚欽哲仁波切

某人踩到你的腳趾頭,這有什麼大不了的?
我們愈習慣於「這有什麼大不了的」這個想法,
出離心就會日益增盛。

前行即是正行

我認為,「前行」一詞具有鼓舞人心之效,因為它是為了初學者而教。然而,許多人似乎受其誤導而認為「前行」並非「主菜」,繼而以為前行法並不重要。這相當可惜,因為「前行」是由三乘的所有法門所構成。

舉例來說,前行法包含了「皈依」,廣義而言,「皈依」是小乘修持的精髓。「皈依」使我們免於邪道,並且帶領我們踏上正道,生起正見,修持正定。正如《妙吉祥經》(*Mañjushri Sutra*)所言,菩提心是大乘不可或缺的修持法門,也是實證不二的唯一途徑。金剛薩埵法與獻曼達能夠清淨我們的感知與心續,積聚福德資糧,使我們具備修持甚深瑜伽所需的功德。最後,上師相應法(guru yoga,上師瑜伽)是前行法的最後一個次第,也是金剛乘修持的精髓;它非常善巧地鋪陳了金剛乘的淨觀。我們應該謹記,前

行並不只是預備法,它其實是正行。

如果前行法只是一種預備法,何以法王頂果欽哲仁波切即使在臨終前,仍然堅持修持前行法?他從未放棄修持《龍欽心髓》（*Longchen Nyingtig*）、《傑尊心髓》（*Chetsün Nyingtig*）的前行法,有一次我也看見他修持《普賢心滴》（*Kunzang Tuktig*）的前行法。那些認真想要追求金剛乘這條危險又神秘的道途的人,要有長期修持前行法的準備,而不是完成特定數量之後即可作罷。

在智識上理解正見

前行法的架構非常特殊,我將以蔣貢康楚仁波切的著述作為闡釋的依據。理想上,那些希望修持前行法的人應該至少在智識上生起正見。認出正見是一件困難的事情,而我不是在要求諸位毫無疑慮地認出正見;要生起這種信心是非常困難的,對初學者尤甚。我唯一的要求是,至少對正見有一份智識層面的理解。

舉例來說,「龍欽」（longchen）這個詞指出一種見地,並含有多重意義。在此,「龍欽」暫且意味著「廣界」（openness）──一個非常廣大的空間（虛空）。基本上,空間（虛空）是能容納事物（諸法）之處。此時,我們心續內的空間極為有限,因為我們要不是緬懷過去,就是規畫未來或扭曲當下。年復一年,世復一世,我們被各種魔障所拖累,心續內的空間變得狹隘局限,無法再容納任何事物,因而時時焦慮不安,欠缺勇氣。我們經歷各種痛苦,而且非常執著。儘管那些看似非常迷人、堅實且有形的事物與經驗總是令人失望,我們仍然緊緊地執著不放。

不論被辜負了多少次,我們總是懷抱著下一次不會舊事重演的希望。這種習氣已延續許許多多個生世,我們的心續因而變得非常狹窄,了無任何空間。想當然爾,它沒有容納他人的空間,也沒有容納自己反覆無常的期待、希望與恐懼等等的空間。我們的修持即

在於清出這個空間,縱使看似沒有空間,但是明瞭空間確實可能存在,那麼這份理解即是「在智識層面上認識見地」。

那份接受與認可是非常重要的,而且必須經由聞、思法教與閱讀書籍而得。一旦我們依稀地相信這見地之後,接著就如蔣貢康楚仁波切所言,重要的是要熟悉它。「修持」意味著熟悉這見地,否則就會如我之前所說的,我們很容易散亂,很容易就會認為自己所執取的下一個對境將會發揮作用,而且如果這一次不管用,下一次肯定會成功。

以出離心為修行的基礎

蔣貢康楚仁波切說道,為了開始從事「熟悉見地」這個修持,打下基礎乃是要務。「出離心」即是基礎,它意味著厭惡這個永無止境、了無意義、不斷直接或間接地製造痛苦的世俗生活。生起某種程度的出離心,是必要的基礎。蔣貢康楚仁波切所說的這句話實屬重要,因為我們必須先生起出離心,才能夠真正地皈依。

只要我們沒有出離心,就會一直認為有別的方法可以解決問題。這猶如從懸崖落下時,我們會抓住青草、樹枝、枯木等任何出現在眼前的事物。所有這些都起不了作用,但是我們不放棄,因為我們認為自己將能抓住下一簇青草而不再下墜。只要不放棄,只要沒看見這一切都不管用,我們就不會全心全意地降服於三寶;這正是「出離心是基礎」的原因。這說來容易,實修起來卻很困難。

諸位怎麼會生起出離心?你們活在一個事事順遂的世界之中,交通號誌運作良好,馬桶沖水順暢,這樣怎麼可能會生起出離心?它甚至不會在我們這種人身上開始萌發。你們可能會認為,由於我們成長的環境與種種經歷,生起出離心乃輕而易舉,但其實並非如此。我們這種人若不是比你們更糟糕,就至少半斤八兩,由於我們都希望變得像你們一樣,所以其實毫無出離心可言。

以虔敬心開啟修行之門

　　蔣貢康楚仁波切說道，我們需要出離心，因為它是修行的基礎，我們需要虔敬心或信任，因為它是修行的入口。我們不但要信任上師，也需要信任法道與方便法門，這至關重要。蔣貢康楚仁波切繼續說道，我們需要悲心，因為它是主要道，我們需要精進，因為它是法道的命脈。法道非常短暫、非常脆弱，若失去精進，法道將隨之中斷，因此精進必不可缺。正念則能確保我們行於道上。

　　為了驅除道上的障礙，我們必須徹底降服於三寶；為了增盛法道的力量，我們必須對上師生起虔敬心；為了避免偏離正道，我們必須瞭解上師所授予的竅訣即是道途。這是非常重要的建言，因為我們常常忘記竅訣即是道途，反而認為道途是在經、論、續之中。上師所授予的口訣其實就是道途。

　　總之，我們以出離心為基礎，以虔敬心開啟修行之門，以悲心踏上法道，以精進而堅持不懈，以正念來避免偏離正道。這一切都包含在前行法之中，而這也是前行法如此重要的原因。除此之外，沒有其他的道途，也沒有其他的金剛乘法門。

激發出離心的方法

思惟無常

　　當諸位開始修持你所選擇的前行法時，與其立即翻閱儀軌，反而應先靜心思惟「出離心」、「無常」、「業」、「輪迴過患」等前行法的主題。這麼做不但助益良多，也會為當天的修持創造適當的氛圍。

　　我注意到許多學生，尤其是有許多儀軌要修持的學生，由於時間非常有限，所以在開始一座修法時，都不會思惟這些前行法的主題。例如，《龍欽心髓》包含一個「加持舌頭」的法門，甚至在加

持舌頭之前,有一個「滌淨滯氣」的方法,這些都是使我們記起要進行思惟的善巧方便。諸位若沒有時間從事所有這些修持,至少應該靜坐、思惟幾分鐘。

思惟自己的所作所為

　　靜心思惟時,應當真心誠意。我們閱讀太多關於「無常」、「輪迴過患」、「地獄道」、「餓鬼道」等種種資訊,因而感到有點厭倦膩煩。思惟這些主題,或僅僅思索、閱讀幾頁相關的內容,確實會有一點幫助,但不會激起放棄世事、專一修行的強烈願望。不論當天發生了什麼事而令你厭離輪迴,無論是什麼讓你渴望踏上道途,你都應該借助於它。它可能是你與朋友或手足之間發生了一場荒謬的誤會,因而激起了你的出離心。

　　諸位如今已達不惑或知命之年,並已嘗試了許多方法,換了許多件的衣服,擁有許多個伴侶,但是沒有一個發揮作用。我們常常這麼認為:「啊,下一個伴侶將會有所不同!」這是我的親身經驗,也是我的親近友人的經驗(仁波切笑)。真的,請大家衷心地思惟。假設你在傍晚從事這個修持,你可以思惟當天的種種作為與經歷,這應該會讓你覺得這一切有點荒謬可笑,反而應該去做一些更有意義的事情。我認為這相當重要。

　　我這是在提醒那些年紀較長、已收集了大量資訊的學生。老實說,你們已經聽了多少次關於前行法的法教?已投入多少年的時間,坐在這裡聽我解說《普賢上師言教》?我是不是至少教授《普賢上師言教》三年了?我們已經厭倦了這些內容。在這些年長的學生當中,我與其中一些已相識二十年,而且從我們初次見面開始,就一直在談論輪迴是多麼徒勞無益,但是你瞧,我們仍然深陷輪迴,仍然會因為受到冷落而傷心,仍然會因為腳趾被人踩到而斤斤計較,這表示我們尚未生起出離心。我們已經坐在這裡領受法教,

已經聽聞、閱讀關於法教的種種，但是卻未真正地牢記於心。真的，這相當重要。

另一方面，我覺得自己相當幸運，有福德與機會得遇許多偉大的上師，他們所傳授的法教已融入我的生命之中，我為此感到振奮。儘管我現在對自己已不抱任何希望，但至少在談論這些資訊時，諸位可能會從中受益。

然而，在談論這事時，我感到非常難為情。之所以如此，是因為當我在談論傷心、焦躁不安、偏執多疑、欣喜若狂、心滿意足、懊惱等感受時，我也經歷這一切，而且每一次都大驚小怪，過度激動。當我氣惱時，真的是非常不得了，而且常常連累無辜。你們的處境比較好一點，至少會躲在衣櫃裡自己發脾氣，所以管它的，沒人會在乎。但是，我甚至可能會因為唯獨我一人氣惱而氣惱。

這一切都顯示出離心蕩然無存。這是我思惟的方式，但是想當然爾，我並非時時從事思惟。只有在我看完所有的電影，電視節目索然無味，而且除了少數幾個有點神經質的虔誠弟子之外，沒有風趣的人打電話給我時，我才會百年不遇地如此思惟，然後試著從事修持。

「這有什麼大不了的？」

我很容易焦躁、氣惱，這顯示我沒有出離心。就某方面而言，某個人踩到你的腳趾頭，這有什麼大不了的？我們愈習慣於「這有什麼大不了的」這個想法，出離心就會日益增盛。我至少試著去瞭解自己為什麼老是大驚小怪。我現在只不過是在提供諸位一個激發出離心的模式。

它有點像以下這個例子：我們已在沙漠中行走很長一段時間，任何流動的、含水的東西對我們而言都非常要緊。縱使所看見的是

陽燄[1]，我們唯一的願望是趨近水源，而未瞭解到它只是幻相。倘若你不知道它是陽燄，並朝它走去，你最後只會大失所望。因此，明白它只是一個幻相，即是出離心。

出離心含有「捨棄某件事物」的意思。然而，猶如陽燄這個例子，你無法捨棄水，因為根本沒有水，它只是一個幻相。此外，你不必捨棄陽燄，因為捨棄它有什麼意義？你只需要明白它是幻相即可，這份理解是一種宏大的出離心。在明白它是幻相的剎那，你甚至很可能不會走過去，因為你知道它是虛妄的。或者，即使你真的走過去，也不會失望，因為你知道它只是幻相。不然，你也只會微微失望而已。這就是為什麼蔣貢康楚仁波切說「出離心猶如基礎」的原因。

出離心與「犧牲」無關。如我剛剛所提及的，在談論「出離心」時，我們似乎都很害怕，因為我們認為自己必須放棄一些美好、珍貴、重要的事物。但是，沒有什麼是重要的，沒有什麼是真實存在的。你所要放棄的，其實是一個模糊的身分。你認識到這並非真實、並非勝義，而這即是我們要去生起出離心的方式與原因。

■ 本章已取得作者宗薩蔣揚欽哲仁波切的許可而刊載印行。版權2002年。

---

[1]「陽燄」是指浮塵為日光所照時，所產生的遠望似水但其實非水的自然現象。

第14章

無常

祖古烏金仁波切

> 死亡之後,我們被迫投生,
> 投生之因掌握在自己手中。
> 除了修持佛法之外,我們無所依賴。

外器世界與內情眾生皆無常。
有生,就有死,
而且死期不定,
死亡降臨時,只有佛法能提供協助。
因此,我將努力專一地修持,不虛擲光陰。

——噶美堪布仁欽達給(Karmey Khenpo Rinchen Dargye)

生命無時不在接近死亡

不論我們是否為初學者,都應明瞭世事無常。明白此理,並將其牢記在心,乃是所有佛教修持的基礎。若不憶念無常,佛法修持將不會有所成。認識生命無常,時不待人,是跨入佛法修持門檻的第一步。

我們相信自己所擁有的事物將能維持一段時間，但是在這個世界上，不論我們往何處張望，都找不到任何穩定、恆常的事物。一旦太陽與月亮升起，就一刻刻地愈來愈接近日沉月落，甚至連一剎那都不會停留。四季變換，歲月流逝；宇宙不斷變化，經歷「成」、「住」、「壞」、「空」等階段。

　　眾生一直經歷種種變化，生命猶如一根慢慢燃燒的蠟燭，只會愈來愈短，不會愈來愈長。生命不會等待，猶如一道奔流不停的瀑布。死亡在每個剎那節節逼近，我們或許可以從智識上瞭解這個道理，但非常重要的是，我們必須加以深思，才能在心中留下鮮明的印記。

　　我們未真正地牢記「無常」，反而鄭重地做長遠的規畫。讓我們細想昨日、今日與明日三者，昨日永不復返，它是我們已逝去的生命的一部分，過去的時時刻刻、日日年年永不回返。明日成為今日，今日消逝為昨日，當今日變成昨日，世上無人能把它帶回到當下。生命漸漸流逝，而「生命可能隨時殞滅」這個事實，意味著我們身處於一個最不穩定、最危險的境況之中。

　　我們可以確定的是，一百五十年之後，今日健在的人都不會活著。儘管如此，沒有人相信自己終究會死。我們總是全神貫注於各種計畫以創造永續，而這或許不只是為了自己，也為了子子孫孫。

　　如果我們能夠永生不死，就不必擔心任何後果。但是，死亡無可避免，沒有人永生不朽。有朝一日，每個人一定都會死亡。我們猶如一棵看似不斷生長的樹木，其實內裡正漸漸腐朽，遲早會完全腐爛而倒下。

投生之因就在自己手中

　　無可否認地，今生將以死亡為終，而且死前的時光會比死後的

光景來得愜意。不論我們目前的處境有多麼困頓，總是可以透過機智與巧思來改善。此時，我們擁有自由的意志與機會，可以改變自己的處境，但是，死亡之後會面臨何種狀況與經驗，則完全依個人的業力而定，我們無能為力，也別無選擇。

死亡之後，我們因過去所積累的業而被迫投生。若想要投生善趣，就應瞭解投生善趣之因掌握在自己手中。死亡之後，有什麼能夠提供協助？唯有今生投入時間去從事佛法修持，才能確保來世具足順緣。佛法修持是我們唯一的所依，除此之外，其他事物皆不具任何利益。

禪修的雙足——「厭」與「離」

在佛教的修持當中，「厭」與「離」被稱為「禪修的雙足」。「厭」是指我們對輪迴失去胃口，並認識到輪迴的追求皆徒勞無益且毫無意義，不會帶來任何長久的幸福與安樂。「離」意味著我們瞭解到時光漸漸耗盡，所有的一切都會消逝。

厭斥與脫離輪迴

舉例來說，飽受黃疸或肝病之苦的人在面對一盤炸物時所生起的感受，即是「厭」；他們覺得噁心作嘔。同樣地，當我們瞭解到，六道輪迴的所有成就都徒勞無益、虛幻且毫無意義時，就會對它們倒盡胃口。

「離」是想要脫離輪迴，並瞭解到輪迴皆苦、諸法無常。我們必須誠實地面對這個事實：生命稍縱即逝且不堪一擊。我們目前所擁有的身體猶如天空中的彩虹般易變易逝，我們的氣息猶如山間的薄霧，所有的念頭與感受彷如泡沫般瞬間生滅。我們必須打從內心深處生起這份信念。

世人只對華服、佳餚、聲譽感興趣，但是這些世俗的成就都非常不牢靠。雖然我們只需要足夠的衣服來禦寒蔽體，但不知何故，我們覺得「極簡」是不夠的，而且看不上普通的衣服，反而想要特殊、時髦、設計師設計的名牌服裝。至於食物，我們只要不挨餓，身體能持續運作即可。然而，我們不滿足於足以維生的「糧食」，反而渴望不同凡響的佳餚美饌。

　　我們老是擔憂未來，為老年生活而儲蓄，以確保自己年邁時，具足生活所需。如果我們的衣著總是講究、時髦，那麼我們死後會留下一具衣冠楚楚的屍體；若只穿著普通平常的衣物，就會留下一具樸實無華的屍體。但是，屍體僅是屍體，服裝不會讓屍體有任何不同。死亡時，衣服、存糧與銀行帳號都無法帶走。

渴求美名無益於修行

　　在食物、衣服與聲譽三者之中，最糟糕的是貪愛美名與得人敬重。位居下流社會的人想要出人頭地，渴望擁有才華洋溢、顯赫、機靈或俊美等名聲。當他躋身上流社會、周旋於王公貴族之間時，則渴望名聞天下。對於佳譽美名的需求，甚至比追求食物、衣裝兩者更無意義，因為我們至少可以飲食、穿衣。聲譽則毫無用處，猶如天空中隆隆作響的雷聲，或發出聲響之後立即消失的回音。

　　聲譽真的毫無用處。縱使我們是一國之君，在壽終時，雖然生者會說：「國王去世了」，但是在中陰（藏bardo）期間，我們卻不會受到任何官方隆重的迎接。此時，可怕駭人的閻羅王及其使者現前，不論亡者的社會地位或高或低，都一概不予敬重。相反地，今生愈耽溺於膚淺的自尊，在中陰期間就會愈迷失。彼時，將不會有任何事物能支持這種信念。修行者認為，貪愛食物、衣著與名聲是有害的，因而減少對這些事物的執著，並且滿足於基本生活所需。

　　從過往至今，我們已經歷許多生世。世人都會死亡，沒有人

能夠長生不死。我們死後將會投生於六道之一,停留於該處一段時間之後,再度死亡而投生他處。這個過程一再地重複,經歷無數個來世。這個生、死、再度出生、再度死亡之鏈,受到業與業果的推動。這整個循環被稱為「輪迴」(梵saṃsāra),它意味著猶如一臺機器內的齒輪般「旋轉」或「繞圈子」。

「業債」決定我們投生於何處

「業債」是決定我們將投生於何處的力量,如果我們造作了許多善業,投生三善趣即是「業果」。相反地,若造作了許多惡業,投生三惡趣即是業果。三善趣是指人道、阿修羅道與天道,相較於投生善趣,從輪迴解脫而投生於佛土是更高的成就,證得正覺則更勝於解脫。

依所造惡業的嚴重程度,人們可能會投生於三惡趣之一,例如,投生於畜生道;若其惡業更甚於此,則會投生於餓鬼道,或地獄道的炎熱地獄、寒冰地獄。六道皆是由自己的業行所造作。佛陀是一位正覺者,他明瞭因果業報,也知道輪迴有善趣與惡趣之分。

應以信心實修法教

「娑婆」意指「難以辨識」

佛陀把我們所投生的世界命名為「娑婆」(梵saha),它意味著難以辨識或無法清楚地看見。如果我們造作惡業,其業果不會立現;造作善業時,其業果也不會顯而易見。若在犯下惡行之後,業果立即成熟,人們就不會作惡。同樣地,人們也會因為業果立即成熟而毫無保留地踴躍行善。

然而,業果不會立竿見影,反而會慢慢地成熟。由於我們不明

白無常與善惡業報之理,因而對自身行為的後果完全不以為意。我們像愚蠢的牛那般走來走去,沒看到眼前所發生的一切與自身行為的後果,也沒看到自己有多少福德或根本沒有福德。

倘若業果會立現的話,縱使某人說:「請做壞事吧」,我們也不會去做,因為會立刻得到報應。如果我們看見自己站在無底深淵的邊緣,就不會往下跳,因為往下跳就必死無疑。如果我們能看見善業與惡業之果,就永遠不會作惡,然而,這個世界並非如此。在娑婆世界之中,業果是模糊不清的。

如果我們能立即看見行為的後果,就不需要一位上師來代替佛陀,叮囑眾生要小心謹慎,斷惡行善,是非善惡也會不證自明。然而,在這個娑婆世界之中,業果並非不證自明,所以我們應聆聽上師重複述說「善有善報,惡有惡報」等佛語。

上師所重述的佛語是真實語,而非謊言。但是,僅僅聽聞佛語是不夠的,我們還必須相信它,否則就不會依其言而行止。有些人認為,當佛教上師說「善有善報」這樣的話時,他是在說謊,或並非經驗之談。由於我們無法清楚地看見,所以「信任」是重要的。我們因為無明而看不見自己的業果,既不知道自己過去的作為,也不知道自己明天是否會死。

依循佛陀的法教

釋迦牟尼佛傳授佛法,能夠看見過去、現在與未來三時,彷彿看見掌中物那般清晰。他教授關於如何行止的法教,作為留給未來世代的遺產。佛陀說,有佛土,有三惡趣,有業與業報,但是一般人無法看清這一切。為了幫助他們,佛陀說「惡業會帶來惡果,應斷惡;善業會帶來善果,應行善」等話語。他也說,今生並非唯一的生世,也有未來生與過去生。

佛陀非常仁慈,從他住世以來,許多人依止佛法,不但遵循

關於如何行止的法教,也依從更精微的法教。他們因而證得不共之果,例如,能夠在空中飛翔、穿過堅硬的岩石,或不捨肉身而證得虹光。我之所以相信佛陀,不只因為我是佛教徒,也是因為從佛陀以降,已有許多人示顯不共成就的徵相。這是我深信佛語的原因。

由於世尊導師是如此的偉大,佛教才得以在許多國家廣傳,西藏即是其中之一。除了佛教之外,藏族人懂得不多,他們不知道如何製造飛機、汽車,也不懂其他令人歎為觀止的技術。然而,世間的事物只會帶來表淺的利益,並且欠缺究竟、真實的價值。與其製造外在的機械,西藏人反而專注於心靈的、修行的機制,因而有許多人證得虹身。

第一世噶瑪巴擊敗四魔,因而被稱為「杜松虔巴」(Düsum Khyenpa)[1],一篇獻給他的讚文說道:「擊退四魔之勝者,知曉三時之知者。」總之,如果我們想要實修佛法,就必須信任佛法,這非常重要。若無信心,卻試圖實修,將不會有太大的幫助。

三寶最珍貴

在今生,哪些事情真正充滿意義?唯有追求正覺,才有意義。「三寶」真正有意義,佛陀是「佛寶」;佛法是「法寶」;闡釋佛法,並透過實修而延續傳承的人,被稱為「僧寶」。我們應衷心信任三寶,當我們深信沒有任何事物比三寶更珍貴、更重要時,這即是所謂的「皈依」。不論是在今生、臨終之際、中陰期間或未來的生生世世,三寶永遠不會辜負我們的信任或有所欺騙。

在正覺的狀態之中,諸法如何被感知?想像你手中有一顆水

---

[1]「杜松虔巴」(Düsum Khyenpa)意指「知曉過去、現在、未來三時者」或「三世智」。

晶球，它通透無礙，可以清楚分明地同時看見周遭的一切映現於水晶球之中。同樣地，當我們證得正覺時，就能夠在同一時刻，無礙地感知十方諸法。法教是從正覺狀態生起的妙力，完全離於謬誤或做作。

這世上並非只有一尊佛，過去已有無數位覺者。時值賢劫，將會有千佛住世；在未來劫之中，也會出現無數位佛。當佛住世並傳法時，他所宣說的話語完全離於欺瞞，即是所謂的「法寶」。護持法教，並將其授予他人者，即是所謂的「僧寶」。在這個世界上，我們找不到任何比佛、法、僧三者更重要的事物。

若無人護持、弘揚法教，佛法將只不過是書寫於紙上的文字。那些承先啟後、猶如家族世系繼承人那般護持法教的人，被稱為「僧寶」。倘若沒有偉大的菩薩與上師教授佛法，就不會有傳承的延續。過去數個世紀以來，他們闡明佛陀的話語，今日才會有成百成千的釋論。那些能夠解釋法教的意義，以及教導我們如何實修的教師與大師，構成了所謂的「僧寶」。我們需要能傳達佛法深意的人。

佛、法、僧的加持並非遙不可及。天上的太陽距離我們相當遙遠，但是當我們拿起一面鏡子對著太陽時，它就會立刻映現於鏡面。同樣地，在生起信心與虔敬心的剎那，佛、法、僧的加持就會與我們同在。話說，佛、法、僧的加持猶如一個鉤子，而在具信的剎那所生起的開放無礙，則被比為一只圓環。鉤子鉤住圓環，猶如信心與虔敬心讓我們全然開放，領受加持。

依止三種無謬的功德

為了加深自己與佛、法、僧之間的連結，許多人依止三種無謬的功德，即佛語的無謬功德、聖眾與證悟上師之教言的無謬功德，以及根本上師所授予、可付諸實修之口訣的無謬功德。無數人藉由

結合這三種功德與親身覺受,而能企及一種完全了無疑慮的狀態,並且證得大成就,能在天空飛翔,自如地穿過堅硬的岩石,以及在死亡之時,不捨色身而至極樂淨土。

另外,某些修行者能在不離開身體的情況下,旅行至遠方。例如,在第一世噶瑪巴住世期間,幾位印度的班智達前去西藏會見噶瑪巴。之後,這群班智達告訴其他人:「我們之前在印度曾見過這個有著一張猴臉的老人許多次,對他知之甚詳。他來印度許多次,並和我們的上師一起參與薈供。」事實上,就大家所知,第一世噶瑪巴從未離開西藏,但是像他這樣的大師,的確能從容地飛翔至遠方參加薈供,然後再悠閒地回到西藏。

我們藉由結合自己的親身覺受與三種無謬功德,而能達到一種了無疑慮的狀態。這不是像某人叮囑我們:「切勿懷疑!只要相信就好!」它並非如此。我們可以經由這三種功德而徹底離於疑慮;這是可能辦到的。無數修行者已經成辦,我對於佛陀所說的話語也毫不懷疑。

我相信有過去生與未來生、上三道與下三道、善果與惡果,而我之所以對此事確信無疑,完全是因為上述的三種無謬功德之故。如果我只靠自己,將無法生起這份確信,因為我從未上訪天道或下過地獄,也無法感知過去生或未來生。因此,我不單單仰賴自己的判斷。我之所以能夠表現出信心滿滿的模樣,是因為我以這三種功德為證。

善用難得的人身

什麼才是真正重要的事情?父母所賜予的珍貴人身。我們具足諸根,聰穎且具悟性,這是一個猶如擁有如意寶般的絕佳優勢。此外,「具有珍貴人身」也被比喻為抵達一座充滿了珍寶的島嶼。既

然如此，我們就不該雙手插口袋或雙手交叉放胸前，無所事事地杵在那裡，反而應該善用今生，如此才不會空手而返。

此時，我們擁有人身，聰明且務實，並大多能實現所欲達成的目標。但是，倘若我們是住於森林或山巔的動物，那該怎麼辦？我們能夠決定自己的未來嗎？我們將無法領受、實修法教。此時，我們擁有珍貴人身，具有修持佛法的能力，應把握此一良機。

我們正處於十字路口，可以向上奮起或往下沉淪。若要下墮，可以毫不費力地達成，因為持續陳舊的煩惱模式是天生的習性。另一方面，修持佛法則需要精進與鍛鍊，猶如努力把一顆巨石滾上山。巨石不會自行滾上山，必須被推上去，如果我們放手，它無須幫忙，就會一路滾下山。同樣地，造作惡業是我們天生的習性，而且自動自發，不必太費勁，但是，斷惡行善則須努力而為。

佛陀談及能夠盡除三毒的勝義見地。若我們想要終止輪迴，渡越輪迴苦海，就必須修持佛陀所教導的法寶。另一方面，若我們對於自己繼續留在輪迴三界而感到幸福滿足，經歷無盡的痛苦也不厭倦，當然就不需要修持佛法。

如果我們心想：「我周而復始、永無止境地在生、老、病、死的輪迴當中兜圈子，我可以就這麼一直繞下去」，那麼我們肯定可以這麼做，不必修持佛法。如果我們最後投生為一頭牛，就只要吃草、睡睡醒醒、混沌愚癡地度日，直到被屠殺，被吃下肚。無須費勁，輪迴就會自動持續下去。一篇名為〈樓陀羅悲懺〉（*Rudra's Lamenting Apology*）的懺悔文說道：「在過去，我所流下的眼淚，足以充滿一片汪洋。我所留下的骨骸，如果堆積起來，會比世界最高峰還要高。」

坦白說，要幸福快樂，就必須修持佛法，但是，如果我們對於痛苦不以為意，就根本不必從事修持了。開車抵達叉路時，往左或往右由我們決定，方向盤在自己手中。同樣地，不論是要遵循一條

第三部 融合

未來會帶來安樂的路程，或留在一條會帶來無盡痛苦的道路上，完全操之在己，沒有人可以替我們掌握方向盤。倘若我們能朝著證悟的方向前進，不但將能利己，也能饒益無數眾生。

修持佛法離苦海

「善逝」是佛的另一個稱號，意思是「已去到極樂」，已去到一個連「苦」這個字都聞所未聞的地方。在今生、死時、中陰與來世都幸福快樂，這是一種旅行的方式。另一方面，輪迴充滿痛苦，我們此時面臨病苦，之後會經歷死苦與中陰的迷惑而墮入惡趣，經歷更多的痛苦。輪迴只會每況愈下。

大修行者縱使罹病或臨終，都會欣然面對。他會對死亡所提供的機會感到歡喜，因為他知道在此之後，一切只會漸入佳境。優秀的修行者具足信心，能夠欣然面對疾病與死亡，一般人則會因病而消沈，並於臨終時感到絕望無助。當他必須拋下親人、子女與財產時，他痛苦萬分。他奮鬥所得的一切，如今將由他人坐享其成，真令人傷心難過。

有句西藏俗諺說道：「遠觀時，犛牛看似俊美健壯；近看則像病懨懨的羊，濃密的牛毛底下布滿蝨子與疥瘡。」換句話說，從遠處觀看時，其他人可能顯得幸福快樂，坐擁聲譽、朋友、財富等等，然而一旦湊近，就會發現他們其實並不快樂，抱怨連連，其處境也並非完美。當我們近距離地審視他們內心的感受時，就會發現每個人各有各的憂慮，各自背負著重擔，沒有人百分之百地幸福快樂。因此，佛陀說輪迴是苦海，而非樂海。我不必說服你們去相信這一切，諸位可以從親身經驗而有所領悟。

我只不過是在提醒並闡明諸位已知之甚詳的道理，別憑白相信我的話，反而要自己決定什麼才是今生值得追求、具有意義的目

標。不論如何,顯相——我們所見、所聞、所嗅、所嚐、所觸的一切——是誘人的,如果我們任憑自己被易變的心所控制而忘乎所以,那麼即使我們真心想要修持佛法,也會因此而延宕。我們心想:「嗯,今天若不修持佛法,也可以等到明天、下個月或明年再修。」或者,事與願違,那一天永遠不會來臨。話說:「年幼時,我受他人控制而無法修持佛法;長大成人時,我胡搞瞎混而無法修持;如今我老邁孱弱,也無力修法了。哎呀!我該怎麼辦?」諸位覺得自己能夠修持佛法嗎?

如果我們把法教付諸實修,自己將會最先受益。在照顧了自己之後,就能夠幫助無數眾生。另一方面,如果我們未能透過修持佛法而利己、利他,也不會使更多眾生落入輪迴苦海,反而只有自己會加入惡趣眾生的行列,這其中的利益不大。與其加入無數受苦的惡趣眾生之列,證悟並脫離輪迴豈不更好?

■ 本章摘自Tulku Urgyen Rinpoche, *Repeating the Words of the Buddha* (Boudhanath: Rangjung Yeshe Publications, 1996), "Impermanence"。

■ 中文版請參見祖古烏金仁波切著,王淑華譯,《再捻佛語妙花:祖古烏金仁波切的實修直指竅訣》,〈無常〉,台北:橡樹林文化,2012年。

第15章
岡波巴四法之第二法

祖古烏金仁波切

> 障蔽與惡業會阻礙通往正覺的道途,
> 「願法向道」意味著淨除障蔽與惡業,
> 使佛法修持成為通達證悟的道途。

請賜予您的加持,願法向道使我的佛法修持成為道途。

——岡波巴

皈依與發菩提心

只要我們受到煩惱障與所知障的覆蔽,就會繼續在輪迴中流轉。煩惱與所知二障正是阻礙我們證得遍知正覺之因。為了去除二障,我們修持所謂的「前行法」,而岡波巴四法的第二法「願法向道」(使佛法修持成為道途)包括了這些法門。

我們藉由修持「轉心四思惟」而生起從輪迴解脫、證得菩提的願望,而且不僅是為自己,也要為一切眾生而證悟。我們已準備就緒要皈依佛、法、僧三寶,「佛」是遍知正覺的狀態;「法」是引領我們證得正覺的道途;「僧」是指從佛陀以降,一直到包括自己

的仁慈上師在內等所有護持、弘揚法教的大師。懷著全然的信心而皈依三寶,這將確保我們成為覺者的可能性。皈依三寶,尋求三寶的指引,這開啟了證悟之道。

「發菩提心」是與此相關的一個支分。若無菩提心,就無法在大乘的道路上前進。認識到眾生其實都是我們前世的父母,這為修行進展提供了一個非常重要的基礎。我們所緣遇的每一隻小昆蟲,無一例外地都曾是自己的父母,而且是許多次,並非僅止一次。然而,如今他們全都步入歧途,渴望幸福快樂,卻不知如何成辦。

「發菩提心」意味著生起這個最勇敢的決心:「我將擔負起帶領眾生證得菩提的重責大任!」這個菩薩戒即是小乘與大乘修行者之間的差異。因此,「皈依」與「發菩提心」是法道的精髓。

我們真實地修持前行法,以去除修行道途上的障礙,並創造迅速證果的所有助緣。這正是岡波巴四法的第二法「願法向道」的意義。

同時修持三乘法教

某些人認為自己僅是大乘或金剛乘的修行者,其他人則只依循小乘,而且除小乘之外一概不知。然而,這種想法只暴露出人們欠缺認識與理解。小乘、大乘與金剛乘三乘並非各自獨立,我們可以同時修持三乘——其實必須同時修持三乘,如此才能奠定穩固的基礎。

如果我們未皈依,未修持「轉心四思惟」,就不會有一個與佛法結緣的基礎。同樣地,若你想喝茶,就需要一張可以放置茶杯的桌子,而這桌子彷如小乘法教這個基礎。你也需要盛茶的杯子,它猶如大乘的發心。此外,你也需要茶葉,否則就沒茶可喝。你的確需要喝茶,而金剛乘的法教則猶如注入杯子的茶湯。

同樣地，為了證得菩提，我們首先需要與三寶連結。「皈依」意味著把自己交託給佛、法、僧三寶，而「皈依」包含了小乘的法教。

然而，倘若母眾仍在輪迴中流轉，自己一人證悟有何用處？這簡直令人汗顏。話說，小乘的發心猶如牛蹄印內的一小灘水，大乘的發心則浩瀚如海。不只是我們自己必須證悟，人人都必須證悟。

此外，若無本尊、咒語、三摩地等極甚深的金剛乘法教，我們將無法即身證得正覺。因此，我們需要小乘、大乘、金剛乘三乘。修行者自視優越，對於下部乘的法教不屑一顧，這種心態既不切實際，也毫無意義。

障蔽與惡業會阻礙通往正覺的道途，而「願法向道」則意味著淨除這些障礙。某些人可能認為修持前行法並非必要，但它其實包含甚深的理由。我們正是透過修持前行法而能夠盡除障礙，使佛法修持成為通達證悟的道途。

■ 本章摘自Tulku Urgyen Rinpoche, *Repeating the Words of the Buddha* (Boudhanath: Rangjung Yeshe Publications, 1996), "Four Dharmas of Gampopa"。*As It Is*, Volume I (Boudhanath: Rangjung Yeshe Publications, 1999). "The Four Dharmas of Gampopa"。

■ 中文版請參見祖古烏金仁波切著，王淑華譯，《再捻佛語妙花：祖古烏金仁波切的實修直指竅訣》，〈岡波巴四法〉，台北：橡樹林文化，2012年。祖古烏金仁波切著，項慧齡譯，《如是（上）：心要口訣篇》，〈岡波巴四法〉，台北：橡實文化，2010年。

第16章
修學心要
巴楚仁波切

> 法教的精要之處在於皈依與發菩提心。
> 藉由皈依與發菩提心,即可證得菩提,
> 無須渴望許多其他所謂的甚深法教。

根本上師——大金剛持,
三寶與諸佛之總集,
請無別地安住於我的頭頂上,
賜予加持,三時皆與我同在,永不分離。

衷心向法的朋友,
你一再由衷地懇請:
「請為我們寫下您的心要建言。」
我因而給予這個饒富深情的言教。

圓滿的上師
是脫離輪迴而進入解脫道的第一個入口,
因此,重要的是,懷著不變的虔敬心,
依循上師的教導。

然而，在今日這個末法時代，
許多人表面上虛假地崇敬上師，
心中卻充滿對今生的貪愛與渴望。
徹底改變這種心態，實屬至關重要。

因此，不論你的願望是什麼，
不要隱藏它，
反而應該一再衷心地憶念它，
並向上師訴說，祈請願望成真。

雖然如意寶能實現所有的願望，
但它若未被加持，未被安置於尊勝幢的頂端，
未向它祈請、祈願，
那麼，儘管它是如意寶，願望也不會實現。

上師是法教之源，
但若無人向上師請法，
就不會有授予甚深法教的緣起。
因此，諸位應依己所願而向上師求授無上法教。

不修持上師之前授予的法教，
同時渴望領受更多法教，
這無異是在煩擾上師，招惹上師的責罵。
因此，時時精進修持，實屬至關重要。

從事修持時，應明瞭法教的關鍵要點。
法教的精要在於皈依與發菩提心。

藉由皈依與發菩提心，即可證得菩提，
無須渴望許多其他所謂的甚深法教。

「轉心四思惟」是進入佛法的入口，
倘若它尚未於你的心續內圓滿地生起，
那麼，即使聽聞其他的法教，也只會白白浪費罷了。
因此，精進地調伏自己的心續，實屬至關重要。

不吃他人所布施的食物，反而偷盜存糧，
捨棄所研習的法教，反而假裝修持其他法門，
這只會使他人漠視佛法，並且違背三昧耶。
若不透過持守「意」的戒律而調伏自心，
「身」與「語」的修持也不會利益自心。
因此，一再地觀修「轉心四思惟」與「發菩提心」，實屬至關重要。

倘若這些觀修已在心中圓滿地生起，
你的心已堅定不移地契入佛法，
殊勝的上師將漸進地授予愈來愈甚深的教誡。

從人身珍貴難得，
上至生起次第、圓滿次第，
氣、脈、拙火（藏tummo）等密法，
以及大圓滿的立斷法。
大圓滿是頓道，它無一例外地包含了所有的佛法。

因此，除了你已領受的法教之外，
無須再請求上師授法。

然而，精益求精，請求上師闡明你已領受的法教，
藉以解除任何疑慮，實屬至關重要。
在從事了諸如「皈依」等五十萬遍的修持之後，
持誦上師瑜伽的咒語一千萬遍，
圓滿上師瑜伽（咒乘之虔敬心）的修持，
乃是這個傳承的傳統。

因此，如果你如實且透徹地圓滿前行法，
即使你就只修持前行法，
那麼，如法本所說，
你肯定會投生銅色山淨土（藏Zangdog Palri）。

非造作、自明了的平常心是法身，
它圓滿、自在且俱生。
實證那心之赤裸真如，
並安住於「生起即解脫」之本覺明力。

除此之外，關於禪修的要點，
我已應你之請而一再地授予。
由於最高深的法教莫過於彼，
所以，請實修那些口訣。

在一位行止如法的友人的敦促之下，
那個膚淺的遊方者於是撰寫此文。
儘管它欠缺威信、深度或真實義，
卻是出自肺腑的真誠坦率之言。
藉由撰寫此文的福德，

願我們在所有未來的生生世世，
同一無別地投生於「成就者之主」（Lord of Accomplished Ones）的眾明妃之前，
品嚐法喜的滋味。

巴楚如此祈願，
願一切吉祥，願一切賢善。

■ 本章摘自《證悟生活》（*Enlightened Living*，暫譯），祖古東杜仁波切（Tulku Thondup）譯，自生智出版社（Boudhanath: Rangjung Yeshe Publications），1997年。

第17章

真實的基礎

祖古烏金仁波切

前行法是證得正覺的基礎，
其重點在於淨除惡業與障蔽，
當障蔽被去除之際，實證就會自然地生起。

「轉心四思惟」是修行的基礎

讓我告訴諸位另一個要點：持之以恆地修持共與不共的前行法，直到你能牢記法教的真實義，並將其融入心續之中。「轉心四思惟」是共的前行法，即思惟人身難得、死亡無常、因果業報與輪迴過患。不共的前行法包括皈依、大禮拜、發菩提心、持誦金剛薩埵心咒、獻曼達與上師相應法（或上師瑜伽）。藏傳佛教的所有教派皆以修持前行法為起始。

倘若我們真正地把「轉心四思惟」牢記於心，衷心地思惟六道眾生所承受之苦，就會發現修持前行法其實不難。否則，我們可能會認為，悠閒地吃喝享樂，懷著「何必做大禮拜、獻曼達等累人的事情」等心態並無傷大雅。事實上，前行法是證得正覺的基礎。當你由衷地瞭解這一點，就會明白做這些「費勁事」的理由了。

不論你已經聽聞多少次關於「人身珍貴難得」、「出離心的重要

性」、「解脫的願望」等法教,唯有當你親身體悟時,才會從中獲益。此時,諸位已具足從事修持所需的暇滿。毫無疑問地,「轉心四思惟」是證悟道的基礎,猶如建造房屋時,需要穩定的地基,倘若地基牢固,就可以在其上建造一百層的高樓。若你想要即身證悟,就必須徹底改變心態,而這可以透過「轉心四思惟」來達成。另一方面,若你只想要享受今生的歡樂,就會覺得修持佛法是一件很累的事情。如果你認為「轉心四思惟」無足輕重,你終究會對它失去興趣。事實上,一直要到你將其銘記於心,才會對修行的道途生起歷久不衰的意樂。

舉例來說,諸位已聽說關於中觀、大手印、大圓滿三大見地的法教,而這世上確實有這種珍貴的法教,你可以將其付諸實修而即身證悟。但是,你若因此而不以「轉心四思惟」為基礎,則是一個錯誤。只仰賴關於見地的法教,這就猶如你只擁有行走的能力,卻試圖前往某個唯有透過飛行才能抵達的處所。若無適當的基礎,修行就不可能有所進展。

幾乎每個法乘都包含前行與正行。我要再次重述佛陀的話語:「正如同階梯一般,你應按部就班且精進地修持我的甚深法教。切莫跳級,要循序漸進地貫徹始終。猶如稚童的身形逐漸成長壯碩,佛法亦是如此,從入門的階梯一直上行而至大圓滿。」首先是聲聞與緣覺的法教,其次第猶如上階梯般一路上至大手印、中觀與大圓滿等三種甚深見地。

我要再次強調,諸位需要一個穩固的基礎,而且不論我已說了多少次,都不為過。除非你如噶拉多傑(Garab Dorje)那般具有最利根器,否則只被指出見地,卻未以前行法為輔,這是不夠的。當然,不是人人都具有最利根器,就算具有最利根器這個圓滿的助緣,也不一定會具足圓滿的上師、圓滿的弟子與圓滿的法教等等。

有鑑於此,我們必須誠實地審視自己。我們是平庸之輩,若自

認非凡,那就錯了。若從一開始,「轉心四思惟」就一直是驅力,那麼修持佛法就一點也不難。反之,若它未深入自心,你就只會感到厭倦。牢記「轉心四思惟」,乃是修持的基礎。

　　修持一座前行法,等於修持所有三乘的法教。「皈依」是小乘法教不可或缺的要點;「發菩提心」體現了大乘法教的精神;「禪修與持誦金剛薩埵咒」則構成了金剛乘法教的精要。因此,在一座修法之內,我們就能夠從事涵蓋三乘的完整修持。

　　你若想要廣泛且深入地修持,可在經、律、論三藏之中尋得成千上萬種法教,但是卻不可能僅在一個生世之內修持所有的法教。蓮師與其他大師仁慈地擷取法教的精華而構成前行法,其中包括了印度、西藏學者與成就者的所有教誡。金剛乘的所有教派都包含了前行法,何以如此?因為它們是淨除障蔽與積聚資糧的殊勝法門。若未淨除障蔽與積聚資糧,就無法企及證悟的狀態。

　　相較於正行,前行更為甚深。你若想要栽種作物,就需要肥沃的土地;縱使你在石頭上播種一百年,也不會有任何收成。倘若你不瞭解「轉心四思惟」的深度,未將其深植於心續之中,你將不會實證真實義。金剛乘至高無上的法教皆以前行法為基礎。

思惟「人身難得」

　　我們都能理解「轉心四思惟」的意義,認識人身之難得珍貴。大多數人都明白諸法無常,每過一天,生命就愈短。只要我們具有某種程度的智力,就會相信業與業果。最後,顯而易見地,所有輪迴的狀態皆無常且靠不住,絕對無法帶來長樂久安。這些事情我們都懂,但光是智識上的理解並不足夠,反而必須牢記它,將其深深地融入心續之中。

　　往昔所有的大師都曾經如此地修持,斷捨世間的罣礙,並且毫不看重世俗的目標,猶如我們對吐在地上的痰不屑一顧。沒有人會

撿起這種東西,對不對?我們應該對所有的輪迴狀態生起相同的無貪。噶當派的上師曾說:

> 離棄故土,雲遊未知之地。以山巒為雙親,以薄霧為衣,在叢林、森林、洞穴與山間閉關處,以野獸為伴。

過往的修行者是如何成辦?強迫自己咬牙挺過這些煎熬?不,他們之所以能夠成辦,純粹是因為他們牢記「轉心四思惟」。倘若我們思惟這四個要點,並真正地將其銘記於心,實修佛法就一點也不困難。

不忍虛擲光陰,這是判定自己已謹記「暇滿人身珍貴難得」的基準。我們對於自己擁有珍貴難得的人身感到滿心歡喜,並想要充分善用此一寶藏。這份由衷的感激與隨喜之感是如此深刻,我們因而不能無所事事,這即是已牢記「人身珍貴難得」的徵相。

另一個說明謹記「轉心四思惟」的例子是,一位美麗、虛榮的妙齡少女注意到自己的秀髮著火了,她會一刻也迫不及待地立刻滅火。同樣地,我們若已真正領會「轉心四思惟」的真義,就會連一秒鐘也不猶豫地立即修持正法。

思惟「死亡無常」

人們常常抱持「諸法長久,來日方長」的心態。他們當然知道世事無常,卻認為「無常」不屬於當下,而是「之後才會發生」的事情。例如,我們可能會認為:「這東西終究會分解,然而,它此時確實存在,而且會繼續存在。因此,諸法是恆常的。」這種想法與諸法的真實面貌恰恰相反。

「憶念無常」意味著認識到一切諸法,尤其是我們的生命,甚至連一剎那都不會持久。我們都會死亡,而這個讓我們賴以為生

的身體不具有任何真實的恆常。我們應該生起這種心態:「我終究會死,而且死期未定。我不知道自己會如何死去,但是死亡無可避免!」心中常懷這份感受,深切到無法忍受自己無所事事而生起這種想法:「我必須做一些有意義的事情,不能虛擲光陰。我一刻刻、一天天地愈來愈接近死亡。不只是我,每個人都日益趨近死亡,卻沒有人在意。」對所有人的必死性有切身的體悟,即是衡量自己是否「牢記無常」的標準。當你深切地認識到「行苦」與「光陰荏苒」,就不會把分分秒秒浪費於非佛法修持的事情。

我們可以自己所居住的世界或宇宙為例,更深入地探討「無常」這個主題。人們通常認為世界是具體且真實的,但其實並非如此。這個世界時時刻刻都在變化,不會永存。如我們所知,當宇宙最終瓦解時,這個世界會被七個太陽與一大洪水(七火一水)所摧毀,只剩下虛空。由於虛空並非和合而成,所以它永遠不壞,但是虛空內的諸法將會滅盡。在此之後,有一段空無的時期,直到新宇宙生成。這個新宇宙停駐一段時間(這是我們正在經歷的時期),然後再次壞、空。

世界所經歷的成、住、壞、空四大循環構成一大劫,這個過程一再重複,永無止境,諸法無一能夠避免。藉由如此地思惟,我們「執著於恆常」的輪迴習氣將會自然而然地消失。

我們也應當思及那些曾經住世的聖眾。所有過去的諸佛與菩薩具有不可思議的神通、智慧,以及轉化一劫為一秒、一秒為一劫的能力,他們也都已離世。偉大聖眾的身相亦非恆常,請諸位深思。

請思量那些具有大福德、大威力與大版圖之人。持金輪的轉輪聖王(梵chakravartin)統御四大洲,銀輪聖王統領三洲,銅輪聖王治理二洲,鐵輪聖王則統御一洲,他們具有統御眾人的大威力,甚至能在須彌山頂與帝釋天坐在齊高的法座上一起用餐,然後飛回人道。但是,他們現在位於何處?他們都已逝去。請諸位瞭解,甚至

連具有大威力的人也會消逝。

其次，思惟死因眾多，存活的助緣則少之又少。這世上有四百零四種疾病，八萬種來自邪靈的攻擊，以及許多其他危害生命的障礙，這一切猶如大風暴的陣陣狂風般從四面襲來，我們的生命力則猶如燭火或燈焰，幾乎沒有任何可以長明不滅之因。我們通常相信醫藥可以延壽，但是誤用藥物有時則可能成為致死之因，甚至連療癒之法也可能使人命絕。請諸位思量死因之眾多，以及續命的助緣少之又少。

我們每天早晨醒來，這堪稱為一個小奇蹟。話說，生死只在一呼一吸之間，如果你呼氣，卻未吸氣，你就死了；一口氣定生死。龍樹菩薩曾說：「能得覺醒極稀奇。」[1]（我們能在早晨醒來，是一個不可思議的奇蹟。）光是聽聞或閱讀關於「無常」的種種，這並不足夠，諸位必須將「無常」牢記於心。

在蓮師所授予的《寂忿密意自解脫深法》（Karling Shitro，音「噶林息綽」，由大伏藏師噶瑪林巴〔Karma Lingpa〕取出）之中，有一個極為鮮明生動的意象，描述死亡的必然性。想像你正站在一個只有半吋寬的懸崖邊，俯瞰幾乎深不見底、怒流洶湧的深淵。你不敢往下看，踮腳站在只有半吋寬的崖緣，雙手緊緊抓住如山羊鬍鬚般的兩撮灌木草，這兩撮灌木草象徵你的壽命與命力。在此同時，兩隻老鼠正慢慢啃噬你緊握的灌木草，牠們象徵無常，分別代表死主閻羅與命主（Lord of Life）。一旦草被噬盡，你就會落入無底深淵與洶湧怒川之中，別無選擇。盤旋於上方的兩隻烏鴉象徵你的護法，但是牠們怎麼能救你脫離絕境呢？於是，你緊抓著慢慢被老鼠吃光的灌木草；你毫無倖存的機會。

---

[1] 龍樹菩薩著，索達吉堪布譯，《親友書》：「壽命害多即無常，猶如水泡為風吹，呼氣吸氣沉睡間，能得覺醒極稀奇。」

這是我們目前的處境。身為修行者，我們必須清晰地憶念蓮師的法教，它明明白白地指出死亡與死亡的必然性。請諸位仔細思惟，因為它指出了真相。底下是惡趣的深淵，問自己：「我該怎麼辦？」真正的修行者應牢記這個法教，並加以觀修！除此之外，不必去思考別的事情。

我們執著於欲樂、五塵，因而流轉於輪迴之中。《寂忿密意自解脫深法》舉出一個「貪執欲樂」的例子：想像你遭判死刑而被拖到劊子手面前，你的頭伏在斷頭台上，劊子手對著你的頸項高舉斧頭。即將斬首之際，某人上前對你說：「我要獻給你一位美麗動人的妃子、一座富麗堂皇的宮殿，以及享不盡的榮華富貴！」此時，明知斧頭即將落下，你會做何感想？設想你可能享受這一切，會讓你有絲毫的心動嗎？這個生動的例子說明了貪執於輪迴欲樂的徒勞無益！我們真以為這些欲樂會長長久久嗎？修行者，請將這個隱喻與實義相結合！

思惟「因果業報」

諸位要相信因果業報。宇宙的成、住、壞、空，皆非出自任何創造者或作者之手，反而全是眾生的業果。這是不爽的法則。

思惟「輪迴過患」

其次，儘管六道眾生各有不同的生命型態，但基本上都是痛苦的。在輪迴之中，不論你投生於何處，都不會有長久的安樂。地獄道眾生忍受炎熱與寒冰之苦，餓鬼道眾生忍受飢渴之苦，畜生道眾生飽受愚癡與被奴役、吞噬之苦，人道、阿修羅道或天道眾生則忍受種種不完美之苦。如果你深入思惟，就會發現沒有一種輪迴狀態能提供離苦的庇護。

龍欽巴尊者曾在一處名為「白顱雪山」（藏 Gangri Tökar，音

「岡日托噶」）的地方從事禪修,該處甚至沒有一個適合從事禪修的洞穴,他棲身於斷崖峭壁之下達三年之久。他身無長物,僅有一只麻布袋。在白天,他以麻布袋為衣;在夜晚,以麻布袋為臥鋪;在一座禪修期間,這同一只麻布袋則是他的坐席。

在他棲身的懸岩入口處,有一大叢刺棘,每當他需要出去如廁時,身上多處都會被荊棘刺傷。在外面小解時,他想著:「每天都得勉強從荊棘旁邊擠過去,真的很不舒服,我應該把它砍掉!」然而,當他要走回懸岩內時,又想著:「今天或許是我生命的最後一天,何必把時間花在砍荊棘上?這毫無意義,我寧願做一些真正要緊的事情,例如,修持見、修、行。如果今天是最後一天,我應該把它用於修行。我們永遠不知道自己還剩多少時日。」

因此,他就不再想著要砍掉荊棘叢,返回懸岩內繼續修法。如此日復一日地經過三年之後,龍欽巴尊者證得菩提,並且從未砍掉那叢荊棘。這個例子說明了如龍欽巴尊者這般已證悟的大師如何體現「憶念無常」。

修持前行法淨除惡業與障蔽

前行法的重點在於淨除我們所造作的惡業與障蔽,然而在從事大禮拜與其他的前行法時,不應該以追求身體健康,盡可能保持舒適為考量。避免疼痛肯定不是一位誠懇修行者的作風,而是拉薩的達官貴人的舉動。後者在軟墊上做大禮拜,並在膝蓋、肋骨與手肘上穿戴各種護墊或緩衝裝置,以確保自己不會受傷。這是所謂的「達官貴人的大禮拜」,而我向諸位保證,這種作法不會淨除任何惡業或障蔽。

《普賢上師言教》的作者巴楚仁波切自有一套做大禮拜的方法,即不論地形地貌,隨時隨地做大禮拜。不論是在正殿或戶外的

岩石、草地上做大禮拜，你都五體投地，心中滿懷虔敬，想像自己就在皈依境前方。巴楚仁波切總是在一片廣大的原野上從事修持，他住在一頂由黑氂牛毛製成的帳篷內，常常在外面一邊做大禮拜，一邊念誦噶瑪恰美仁波切（Karma Chagmey）所造、祈願投生阿彌佛陀淨土的〈極樂淨土祈願文〉。

做大禮拜時，巴楚仁波切從不使用木板或軟墊等器具，所以他最後磨穿草地，並留下深深的身印。這是過去大多數藏族修行者做大禮拜的方式，既不穿戴特殊的裝備，也不去選擇一個特別柔軟、無痛的地方，許多人因而雙手破皮流血。我常常看見人們因為做大禮拜而雙手、雙膝、額頭破皮長繭。以此方式從事十萬遍大禮拜，肯定能淨除惡業與障蔽。

沐浴時，我們洗除皮膚所積累的污垢與汗水。事實上，沐浴的目的即在於清除積垢，而不是清洗了一半，另一半仍然骯髒，然後說：「我洗過澡，現在乾淨了。」同樣地，前行法的要點在於移除障蔽而變得清淨。因此，要淨除障蔽到什麼程度，是決定我們如何修持與修持時間長度的基本準則。其實，除了徹底淨除之外，沒有真正的準則！

發心要正確

從事大禮拜的原因在於徹底淨除惡業與障蔽，而不是求簡單、舒適。大禮拜本身並非目標，它亦非自殘，而懷著正確的發心，專一精進地修持，對三寶生起全然的虔敬心，對有情生起悲心，才是主要的重點。請諸位記住，在清潔沐浴之後，我們不應該還是髒兮兮的！

在佛陀住世的「圓滿時」，修行者圓滿各十萬遍的加行[2]，就

---

[2] 四加行或五加行，每一加行圓滿十萬遍，總共四十萬遍或五十萬遍。

足以盡除惡業與障蔽。繼此之後的兩個時期被稱為「三分時」(梵 tretāyuga)與「二分時」(梵 dvāyuga),意味著整套加行必須重複修持兩次與三次。在我們目前所處的第四個時期「爭鬥時」[3],每一加行修持二十萬遍,甚或三十萬遍,都不足以圓滿地淨除業障,反而必須重複修持整套加行四次才行。

在修持前行法時,發心是首要。這份發心包含了對三寶的虔敬心,以及對眾生的悲心,並且浸潤、注入了精進心。懷著正確的發心而修持前行法,它們將帶來善果,這是第一個要點。

第二個要點是,惡業與障蔽深植於阿賴耶(梵 ālaya;又作「普基」或「總基」)之內,只要阿賴耶及其無明的面向未被淨除,就會繼續生起更多的障蔽與惡業。因此,真正需要被淨除的是阿賴耶的根本無明。

安住於心性而修持

徹底淨除惡業與障蔽是主要的重點,但這並非只針對大禮拜與皈依而言,在從事其他前行法期間亦是如此。在從事觀想之後,試著去憶念大手印、大圓滿或中觀的見地。偶爾亦可在從事大禮拜與持誦的同時,試著安住於心性之中,這將增盛修持的效果。

話說,以正念而正確地修持,而非出自機械般的慣性行為,其效果將增長一百倍。如果修行者安住於三摩地的狀態,換句話說,在認出心性的同時從事修持,其效果將增長十萬倍。既然許多人都極熱衷於認出心性,那麼在從事淨障的修持時,就不要忘記「認出心性」這件事情。相反地,我們應該結合積聚福德與智慧資糧二面向。

在結合這些法門與「認出心性」的同時,我們也結合了有相福德資糧與無相智慧資糧。諸位藉由積聚有相福德資糧而淨除煩惱

---

[3] 參見〈序言〉注[1]。

障，顯現出二色身；經由積聚無相智慧資糧而淨除無明的阿賴耶，並實證無垢法身。從事這個修持的方法是在清晰地觀想皈依境之後，檢視是誰在修持。如果我們做一個五體投地的大禮拜，同時不忘心性，那單單一次的大禮拜就等同於十萬遍大禮拜。我們的修持方式會讓情況有所改觀。

舉例來說，在無散亂地安住於心性的同時，僅僅念誦一遍百字明咒，其重要性等同於散亂地持誦百字明咒十萬遍。因此，修行者從事修持的方式會讓情況大為改觀。若在從事大禮拜的同時注視心性，不但能淨除惡業與障蔽，也能滌淨它們的根基——無明的阿賴耶。

即使你可能經年累月地從事大量的修持，但是若想要證悟，就應該竭盡所能地修持前行法，直到你徹底清淨為止。重點不在於數量，而在於清淨的程度。結合福德資糧與見地，即是發揮最大功效之法。因此，不論你被指出的是大手印、中觀或大圓滿的見地，在修持前行法時，都應憶念見地。根據西藏的傳統，不論你選擇這三大見地之中的哪一個，每個見地都包含了前行法。

一句著名的引言總結了修持前行法的原因：

障蔽被去除之際，實證就會自然地生起。

障蔽與惡業是證悟的唯一阻礙，而前行法則能夠加以去除。當自心了無遮障時，證悟就猶如一片通徹、清朗、無礙的天空。串習猶如樟腦的氣味，縱使已沖洗乾淨，隱約的氣味猶存，潛藏於阿賴耶內的障蔽亦是如此。另一句著名的引言說道：

不透過修持前行法來去除障蔽、積聚資糧、領受證悟上師的加持，反而仰賴其他方法，這是愚癡。

打造修行的穩固基礎

將身、語、意專一於修持

　　哪一個更珍貴？是一顆鑽石，還是滿屋子的玻璃珠？同樣地，修持並非取決於完成某個法門所必須累積的數量。我們是否圓滿了五次或十次前行法而令人喝采驚歎，這完全無關緊要。在座上修法時，有些人心思散亂，左顧右盼，不但沒注意自己所做的事情，還匆忙地敷衍了事，彷彿修行是一件例行公事。我們必須把身、語、意專一地集中於修持，而這正是淨除惡業與障蔽之法。這是真實的正法、真正的鑽石，而不是滿屋子的玻璃珠。

　　我的伯父暨根本上師桑天嘉措每天堅持修持《傑尊心髓》的前行法，而且終其一生，每天一定做一百次大禮拜，從未錯過。即使老邁病重時，前行法仍然是他日課的一部分。當時，他必須雙手各持一根拐杖來助行，因此人們常常說他像動物般用「四條腿」走路，儘管如此，他仍然每天做一百次大禮拜。

　　桑天嘉措在六十四歲那年圓寂，我不知道他年幼時從事哪些修持，但是從我認識他以來，以及從他人的口中得知，一直到圓寂當天，他沒有一天不修持前行法。我的父親吉美多傑（Chimey Dorje）每天修持《傑尊心髓》與《普賢心滴》的前行法。前行法極為簡單，也極為甚深，我建議諸位每天修持前行法，它既殊勝又極具利益！

前行法比正行更為深奧

　　我要再次強調，一旦諸位牢記「轉心四思惟」，就奠定了穩固的基礎，修持佛法將會輕而易舉，一點也不困難。反之，修持佛法就猶如試圖建造一座沒有地基的房屋。過往的偉大上師們，尤其是噶舉傳承的偉大上師們曾說：

第三部　融合

由於前行法是基礎，所以它們比正行更甚深。

我們必須牢記「轉心四思惟」，並且修持四、五次的十萬遍前行法，才能打下穩固的基礎。光是敷衍了事地「做完」前行法，將無法成辦。如此一來，你自然地就會真心誠意地從事修持。僅僅反覆持咒，並生起「好了，我已經完成了」的想法，將無法為從事更高深的修持奠定基礎。

話說，衷心謹記前行法的修行者，其行止猶如一頭受傷而逃至僻靜處的鹿，而不會為了符合他人的期望而裝模作樣。密勒日巴尊者曾說：

我之所以逃至山間而獨自修行，是因為我懼怕死亡。藉由從事修持，我實證了超越生死的本性。如今，我已攻獲了無懼的堡壘。

我們應該如此地修持。

如果我們認真地修持前行法，甚至連分秒都不忍浪費，就能如密勒日巴尊者那般修行。這是一個堅固的基礎，不論在其上構築什麼，例如，本尊、咒語、圓滿次第、立斷與頓超（藏Tögal，音「妥噶」）等正行，都會猶如一幢多層建築般穩定堅固。一味地求取更高深的法教，卻忽視佛法的真正要旨，這是不夠的。佛法的要旨在於「改變心態」，除非我們能夠深切地改變自心，否則仍會被顯相所誘惑，所有的習氣也會餘留。

只要心是善變的，我們就很容易去追逐權勢、財富或美好的事物，陷入政商的利害關係，以及爾虞我詐、欺騙謊言之中，最後成為一個麻木的修行者，無法被佛法「治癒」或改變。人們可能對於理論有極高的領悟，但這份領悟卻未深入核心，這個情況猶如一塊

第17章 真實的基礎

奶油的外衣雖然包裹著奶油,卻不若其內的奶油般柔軟有彈性。

因此,切勿執著於「立斷」、「頓超」等高深法教,它們猶如康區居民在冬天所穿戴的漂亮狼皮帽,儘管令人刮目相看,但真正讓耳朵保暖的卻是毫不起眼、樸實無華的羊皮衣領!更重要的是,我們應強調前行法與奠定穩固基礎的重要性,如此一來,之後在這個基礎上所構築的一切,都會是有意義的,否則它就只是空談。

最重要的是,共與不共的前行法遠比特殊的立斷法與頓超法更為關鍵。若未牢記「轉心四思惟」,不論從事何種修持,都不會有所成就。沒有基礎,就無法建造任何東西。諸位可能對此已經耳熟能詳,而且不是第一次聽聞。我所說的這些話可能猶如對著觀世音菩薩授予六字大明咒「嗡 嘛呢 唄美 吽」(om mani padme hung)的口傳,儘管如此,我仍要再次重申,以發揮提醒之效。

■ 本章摘自Tulku Urgyen Rinpoche, *Rainbow Painting* (Boudhanath: Rangjung Yeshe Publications, 1995), "The True Foundation"。

■ 中文版請參見祖古烏金仁波切著,楊書婷譯,《彩虹丹青:融合見地與修持的成就口訣》,〈真實的基礎〉,台北:橡樹林文化,2011年。

第18章

皈依

蓮花生大士

皈依的根本要義在於
接受三寶為你的上師、道途,以及修持道途的友伴,
並且誓言要以三寶為你將要證得之果。

皈依是了脫生死的方便法門

烏仗那國的蓮花生大師以化身佛示現。

卡千(Kharchen)公主伊喜措嘉佛母(Yeshé Tsogyal)詢問蓮師:「大師!請您仁慈地教授所有佛法修持的基礎、了脫生死的方便法門、具有大利益的微小因緣,以及一個易於實修且幾乎無困難的法門。」

化身佛蓮師回答:「措嘉!皈依是所有佛法修持的基礎,三寶是所有佛法修持的所依,皈依及其支分是了脫生死的方便法門。」

措嘉佛母詢問:「皈依的根本要義是什麼?皈依的定義是什麼?若加以區分,有多少種皈依?」

蓮師回答：「接受佛、法、僧三寶為你的導師、道途與道友，並立誓以三寶為所要證得之果，即是皈依的根本要義。因此，『皈依』意味著『誓願』或『接受』。為什麼這『接受』被稱為『皈依』？因為接受佛、法、僧為所依、庇護、救度或怙主，能使我們免於種種苦與種種障蔽之巨大恐懼。這即是『皈依』的根本要義。

「『皈依』的定義是尋求保護，以免於投生下三道的恐怖，以及外道所持的有身見（view of transitory collection）[1]。

「若加以區分，皈依有外皈依、內皈依與秘密皈依三種。」

外皈依

措嘉佛母詢問：「就外皈依而言，什麼是促使我們想要皈依之因？皈依的對象是什麼？哪種人能皈依？以何種方式而皈依？皈依時，應該懷有何種不共的發心？」

蓮師回答：「畏懼輪迴之苦，信任三寶為皈依處，接受三寶為皈依的對象與皈依的怙主，這三者是皈依之因，你因而生起渴望皈依的願望。一般來說，人們是因為懼怕死亡而想要皈依。

「許多人甚至沒覺察到自己的生命已消逝一大半，也從未片刻思及來世。他們沒有皈依。

「假如你不會死，或肯定自己將投生為人，你就不需要皈依。然而，在死亡與轉生之後，將會面臨下三道難忍的痛苦。

「皈依的對象是什麼？你應皈依三寶。誰能了脫生死？唯有遍知的佛陀能夠了脫生死，離於所有的過患，並圓滿所有的善德。因

---

[1] 暫時的聚合體（transitory collection）是指色、受、想、行、識的五蘊的相續。
譯按：有身見（view of transitory collection）即是相信身為五蘊的集合，而且在這個五蘊的聚合體之內，有一個實有的「我」。

此，唯有佛陀所教授的佛法，以及護持佛法的僧伽，才能終盡自己與他人的生死輪迴。你應皈依三寶，他們是唯一的皈依處。

「一般來說，許多人把正覺者所授予的法教形同算命師之言，並於面臨困境時，求助於鬼神。這種人很難有皈依處。

「哪種人會皈依？憶念三寶的功德，具意樂、虔敬心與信心的人會皈依。我們應該具備以下三種不共的發心：

輪迴無始無終，我必須於此刻背離輪迴！
外道神祇等等，並非我皈依的對象！
遍知的證悟狀態是我的真實皈依處！

「這即是不共的皈依。

「皈依時，只有口惠是毫無用處的，這猶如百無聊賴的嘀咕。它將會帶來什麼樣的結果，是難以預料的。

「應以何種方式來皈依？你應該懷著以下三種心念，並以恭敬的身、語、意而皈依：（一）畏懼惡趣與輪迴；（二）信任三寶的加持；（三）堅定的信心與悲心。

「那些相信此生完美且來世也會完美的人，將會在未修持任何佛法的情況下死去。『即將修持佛法』的心態是不夠的。

「就此而言，你應該知道皈依的儀式。

「皈依時，應抱持何種不共的發心？你應該懷著饒益眾生的責任感而皈依。你應該懷著這種發心而皈依，因為你無法單憑出離輪迴與冀望涅槃而證得正覺：

為使眾生脫離輪迴諸苦，
我將皈依，直到三界眾生證得無上菩提！

「一般來說,所有的願望皆是二元分別的願望。若你皈依,卻未離於二元固著,這是不夠的。」

措嘉佛母接著問蓮師:「外皈依需要修持多少種學處?」

蓮師回答:「一旦皈依之後,你必須善巧地修持八種學處,以免毀墮誓戒。」

措嘉佛母詢問蓮師:「什麼是八學處?」

蓮師回答:「首先,有三種不共的學處:(一)皈依佛之後,不應禮敬其他神祇;(二)皈依法之後,不應傷害眾生;(三)皈依僧之後,不應與外道為伍。這是三種不共的學處。

「再進一步解釋:首先,皈依佛之後,『不應禮敬其他神祇』,這表示若你崇拜摩訶提婆(Mahādeva,大天)、毘濕奴(Vishnu)、濕婆(Maheśvara,大自在天)等其他神祇,你的皈依戒就會受損。如果皈依這些神祇,你的皈依戒就毀壞了。

「其次,皈依法之後,『不應傷害眾生』,這表示你若殺生,皈依戒肯定墮壞。縱使你只是出於瞋怒而毆打其他眾生,奴役牠們,在牠們的鼻子上穿孔,把牠們關進獸棚,拔牠們的毛髮,取牠們的毛絨等等,也會毀損皈依戒。

「第三,皈依僧之後,『不應與外道為伍』,這表示你若與持有常邊或斷邊之見地與行持的人為伴,皈依戒就毀壞了。如果你的見、行與他們的見、行相合一致,你就毀壞了皈依戒。

「不論如何,『皈依』包含了所有的佛法修持。持有邪見的人不會有這份認識與理解。

「以下是五種共的學處:

「一、在開始修法時，先以豐盛、絕佳的飲食來作盛大的供養。在十四日，於三寶面前擺設供品，懇請他們前來享用。接著，在十五日獻供。供養有大禮拜供、實物供、讚頌供、修持供等四種。

（一）大禮拜供：站直、合掌，思惟諸佛與諸菩薩的功德。做大禮拜時，觀想自己碰觸他們以法輪為嚴飾的雙足。

（二）實物供：呈獻諸如鮮花等實物供養，而且必須不曾被人使用過。你也可以供養自己的身體與所觀想的供品。

（三）讚頌供：以優美動人的旋律來讚頌。

（四）修持供：發願以生起空悲無別的菩提心所得之善根而獲得證悟，饒益眾生。」

蓮師說道：「三寶根本不需要一碗供水或禮敬，供養的目的其實在於使你能夠領受諸佛的慈光加被。

「就絕佳的飲食供養而言，準備三堆最好的食物，並念誦『嗡阿吽』三次，觀想你的供養成為甘露海。隨後觀想本尊被無量的三寶會眾所環繞，你獻上甘露，請求他們接受供養。若你無法以此方式來供養，只要獻上供養，並說『三寶，請納受此供養』即可。

「若你沒有可供養的物品，至少每天供一碗水，否則，你的皈依戒將會墮壞。

「三寶不同於眾生，不需要滋養品之類的供養。你可以透過供養食子（藏torma）而自然而然地積聚資糧。

「二、即使犧牲自己的身體、性命或珍貴的禮物，也不棄捨無上三寶。

「縱使犧牲自己的身體，也不棄捨皈依，這是指即使某人威脅要挖出你的眼睛，砍斷你的雙腿，切下你的耳朵、鼻子或手臂，你都不應捨棄三寶，寧可讓對方為所欲為。

「縱使犧牲性命，也不棄捨皈依，這是指即使某人威脅要殺你，你寧可任對方殺你，也不棄捨三寶。

「就算失去一份珍貴的禮物，也不棄捨皈依，這意味著即使某人承諾你一旦放棄皈依，就以整個世界的珍寶作為報償，你也不應捨棄皈依。

「三、不論你的處境為何，不論是生病、面臨困境、安適愜意、快樂或悲愁，都應擺設曼達盤與五種供養，將其供養三寶。然後，皈依並祈願：

殊勝的上師、大金剛持、諸佛與菩薩，懇請垂聽我的祈願！
願所有的疾病與魔障皆平息，願一切寂靜、吉祥、善好。

「此外，亦可透過朗讀經文、念誦與供養食子來積聚福德。這些也屬於皈依的基礎修學。如果所有這些修學都沒有發揮作用，切勿生起邪見，心想：『三寶不具加持力！佛法是虛假的！』反而應該思惟：『當我的惡業耗盡時，就會好過一些！』諸位只應皈依（三寶），切勿求助於占卜算命與巫術等其他方式。

「四、不論你朝哪個方向旅行，都應憶念諸佛與菩薩，獻供並皈依。例如，你明天要前往東方，今天就應擺設曼達盤並獻供，皈依位於東方的諸佛與菩薩。

「你應該如何祈願？在啟程之前，應如此祈願：

上師、金剛持、諸佛與菩薩，請垂聽我的祈願！從我離開此地，直到抵達目的地，請平息由人與非人所引起的障礙，並使一切吉祥。

「若不在啟程前一天如此地供養、祈願，就該在啟程時為之。

「啟程時，你若忘記在跨過門檻十步或七步之內皈依，皈依戒就會受損。

「一旦你把自己交託給皈依處，就不可能被矇騙。

「五、憶念皈依的善功德，並一再如此反覆地修持。皈依三寶之後，視三寶為希望所歸，仰賴三寶為信任所歸。以三寶為唯一的皈依、唯一的庇護，並向三寶祈願，祈求三寶賜予加持。

「不論你眼前的三寶象徵物是塑像、浮雕、畫像、佛塔、經書等等，都應視其為法身。在做大禮拜、獻供或祈願時，你可能會突然實證了法身的體性。縱使未實證法身的體性，修行者將會因為頂禮、供養三寶與創造業緣，而在未來成為佛弟子。」

蓮師說道：「不論你心中生起了什麼，例如，生起覺者的善德與安樂，皆視其為上師與三寶的加持。經由如此地思惟，你將會得到加持。不論你遭遇任何艱難困苦，皆視其為自己的惡業，如此將能竭盡你所有的惡業。總之，若你不把自己的心交託給三寶，反而持有『三寶不具加持力』的邪見，你可能無法逃離阿鼻地獄。」

措嘉佛母詢問蓮師：「皈依會帶來哪些善功德？」

蓮師回答：「皈依具有八種善功德。

「一、進入佛門，成為佛弟子：皈依三寶之後，你就成為佛教徒。縱使你自稱是一位聖人、偉大的禪修者或活佛，若未皈依，你仍然不算是佛教徒。

「二、受戒的具根法器：皈依之後，你成為一個得以領受別解脫戒等所有誓戒的具根法器。話說，倘若你壞失了皈依戒，所有奠基於皈依戒上的誓戒也隨之毀壞。

「在此同時，若你修補、還淨皈依戒，就足以修補、還淨所有的

誓戒。換句話說，你供養三寶，在三寶面前立誓受戒，這就足夠了。

「從一日戒上至金剛乘的戒律，在受持任何戒之前，都必先皈依。因此，皈依讓你成為一個能夠受持各種誓戒的具根法器。

「三、減輕業障：皈依三寶能削減、竭盡你從所有過去世以來所積累的業障。換句話說，你的業障會因共的皈依而削弱，並且透過不共的皈依而耗盡。

「此外，光是說『皈依』這兩個字，就能減輕、削弱業障。當皈依的真實感受在你的心續中生起時，業障就會徹底竭盡。

「再者，僅僅偶爾皈依，也能減輕業障。若你在行、住、坐、臥期間時時皈依，業障將會徹底耗盡。

「四、能廣積福德：皈依將使你廣積長壽、健康、威嚴、富貴等世間的福德；出世間的無上菩提也是皈依之果。

「五、人與非人均不能亂：你將免於人與非人的侵擾，以及免於此生的障礙。話說，一旦真實的皈依在你的心續當中生起，此生就不會被人的障礙所害，也不會被龍族、邪惡鬼靈等非人所傷。

「六、好事竟成：你將會心想事成，如願以償。當真實的皈依已在你的心續中生起，所欲的一切都可能成辦。簡而言之，正如同對著一顆如意寶祈願那般，一旦你信任皈依處，就會得到所欲的一切。

「七、不墮入惡趣：你將不會墮入惡趣、邊地或邪道。『惡趣』是指地獄道、餓鬼道、畜生道等下三道；『邊地』是指投生於邊境之蠻荒部族等了無佛法的處所；『邪道』是指非佛教的外道思想。為了避免墮入惡趣、邊地或邪道，我們應該皈依。

「八、能成佛道：速證正覺是皈依的最終利益。就此而言，提及皈依的其他利益有何必要！

「根據大乘密教的說法，修行者能即身證得菩提。這表示你能迅速證悟，無庸置疑。因此，我們必須斷除『偶爾皈依即可』的誤解。諸位應日日夜夜一再地皈依，如此肯定會速證正覺。」

蓮師說道：「若你精進地皈依，就無須修持許多其他的法教。你無疑能證得證悟之果。」

措嘉佛母再次詢問蓮師：「皈依的修持是什麼？」

蓮師回答：「皈依的修持如下。首先，在心中發願：

我將帶領眾生通達正覺之境。為了達成此一目標，我將積聚資糧、淨除障蔽、去除障礙。為此，我將從這一刻開始皈依，直到證得菩提！

「接著，心無散亂地念誦以下的話語三次：

在人中之無上勝者、十方諸佛面前，我與無量眾生於此刻皈依，直至證得無上菩提。

在勝寂、離貪的十方正法面前，我與無量眾生於此刻皈依，直至證得無上菩提。

在住於十方、永不退轉的無上聖僧伽面前，我與無量眾生於此刻皈依，直至證得無上菩提。

「在此之後，心無散亂地重複以下的偈頌多次：

皈依佛，
皈依法，
皈依僧。

「然後,如此祈願三次:

三寶,
請保護我免於今生的恐懼怖畏,
請保護我免於惡趣的恐懼怖畏,
請保護我免於墮入邪道!

「祈願三次之後,諸位應如此地迴向:

藉由我的善根,願我證得菩提,饒益有情!」

措嘉佛母詢問化身佛蓮師:「如何領受皈依戒?」

蓮師回答:「受戒者應向持有皈依戒的上師頂禮並繞行,以鮮花為供養,並如此念誦:

上師請垂聽,十方諸佛與菩薩請垂聽。從此刻直至證得無上菩提,我,某某某[2],皈依人中之無上勝者——十億正覺法身佛。

我皈依勝寂、離貪之大乘法教。

我皈依無上僧伽——不退轉的聖菩薩眾。

「複誦三次之後,你就領受了皈依戒。此時,做大禮拜、撒花,修持之前所解釋的學處,並且精進地皈依。
「這即是針對外皈依及其修持方式所作的講解。」

---

2 此時,說出你的名字。

措嘉佛母詢問蓮師：「我們如何因皈依而受到庇護？」

　　蓮師回答：「任何依上述的解釋而正確地修持並皈依者，肯定會受到三寶的庇護。因此，若你擔憂自己墮入邪道而祈願得遇正道，你就一定會遇見正道，受到保護，免於此生的恐懼怖畏。

　　「當皈依的所有功德已於心續中生起，你不該就此滿足而停止皈依，反而應增盛、善用已生起的功德，藉以積聚資糧、淨除障蔽。當你生起如此的精進，就具備了全副的能力。

　　「無意在心續內生起諸如洞見空性或本尊壇城等甚深功德的人，仍然可以只透過皈依而淨除障蔽、積聚資糧。

　　「你或許會質疑，若某人以此方式皈依而受到保護，這是否表示諸佛會示現，並引領眾生？這個問題的答案是：諸佛無法親手帶領眾生脫出輪迴，不然，大悲善巧的諸佛早就無一例外地解脫眾生。

　　「諸位可能會問：『那麼，我們究竟受什麼保護？』答案是，我們藉由修持佛法而受到保護。

　　「當皈依已於心續中生起，就不需要修持其他的法教，並且一定會受到三寶的悲心護佑，這猶如你有一位頂尖的貼身護衛，因而無所畏懼。」

　　蓮師如此地對措嘉佛母闡釋「外皈依」。

內皈依

卡千公主措嘉佛母詢問化身佛蓮花生大師：「就內皈依而言，我們皈依的對象是什麼？哪些人會皈依？以何種方式皈依？皈依時，應懷有何種不共的發心？時間持續多久？需要哪些不共的助緣？什麼是內皈依的目的與功德？」

蓮師回答：「就皈依的對象而言，諸位應皈依上師、本尊與空行。」

「皈依者應該是已進入金剛乘的人。」

「皈依的方法是以虔誠且恭敬的身、語、意而皈依。」

「就皈依的不共發心而言，你應視上師為佛，縱使犧牲性命也不捨棄本尊，並應不斷地供養空行。」

「就皈依的時間長度而言，你應在受灌期間生起菩提心的那一刻起皈依，直到證得金剛持位。」

「就助緣而言，你應該懷著對金剛乘的虔敬心而皈依。」

「就皈依的目的或功德而言，它的目的是使你成為一個適合領受密咒之法教與不共加持的具根法器。」

措嘉佛母詢問蓮師：「就內皈依而言，修行者需要修持哪些學處？」

蓮師回答：「有八種學處，首先是三種不共的學處。

「一、皈依上師之後，不應對上師心懷惡意，甚或懷有嘲諷、揶揄上師的意圖。

「二、皈依本尊之後，不應中斷禪觀本尊身相，或中斷持誦本尊的咒語。

「三、皈依空行之後，就不該忘記在固定的日子獻供。」

以下是五種共的學處：

「一、你所攝取的任何飲食的第一份，都加持為甘露，並在供養它的同時，觀想上師位於你的頭頂上方，本尊位於心間，空行位於臍輪中央。你應該訓練自己以此方式來攝食。

「二、不論你前往哪一個方向，皆向上師、本尊、空行祈請。

觀想上師位於你的頭頂上方,並且觀想自己為本尊,空行與護法是你的護衛。這是『行走』的學處。

「三、你應該訓練自己,縱使犧牲性命或四肢,都應視上師如你所寶愛的心臟,視本尊如你所珍愛的雙眼,視空行如你所疼愛的身體。

「四、不論你面臨疾病、艱困或安適、喜悅或悲傷等情境,都應向上師祈請,供養本尊,對空行獻上薈供與食子。除此之外,你不該求助於占卜算命與巫術等其他的方法。

「五、你應當憶念上師、本尊與空行的功德,並一再地皈依。皈依上師,得以清除障礙;皈依本尊,將能證得大手印身[3];皈依空行,你將有所成就。

措嘉佛母詢問蓮師:「內皈依具有哪些功德?」

蓮師回答:「藉由皈依上師,你將免於分別心的結縛,無明與愚癡的障礙得以清除。你將圓滿勝觀與本覺的資糧,得到自然任成的成就。

「藉由皈依本尊,你將離於二元分別,積聚自生智的資糧,並證得大手印的成就。

「藉由皈依空行,你將免於障礙與邪魔的侵擾,餓鬼道匱乏的障礙得以清除,無貪與無取(離於執取)的資糧得以圓滿,並證得大樂報身的成就。」

---

[3] 大手印身(body of Mahamudra)是指修行者所修持的本尊如彩虹般的身相。請參見Padmasambhava, *Dakini Teachings* (Boudhanath: Rangjung Yeshe Publications, 1999), "Vajrayana Mind Training"。中文版請參見《空行法教:蓮師親授空行母伊喜措嘉之教言合集》,〈金剛乘的修心〉,劉婉俐譯,台北:橡樹林文化,2007年。

措嘉佛母詢問蓮師：「如何修持內皈依？」

蓮師回答：「你首先應生起證得無上菩提的願望，接著觀想上師、本尊、空行分別坐在你面前虛空中的日輪、月輪與蓮座上，並且複誦三次：

傳承根本上師尊，
成就根源之本尊，
賜予加持之空行，
吾禮敬三根本。

「此後，心無散亂地專注於上師、本尊與空行，並且複誦：

我皈依上師、本尊與空行。

「接著，如此祈願：

所有的上師、本尊與空行，
請賜予您們身、語、意的加持！
請授予灌頂！
請賜予共與不共之成就！
請仁慈地眷顧你滿心虔敬的孩子！

「如此祈願之後，觀想上師融入你的頂門，本尊融入心間，空行融入臍輪。」

措嘉佛母詢問蓮師：「如何領受內皈依戒？」

蓮師回答:「首先,受內皈依戒的儀式如下。重要的是,受戒者應已受灌。領受灌頂本身即是接受皈依,若你在未受灌的情況下皈依,可以向上師頂禮並繞行,以鮮花為供養,並且念誦:

上師,請垂聽。本尊會眾、壇城之本尊、空行與眷眾,請垂聽。從此刻直至證得無上大手印持明果位,我,某某某,皈依傳承之根本——所有的殊勝上師。

我皈依成就之源——所有的本尊眾。

我皈依殊勝加持的賜予者——所有的空行。

「如此複誦三次之後,即領受了內皈依戒。
「這是受內皈依戒的儀式。我已解釋了內皈依。」

秘密皈依

卡千公主措嘉佛母詢問蓮師:「就秘密的皈依而言,皈依的對象是什麼?哪種人會皈依?皈依的方式、皈依的不共發心是什麼?皈依的時間多久?透過何種因緣而皈依?秘密皈依的目的或功德是什麼?」

蓮師回答:「就秘密皈依的對象而言,你應該皈依見、修、行。
「皈依者應是具有最利根器且渴望證悟的人。
「就皈依的方法而言,你應該透過見、修、行而皈依。換句話說,你懷著具信心之『見』、具覺受之『修』與平等一味之『行』而皈依。
「就不共的發心而言,『見』應離於貪愛,既不渴望證悟,亦不斷捨輪迴。『修』應離於執實有,並不落入分別;它無可言詮、

無可形述。『行』應離於取捨,不落入任何類別。

「就皈依的時間而言,你應時時皈依,直至證悟。

「皈依的因緣是不想再受生。

「皈依的目的或功德是即身證得正覺。」

措嘉佛母詢問蓮師:「就秘密皈依而言,修行者需要修持哪些學處?」

蓮師回答:「首先,有三種不共的學處:

「一、就具實證之『見』而言,你應從事修學,以生起『佛不在他處,不必外求』的信心,因為眾生與諸佛皆具有佛性。你應從事修學,藉由了悟心與顯相了無差別,以生起顯空無別的信心。

「二、就修持具覺受之『修』而言,你的心既不住於外境,亦不內住,反而任其自然地鬆坦,離於任何參考點。

「三、就『行』而言,修學覺受之相續。雖然在行、住、坐、臥期間,了無禪觀的對境,仍要訓練自己連一剎那都不散亂。

「以下是七種共的學處:

一、即使你體悟自心即佛,亦不捨棄上師。
二、即使你體悟顯相即自心,亦不中斷有漏善法。
三、即使你對地獄無所畏懼,亦應摒棄最微小的惡行。
四、即使你對證悟不抱任何希望,亦不詆毀法教。
五、即使你已實證無上三摩地,亦不高傲自大或自吹自擂。
六、即使你已認識自他無二,亦不停止對有情生起悲心。
七、即使你已體悟輪涅無二,仍要在閉關處從事修持。」

措嘉佛母詢問化身佛蓮師:「就秘密皈依而言,它如何提供保護,

具有何種功德？」

蓮師回答：「皈依『見』之後，你受到庇護而免於落入常見與斷見，邪見與固著的障礙得以清除，光明法性的資糧得以圓滿，並且證得身、語、意的不息成就。

「皈依『修』之後，『見』也會保護『修』。深重的執取與習氣等障礙得以清除，無二雙運的資糧得以積聚，並且證得信心與本自解脫的成就。

「皈依『行』之後，你免於邪行與斷見，虛偽、愚癡的障礙得以清除，無執於種種俗務的無貪資糧得以圓滿，並證得轉覺受為實證的成就。」

措嘉佛母詢問蓮師：「如何實際修持秘密的皈依？」

蓮師回答：「『見』應離於貪愛、分別與諸邊，自然安住。

「『修』應離於執實有與參考點，它無可言詮。

「換句話說，你的心不住於外境，亦不內住，反而應該安落在離於參考點的本然真如之中。

「在行、住、坐、臥期間，無散亂地安住於相續的覺受之中。

「滿足、狂喜、空無、喜樂、明朗等，皆是短暫的經驗與覺受，絕不該視其為不可思議。

「自心掉舉、蒙蔽或昏沉時，以這些感受作為修學。不論生起何種經驗與感受，切勿視其為過患。」

措嘉佛母詢問蓮師：「如何領受秘密皈依戒？」

蓮師回答：「對上師頂禮並繞行，以鮮花為供養。弟子應採取

金剛跏趺坐,懷著悲心而領受發菩提心的誓戒,以利益自他。

「接著,目不轉睛地凝視著虛空,鬆坦你明明白白、清清亮亮、光明遍在的本覺,離於對能執與所執的固著。這本身即是具信心之『見』、具覺受之『修』,以及具伴之『行』!因此,它應該被指出。然後,依上述的解釋而從事禪修。

「這即是針對秘密皈依所作的闡釋。」

化身佛蓮師說道:「這是我授予的口訣,上部與下部的見地、咒乘與經乘[4],以及外、內、密法,皆化繁為一地凝練於外、內、密皈依之內。

「若依此而實修,你的心將轉向於佛法修持,你的修持將成為道途,你的道途將成熟為果。卡千公主,你應瞭解這個道理。

「這圓滿了以修持皈依為道的法教。」

　　三昧耶。封印、封印、封印!

■ 本章摘自Padmasambhava, *Dakini Teachings* (Boudhanath: Rangjung Yeshe Publications, 1999), "Refuge"。

■ 中文版請參見蓮花生大士口授,劉婉俐譯,《空行法教:蓮師親授空行母伊喜措嘉之教言合集》,台北:橡樹林文化,2007年。

4　咒乘是指金剛乘,經乘則包括小乘與大乘。

第19章

最秘密的皈依

祖古烏金仁波切

法身如虛空般遍在,是真實無謬的心性。
報身猶如陽光,是心的明性。
化身猶如顯現於虛空的彩虹,為了利生而化現。

南摩
我皈依空性——法身,
我皈依明性——報身,
我皈依種種妙力——化身,
直至證得菩提。

——蓮花生

方便與智慧雙運

　　佛教的某些概念類似於西方社會「有一個全知、全能之神」的想法,而佛教的法身、報身、化身三身,則最接近於這種「聖性」。雖然我們也可以稱這三身為神,但是真的無此必要。我現在要解釋「三身」的意義。

　　首先,法身如虛空般遍在,它其實是真實無謬的心性。報身

猶如陽光，是心的明性。化身猶如顯現於虛空的彩虹，為了饒益眾生而努力。就外在的（意義）而言，我們可以把三身想成是虛空、陽光與彩虹，但是這三個象徵的實義其實存乎於自心。

　　法教以方便與智慧兩個面向為架構，方便的面向是觀想諸佛在自己的前方，並且從事各種修持；智慧的面向則是認識到諸佛其實存在於自己的佛性或心性之中。我們之所以可能證悟，正是因為這本具的佛性。自心本性即是真實的佛，這是智慧的面向。

　　然而，我們的佛性已被障蔽所覆蓋，光有這份認識並不足夠。為了去除障蔽，我們需要「方便」以滌淨障蔽，積聚福慧資糧。倘若一個法門讓我們認為佛位於外界，並忽視內在的佛，這法門就永遠不會帶來正覺。若我們指望天上的佛陀賜予所有共與不共的成就，無異是寄望於外境。然而，究竟真實的本尊其實存乎於自心，我們藉由認出自己的真實本性，並且修持那份「認出」而證得菩提。

　　所有的法教皆有世俗與勝義兩個面向。觀想佛陀在我們之外，這是世俗的面向，不足以讓我們證悟。體驗內在的佛，乃是證悟的基礎。然而，要認出真實勝義，得仰賴世俗，因為我們必須藉由獻供、淨障、積聚資糧，並以自己所觀想、位於外在的佛為所依，才能去除障蔽，實證內在的佛。

　　「皈依」意味著信任佛陀這位導師，他的教言被稱為「法」，而依循佛法的大修行者被稱為「僧」。若我們於此刻端詳自己，就會看見自己欠缺企及證悟的能力。我們可以透過信任三寶而得到加持，繼而更容易有所實證，有所成就，但是我們必須瞭解，證悟的真實基礎存乎於自心。

　　心性是證悟的潛能或種子，而認識到這個事實，即是智慧的面向。為了充分地增盛這份「認出」，我們應用方便法門，即觀想佛陀、獻供、從事不同種類的分別修（conceptual practice，概念的、有

相的修持法門）等等。方便與智慧雙運是諸佛的真實道途，光是修持方便法門，觀想外面有一個至高無上的人物，對著這個外相獻供並讚頌，這是不夠的。唯有方便與智慧雙運，才能證得菩提。

把一個知道如何製造飛機的人（智慧的面向），與製造飛機所需的零件（方便的面向）湊在一起，是說明方便與智慧雙運的例子。只備齊零件並不夠，而只有一個懂得如何製造飛機的人也不行，唯有結合兩者，飛機才製造得出來。

就金剛乘而言，修行者應結合生起次第（方便）與圓滿次第（智慧）。生起次第的修持包括觀想（在心中造出佛或本尊的意象）、讚頌、懺悔、獻供，以及成就法的其他部分。圓滿次第則是透過探見「觀想者是誰」而認出心性，繼而把佛性契入從事實修所生起的覺受之中。

由於我們是尚未證悟的輪迴眾生，對於佛性的認識有欠穩定，所以生起次第仍屬必要。我們不具有圓滿的大力，因而求助於諸佛與菩薩，例如，經由修持七支供而清淨障蔽，去除阻礙自己證得真實勝觀的障礙。心性是智慧的面向，而方便與智慧兩者相輔相成，皆屬必要。只運用方便法門，猶如只收集玉米苞衣而不取玉米芯，這是不夠的。

另一個例子是某人要成為一名藏醫，他先從智慧的面向著手，學習如何辨識不同的身體部位，診斷疾病，開立處方等等。然而，智慧（知識）本身並不足以治癒任何人，醫師也需要藥物。因此，採集藥草，加以調製，即是方便的面向。結合方便與智慧兩個面向，即能治癒病患。

法身、報身與化身

在佛教之中，普賢王如來（梵Samantabhadra）是本初法身佛，

等同於其他宗教的上帝或天主。當普賢王如來顯現為報身時，被稱為「金剛持」（梵Vajradhāra），他的化身被稱為「金剛薩埵」（梵Vajrasattva）。佛教的神祇與本尊數量多得不可思議，而法身佛普賢王如來、報身佛金剛持、化身佛金剛薩埵則是他們的本源。本尊之間並非如父母子女般的家庭關係，他們的身相是自生的，他們的心是清淨的智慧——本智。

法身的自生身猶如虛空，離於戲論分別。報身的身體猶如虹光，化身或祖古則顯現於世間，並且不離法身與報身的狀態。一千位化身佛將在這個世界所處的賢劫期間出現，釋迦牟尼佛是賢劫千佛的第四位。化身佛先化現，然後再度融攝。以釋迦牟尼佛為例，他化現出十億個化身，這意味著有十億個釋迦牟尼佛同時顯現於不同的界域。

諸法皆從法身（普賢王如來）而生起。報身是從法身而顯現，並以五佛部為代表。化身從報身化現而出，以利益眾生。為了利益人道眾生，佛必須以人身而顯現，因此，賢劫千佛是人道眾生。諸佛若不顯現為人，我們如何能夠看見他們，並領受法教？我們這些尋常人無法感知報身，更別提感知法身了。正如釋迦牟尼佛一般，化身以血肉之軀示現為導師，傳授佛法。由於人們的根器各異，因而有三種或九種不同層次的法教，即一般所知的三乘或九乘。

這些導師也被稱為「調伏者」，而地獄道、餓鬼道、畜生道、人道、阿修羅道、天道等六道眾生則是「被調伏者」。六道眾生的調伏者是諸佛的化身，顯現於六道之中。佛是為了利己而圓滿成就一切者，而他所有的事業都是以成就眾生的福祉為目標。佛只為了眾生而示現。

諸佛顯現於所有六道，而非只顯現於人間。在天道，佛陀被稱為「帝釋天」（梵Śakra）——天道之王；在阿修羅道，他是「綺畫修羅王」（藏Taksang）；在人間，他是「釋迦牟尼」；在畜生道，他是

第三部 融合

「堅淨師子」；在餓鬼道，他是「焰口天」；在地獄道，他則被稱為「法王」（梵Dharmarāja）。[1] 大多數眾生只能把這些佛化身感知為輪迴各道的君王或統治者。

化身以四種方式顯現。法像是被創造出來的化身，例如，原本存放於菩提迦耶佛塔的三尊著名法像，如今其中兩尊位於拉薩。根據佛經的說法，釋迦牟尼佛是至尊無上的化身。就金剛乘的法教而言，蓮師是至尊無上的化身，他同時化現出十億位蓮師。另有轉世的化身，在藏傳佛教當中，這些大師被稱為「祖古」。

最後，有所謂的方便變化身（variegated nirmanakayas），根據眾生的需求而顯現為許多不同的身相，以教化或利益眾生。這些化身會以數量多得不可思議的色相而顯現，包括橋梁或船隻。諸佛可能會以各種可能的色相而顯現，遠遠超過凡人所能思議的範疇。

三身之間的關係

現在我要解釋三身之間的關係。法身猶如虛空，含納其他二身的化現。虛空是遍在的，諸法皆在無窮無盡的虛空內生起、墮壞，無一法在虛空之外生滅。報身猶如顯現於天空的太陽，散放出不變的光明燦亮。化身彷彿水面，能映現太陽。太陽可同時映現於十億個水面上，只要有水的地方，就會有太陽的映影。

化身以各種不同的方式顯現，其中包括無上化身、所造化身、轉世化身與方便變化身，他們不離法身與報身，並依眾生的需求而利生。「化」（梵nirmāṇa）意味著神奇地被創造，猶如幻影。不像我們這些尋常人，那些已掌控生死的人能夠任意地轉世。我們的受生

---

[1] 這些即是天道、非天、人道、餓鬼道、旁生道、地獄道之「六能仁」（six munis），相應度脫六道眾生的無上化身佛。

是被自己的業力所控制，化身則猶如太陽的映影，不被因果業報所束縛。

　　報身彷如在天空中散放光芒的太陽，既不顯現於虛空之外，也不離於虛空，兩者是無別的。同樣地，水面上的日影無法在沒有太陽的情況下映現。

　　雖然三身有三種不同的名稱，但是在體性上卻是無別的。三身之無別有時被稱為「體性身」或「第四身」，也就是我們的心性。被描繪為外相的法身、報身、化身僅是象徵，我們的心性是三身所指的真實義。

■ 本章摘自Tulku Urgyen Rinpoche, *Repeating the Words of the Buddha* (Boudhanath: Rangjung Yeshe Publications, 1996), "The Innermost Refuge"。

■ 中文版請參見祖古烏金仁波切著，王淑華譯，《再捻佛語妙花：祖古烏金仁波切的實修直指竅訣》，〈最密之皈依〉，台北：橡樹林文化，2012年。

第20章
引導式的禪修
竹旺揹尼仁波切

觀想咕汝仁波切化光，
變得與你無二無別，
你受持最秘密的皈依。

在此，我要教授「皈依」與傳統的「上師瑜伽」兩個法門，作為增上大圓滿修持的所依。首先，發起清淨的菩提心，背脊挺直地坐著，自然地呼吸，任自心了無造作、戲論，如此地保持一段時間。最重要的是，我們必須如此地思惟，藉以增上自己的發心：「為了利益眾生，我將修持這個座上修。」

觀想皈依境

現在，想像一棵蓮花樹位於你面前的虛空當中，它共有五條枝幹，一條位於中央，另外四條分別位於四方。蓮師端坐於中央的枝幹上，右手持金剛杵，以「威鎮萬有」（藏Nangzi Silnön，音「囊孜息能」，意指「威鎮一切顯有的吉祥調伏者」）的身相顯現，這是描繪蓮師的最常見方式。

蓮師的周圍環繞著大圓滿傳承的所有上師，在他們前方的枝幹

上,是以揚達嘿魯嘎（藏Yangdag Heruka,又稱「清淨嘿魯嘎」）為首的所有本尊,並被「八大成就法」（又稱「八大行法」或「修部八教」）的所有本尊環繞。

在蓮師右方的枝幹上,端坐著釋迦牟尼佛,被過去、現在、未來三世諸佛海會眾所環繞。

在蓮師後方的枝幹上有正法,以經書的方式顯現,每部經書都發出子音與母音的迴響聲,猶如一個嗡嗡作響的蜂巢。

在蓮師左方的枝幹上,端坐著觀世音菩薩,被所有的聖僧伽、大乘與小乘的聖眾所環繞。

簡而言之,清晰地觀想在你面前的虛空當中,所有的上師、本尊、勇父空行、諸佛、正法法教、已證悟的修行者、眾護法如雲堤般廣聚。

朗誦皈依文

接著,對佛、法、僧等外皈依如此地祈願:

願我在今生與所有的來世,都受到您的庇護。請賜予加持,以令我解脫。

任你的心因這份深刻的渴望而充滿虔敬,並且朗誦皈依文:

諸佛正法聖賢僧,
直至菩提永皈依,
以我布施等功德,
為利眾生願成佛。

我皈依佛陀、正法、聖僧伽，
直至證得菩提。
藉由布施等等福德，
願我證悟成佛，饒益有情。

在觀想蓮師頭頂上方的大圓滿傳承祖師時，先從最上方的普賢王如來開始，依次下至金剛薩埵、噶拉多傑、無垢友尊者、咕汝仁波切等等。蓮師的二十五位大弟子、一百位大伏藏師，皆如以揚達嘿魯嘎為首的所有本尊、「八大成就法」的所有本尊那般，清晰地顯現於蓮師的周圍。眾勇父與空行遍滿枝幹間的所有虛空。上師是一切佛部之主，本尊是成就之源，空行能驅除所有的障礙，皆清晰生動地以內皈依境的方式呈現。

任你的渴望與虔敬從內心深處生起，虔敬心如天空中的太陽般照耀著你如雪山般的心，傳承的加持因而如河水般流下。虔敬心猶如融化冰霜的陽光，能使加持的河水流淌而出。蓮師體性之三身與三根本的加持被注入你的身、語、意之中，充滿並轉化你的心續。

在念誦皈依文之後，想像整個皈依境化光。先從皈依境的外部漸漸往內融入，然後再以順時鐘的方向融入光中。所有的本尊消融入揚達嘿魯嘎之中，揚達嘿魯嘎消融入諸佛之中，諸佛消融入釋迦牟尼佛，釋迦牟尼佛消融入佛經之中，佛經消融入觀世音菩薩，最後，這一切全都消融入你面前虛空中的唯一主尊蓮師之中。

觀想蓮師放光

接著，對著蓮師——三寶的唯一總集——祈請。就體性而言，他是所有過去、現在、未來三世諸佛之總集，你如此地思惟，並向蓮師祈願。

現在，觀想位於蓮師額頭的白色「嗡」字散放出明亮璀璨的白光，觸及你的額頭，你因而被授予寶瓶灌頂，得以修持本尊瑜伽的生起次第。你經由「身」所造作的障蔽與惡業皆被滌淨，並於心續中種下實證化身位的種子。

從位於蓮師喉部的紅色「阿」字散放出絢爛的紅光，觸及你的喉部，你因而領受了秘密灌頂。你經由「語」而造作的障蔽與惡業被淨除，得以修持包含氣、脈等法門的圓滿次第，並於心續中種下實證報身位的種子。

現在，位於蓮師心間的藍色「吽」字散放出如琉璃般的藍光，融入你的心間，清淨了所有過去生所累積的「意」的障蔽與惡業。你因而領受智慧灌頂，得以修持明妃瑜伽，依循方便道（phonya path，又稱「使者道」），並具足實證法身位的福德。

從蓮師的臍輪散放出繽紛的光芒，融入你的頭輪、喉輪、心輪與臍輪之中，清淨了身、語、意的惡業，尤其清淨了串習的雜染。你因而被授予第四灌頂——殊勝的詞義灌頂，得以修持立斷本淨的「立斷道」（path of trekchö），以及頓超任成的「頓超道」（path of tögal），並獲得實證第四身「體性身」的福德。

現在觀想咕汝仁波切化光，變得與你無二無別，你的身、語、意也無別於咕汝仁波切的身、語、意。

自心的體性空是法身自性；自性明是報身；周遍無礙的力用是化身，也是法身與報身的無二無別。藉由平等地安住於「你的本性無別於過去、現在、未來三世諸佛的三身」這個狀態之中，你就無別於咕汝仁波切。你受持最秘密的皈依，並重複念頌皈依文。

此時，我們應該平等地安住於四灌頂所指出的密意之中，也就是安住於本覺智之中。當我搖鈴時，讓「只管聽見鈴聲」提醒你憶念自生本覺，如此一來，在聽見鈴聲的同時，你安落於自生本智的相續之中。（仁波切搖鈴。一片靜默。）

諸位應該生起憶念本覺的明分。（仁波切再度搖鈴。一片靜默。）

【問答】

問：我們是否得一直依止上師，以確保自己的修持是正確的？

仁波切：我們當然需要依止上師，也當然需要領受上師的教誡，並將其付諸實修。但是，如果弟子終其一生都在努力依循上師，這也有點不太對。我們需要對自己的根本上師祈請，以看見上師的心與自心是無二無別的；這實屬必要。但是，假如你認為「我若不和上師朝夕相處，就不知道如何修持」、「我若不在上師跟前，就無法處理煩惱」或「我若不和上師相依相隨，就會迷惘而不知所措」，那就不好了。

在過去，人們比較空閒，工作量沒那麼大，也沒那麼忙碌，所以有比較多的機會與上師相處，待在上師跟前三年、六年或九年。這年頭的情況則非如此，上師常常忙碌得分身乏術，而弟子也沒有時間。他們可能就像我們一樣，只有四、五天可以相處！

在我們一起閉關期間，應該竭盡所能地去理解（法教），並將其付諸實修，加以應用。出關時，我們應與真實的上師一起離開，而這位上師即是自己的心性，也是形影不離的良伴。

諸位知道，我們很快就會分道揚鑣，我要前往新加坡與馬來西亞，你們則回到自己的國家，或旅行前往他處。我們或許會再相見，也可能不會，誰知道呢？在這個世界上，沒有什麼是確定的。諸法無常，沒有什麼是固定不變或可擔保的。諸位應竭盡所能地透過「本覺道」（path of rigpa）而認出自己本具的基光明。

有沒有問題？

問：我們應如何領受加持？是透過信心與虔敬心嗎？

仁波切：虔敬心是加持之本，也是領受加持的基礎。肯定是有加持的，因此我們應該明白「加持」是什麼，以及在領受加持時，虔敬心扮演何種角色。否則，虔敬心便無太大的意義。

我們可以說，加持是會傳染的，而它傳染的方式有點像傷風感冒。如果某人感冒了，而你們太過親密，你也會感冒。同樣地，如果你親近一位具加持力的上師，你也會感染那份加持。在此，「加持」意味著某種實證的力量，或三摩地的力量，或某種自然呈現的實證氛圍。你親近上師，並透過虔敬心與衷心的祈願而敞開自己。換句話說，你放下自己的防禦，以及放下使你免於被加持「感染」的疑慮與懷疑。在放下防禦的那一刻，你也感冒了。

虔敬心是一種非常衷心且真誠的情緒，它源自內心深處。它也是一份由衷的隨喜，隨喜上師所體現的功德。在此同時，也有對上師不可思議的仁慈所生起的感激之情。這份隨喜與感激使我們敞開心胸，生起虔敬心。

我們也可以對佛、法、僧生起虔敬心，真正地隨喜並感激三寶不可思議的功德、智慧與慈悲等等。對這一切敞開心胸，隨喜三寶的功德，即是虔敬心的面向。在此同時，當我們瞭解到，這會增益「認出心性」的修持，就會對這份仁慈生起感激之情。

否則，就可能會有許多種類的虔敬心，其中一種純粹是「他對我很好，所以我喜歡他」這樣的念頭所生起的愛。有一種虔敬心是一份仰慕之情，你敬畏某人或某件事物。另一種是仿效某人、渴望如其人而生起的虔敬心。

然而，在剛開始，虔敬心是某種造作，我們努力去生起特定的感受，努力去敞開心胸。儘管這是做作的，它卻使我們愈來愈瞭解見地；換句話說，虔敬心使我們敞開心胸，願意去實證空性，也使

得實證空性變得更加容易。當某種真實的空性覺受更進一步地增盛虔敬心時,它就不再是做作或造作的了。

我們可以先從努力去感受虔敬心著手,接著在某個時候,真實的覺受會讓它變得自然且非造作;非造作的虔敬心是從空性見的覺受當中湧現。當我們真實地看見所謂的「本覺」或「平常心」──真正解脫煩惱的本心,當分別心因這份「認出」而敞開時,我們就親嚐到這個修持的滋味,真正領會它的重要性。這份真實的感激,即是非造作的虔敬心。虔敬心與空性見以此方式相互增盛。

■ 本章摘自Tsoknyi Rinpoche, *Carefree Dignity* (Boudhanath: Rangjung Yeshe Publications, 1998), "A Guided Meditation"。

■ 中文版請參見竹旺措尼仁波切著,連德禮譯,《覺醒一瞬間:大圓滿心性禪修指引》,〈引導禪修〉,新北市:眾生文化,2014年。

第21章
菩提心的殊勝功德
寂天菩薩

諸佛於多劫中深思，
看見唯有此一菩提心，
能夠救度無量眾生，
獲得無上之安樂。

頂禮一切諸佛菩薩。

【1】
善逝[1]、善逝所通曉之法（梵Dharma）[2]，以及善逝所有的佛子[3]，
吾禮敬所有應受禮敬者，
根據傳統，我現在應當簡要地宣說

1　善逝（梵sugatā；藏bde gshegs）：諸佛的名號。
2　在此，「法」（梵Dharma）一詞是藏語「卻庫」（chos sku；梵dharmakāya）的一個翻譯，也就是「法身」。根據釋論傳統的說法，它有兩種可能的詮釋，一是堪布昆佩（Kunpel）與堪布賢噶（Shenga）的詮釋，意指「法教之身」（the body of the teachings），因而有偈頌的第一句「禮敬佛（善逝）、法（法教之身）、僧（佛子）三寶」。另一方面，它也可能指的是「法身」——佛的究竟面向，也就是佛的三身（法身、報身與化身）之一。
3　菩薩是諸佛的法嗣，證悟以利眾生是菩薩的目標。在這個脈絡之中，「佛子」其實指的是聖菩薩，他們的證量相應於大乘見道位以上的層次。換句話說，他們住於菩薩地，因此是無上的皈依對象。

趣入菩薩律儀的入口。[4]

【2】

　　我要說的話，以前都已說過，
　　我既無學識，亦非能言善道，
　　所以，我不認為此論將能利他，
　　我造此論，僅是為了增上自己的理解。[5]

【3】

　　我的信心將會因此而增長，
　　並且愈來愈熟習於善法，
　　願緣遇此論者，
　　也獲得同等的利益。[6]

【4】

　　如此的暇滿[7]是難尋的，

---

[4] 請參見如石法師譯，《入菩薩行論》：「法身善逝佛子伴，及諸應敬我悉禮；今當依教略宣說，佛子律儀趨行方。」出處：http://e-dalailama.com/sutra/%E5%85%A5%E8%8F%A9%E8%96%A9%E8%A1%8C%E8%AB%96.pdf。以下出處同。

[5] 《入菩薩行論》：「此論未宣昔所無，詩韻吾亦不善巧；是故未敢言利他，為修自心撰此論。」

[6] 《入菩薩行論》：「循此修習善法故，吾信亦得暫增長；善緣等我諸學人，若得見此容獲益。」

7 為了朝著證悟的方向前進，我們必須具足八暇十滿。「八暇」是指不投生於：（一）地獄道；（二）餓鬼道；（三）畜生道；（四）壽命無盡的天道；（五）對法教與佛法修持一無所知的蠻荒之地；（六）對「業」等等存有邪見之地；（七）佛不住世的時期與地點；（八）身心障礙，愚昧冥頑。「十滿」分為五種「自圓滿」與五種「他圓滿」。五種「自圓滿」是：（一）生而為人；（二）居住於「中土」——佛法興盛之處；（三）諸根具足；（四）業際無顛倒；（五）對佛法有信心。五種「他圓滿」分別是：（一）值佛住世；（二）佛宣說正法；（三）佛法仍然住世；（四）佛法被修持；（五）得遇上師而成為其弟子。

應當善用此一人身,使其充滿意義!
若此生未能善用人身以自利,
〔來生〕怎能遇此良緣?[8]

【5】
當閃電劃過夜空,
隱藏於黑夜中的烏雲畢露,
同樣地,儘管稀有難得,透過佛之大力,
世人的善念瞬時生起。[9]

【6】
善根如此脆弱,
除了圓滿的菩提心之外,
沒有什麼能經得住
勢不可擋的邪惡勢力。[10]

【7】
諸佛於多劫中深思,
看見唯有此一菩提心,
能夠救度無量眾生,
獲得無上之安樂。[11]

---

[8]《入菩薩行論》:「暇滿人身極難得,既得能辦人生利,倘若今生利未辦,後世怎得此圓滿?」

[9]《入菩薩行論》:「猶於烏雲暗夜中,剎那閃電極明亮;如是因佛威德力,世人暫萌修福意。」

[10]《入菩薩行論》:「以是善行恆微弱,罪惡力大極難堪,捨此圓滿菩提心,何有餘善能勝彼?」

[11]《入菩薩行論》:「佛於多劫深思惟,見此覺心最饒益。無量眾生依於此,順利能獲最勝樂。」

【8】
　　希望驅散今生的哀愁，
　　遣除眾生之苦的人，
　　希望贏得至極大樂的人，
　　絕不該棄捨菩提心。[12]

【9】
　　在輪迴的牢籠中受苦的人，
　　在發起菩提心的剎那，
　　他就稱得上是佛子，
　　應受世間天人所崇敬。[13]

【10】
　　菩提心猶如煉金師的最勝冶金材料，
　　能將不淨人身
　　轉化成為無價的佛身。
　　因此，我們應該堅持這菩提心！[14]

【11】
　　所有輪迴眾生的圓滿導師
　　以其無量的智慧而觀見菩提心之寶貴無價，
　　希望脫離輪迴的眾生，

---

[12]《入菩薩行論》：「欲滅三有百般苦，及除有情眾不安，欲享百種快樂者，恆常莫捨菩提心。」
[13]《入菩薩行論》：「生死獄繫苦有情，若生真實菩提心，即刻得名諸佛子，世間人天應禮敬。」
[14]《入菩薩行論》：「猶如最勝冶金料，垢身得此將轉成　無價之寶佛陀身；故應堅持菩提心。」

應好好把握這珍貴的菩提心。[15]

【12】
所有其他的善德猶如芭蕉樹[16]，
結果之後就枯萎凋謝。
奇妙的菩提心樹，
則會不斷地結實累累，繁茂茁壯。[17]

【13】
猶如受到勇者護衛而絕境逢生一般，
縱使人們罪大惡極，於世難容，
只要生起菩提心，就能立時解脫。
因此，有誰不會信任菩提心？[18]

【14】
菩提心猶如劫盡之火，
能夠徹底焚毀諸重罪，
正如慈氏[19]怙主對善財（Sudhana）所說，

---

[15]《入菩薩行論》：「眾生導師以慧觀，徹見彼心極珍貴；諸欲出離三界者，宜善堅持菩提心。」

16 藏語「去芯」（chu shing，意指「水樹」）表示一株中空的植物在結果之後凋亡。在強調「結果之後凋亡」這個特徵時，「去芯」常被譯為「芭蕉」，但在提及它的「中空」特質時，則被譯為「香蕉樹」。

[17]《入菩薩行論》：「其餘善行如芭蕉，果實生已終枯槁；菩提心樹恆生果，非僅不盡反增茂。」

[18]《入菩薩行論》：「如人雖犯極重罪，然依勇士得除畏；若有速令解脫者，畏罪之人何不依？」

19 根據《華嚴經》（Gaṇḍavyūhasūtra）的說法，「慈氏」是指未來佛彌勒菩薩（Maitreya）。

菩提心之利益無窮無盡。[20]

【15】
總而言之，
菩提心具有兩個面向：
一是願菩提心，
二是行菩提心。[21]

【16】
「希望啟程」與「踏上旅途」，
兩者之間有所差異。
多聞的智者應瞭解
「願」與「行」之間的差異。[22]

【17】
對於仍在輪迴中流轉的人而言，
願菩提心雖能結出累累的果實，
卻無法如行菩提心那般
生起相續不息的福德。[23]

【18】
在生起菩提心的剎那，
並從那個剎那開始，

---

[20]《入菩薩行論》：「菩提心如劫末火，剎那能毀諸重罪。智者彌勒論善財：覺心利益無限量。」
[21]《入菩薩行論》：「略攝菩提心，當知有二種；願求菩提心、趣行菩提心。」
[22]《入菩薩行論》：「如人盡了知，欲行正行別；如是智者知，二心次第別。」
[23]《入菩薩行論》：「願心於生死，雖生廣大果，猶不如行心，相續增福德。」

堅定且不退轉，
願解脫無盡眾生。[24]

【19】

從不退轉的菩提心生起的剎那開始，
縱使在睡眠與放逸時，
勝妙福德之流亦相續不息，
量等廣大無邊之虛空。[25]

【20】

在《妙臂請問經》[26]之中，
妙臂菩薩（Subahu）請問如來[27]，
如來依理宣說，
教導那些心儀於下部乘者。[28]

【21】

若出自仁慈布施的發心，
而希望紓緩眾生頭疼之疾，
縱使這是他唯一的願望，
如此的福德亦無量無邊。[29]

---

[24]《入菩薩行論》：「何時為度盡，無邊眾有情，立志不退轉，受持此行心；」
[25]《入菩薩行論》：「即自彼時起，縱眠或放逸，福德相續生，量多等虛空。」
26 《妙臂請問經》或《妙臂菩薩所問經》（Subahu-paripriccha-sutra）。此經的梵文原文版已佚失，留下的是漢譯本。
27 如來（梵Tathāgata；藏de bzhin gshegs pa）：佛之名號，意指「已去者」。
[28]《入菩薩行論》：「為信小乘者，妙臂問經中，如來自說故；其益極應理。」
[29]《入菩薩行論》：「若僅思療癒，有情諸頭疾，具此饒益心，獲福無窮盡。」

【22】
若願紓緩眾生頭疾的福德無量無邊，
更別提希欲去除眾生之無盡苦，
為其成辦無量善德，
這種願心的福德何須待言。[30]

【23】
我們的父親或母親
是否懷有饒益眾生的願望？
天人、仙人（梵ṛṣi）[31]，甚至梵天（梵Brahma）[32]，
是否懷有這種願心？[33]

【24】
他們在過去，
甚至在夢中，
從未懷有自利之心，
又豈會生起利他之心？[34]

【25】
不求利己之人，
如何生起利他的願心？

---

[30]《入菩薩行論》：「況欲除有情　無量不安樂，乃至欲成就　有情無量德。」
31　根據印度的傳統，仙人(rishi，梵ṛṣi)是已感知到《吠陀》之聲(the sound of the Vedas)的聖者，並將《吠陀》傳授給世人。他們自成一個介於天眾與人類之間的階級。
32　根據《吠陀》的說法，梵天是宇宙的創造者。
[33]《入菩薩行論》：「是父抑或母，誰具此心耶？是仙或欲天，梵天有此耶？」
[34]《入菩薩行論》：「彼等為自利，尚且未夢及，況為他有情，生此饒益心？」

這種發心珍貴難得，空前稀有，
生起這種發心，實屬勝妙。[35]

【26】
這珍貴的發心，這心的珍寶，
乃是除苦的涼風，
輪迴眾生的喜樂之因，
它無可估量，無法測度。[36]

【27】
僅只一個饒益眾生的念頭，
已勝過供養諸佛。
遑論利益眾生，
為眾生帶來安樂的事業。[37]

【28】
眾生渴望離苦，
卻追逐諸苦。
眾生渴望安樂，
卻因愚癡而摧毀安樂，彷如安樂是其仇敵。[38]

【29】
對於欠缺喜樂的眾生，
以諸樂令其滿足者，

[35]《入菩薩行論》：「他人為自利，尚且未能發；生此珍貴心，稀有誠空前！」
[36]《入菩薩行論》：「珍貴菩提心，眾生安樂因，除苦妙甘霖，其福何能量？」
[37]《入菩薩行論》：「僅思利眾生，福勝供諸佛；何況勤精進，利樂諸有情。」
[38]《入菩薩行論》：「眾生欲除苦，奈何苦更增。愚人雖求樂，毀樂如滅仇。」

對於背負沈重痛苦的眾生，
斷除其諸苦者，[39]

【30】
驅除眾生之無明黑暗者，
有何善德能與其匹敵？
有何益友能與其比擬？
有何福德能與其等齊？[40]

【31】
受人恩惠而行善者，
因而獲讚揚，
那些自願利益眾生的菩薩，
何須待言？[41]

【32】
趾高氣昂的人，
輕蔑地只施予他人一餐飯食，
只供給他人半日的溫飽，
就被世人尊崇為善人。[42]

【33】
何況那些時時刻刻
盛大布施的人，

---

[39]《入菩薩行論》：「於諸乏樂者、多苦諸眾生，足以眾安樂，斷彼一切苦，」
[40]《入菩薩行論》：「更復盡其癡，寧有等此善？安得似此友？豈有如此福？」
[41]《入菩薩行論》：「若人酬恩施，尚且應稱讚；何況未受託，菩薩自樂為。」
[42]《入菩薩行論》：「偶備微劣食，嗟施少眾生，令得半日飽，人敬為善士。」

他們證得菩提的喜樂無與倫比，
他們的冀望悉皆圓滿。[43]

【34】
佛陀曾說，
對廣施的佛子心懷惡意者，
其墮入地獄的劫數，
將等同於他們起了多少次瞋恚心。[44]

【35】
相反地，生起善念，
將會碩果累累。
菩薩縱使面臨逆境，
也絕不會生起惡念，只會增盛善念之流。[45]

【36】
生起這珍貴菩提心的人，
吾禮敬之！
它是安樂之源，能將仇敵帶至圓滿喜樂之境，
吾皈依之。[46]

■ 本章摘自寂天菩薩（Śāntideva），《入菩薩行論》（*The Way of the Bodhisattva*，暫譯），香巴拉出版社（Boston: Shambhala Publications），1997年，〈菩提心的殊勝功德〉（The Excellence of Bodhichitta）。

---

[43]《入菩薩行論》：「何況恆施與，無邊有情眾，善逝無上樂，滿彼一切願。」
[44]《入菩薩行論》：「博施諸佛子，若人生惡心，佛言彼墮獄，久如心數劫。」
[45]《入菩薩行論》：「若人生淨信，得果較前增；佛子雖逢難，善增罪不生。」
[46]《入菩薩行論》：「何人生此心，我禮彼人身。誰令怨敵樂，歸敬彼樂源。」

第22章
虔敬心與悲心
祖古烏金仁波切

憶念三寶的勝妙功德能生起虔敬心，
思惟眾生所受之苦能生起悲心，
虔敬心與悲心是認出本覺的重要基礎。

無礙大悲的妙勢力不可擋，
在慈心生起的剎那，空性本然赤裸地顯露。
願我們晝夜不息地修持
這無謬無上的雙運大道。[1]

——第三世大寶法王讓炯多傑（Lord Karmapa Rangjung Dorje）

悲心生起，空性顯露

上對諸佛生起虔敬心，下對有情生起悲心，這是實證空性見的最勝助緣。在第三世大寶法王讓炯多傑所撰述的《大手印祈願文》當中，曾經提及這一點。它是一首極為甚深的證道歌，闡述了關於

---

[1] 此段頌文請參見第三世噶瑪巴大寶法王讓炯多傑造，堪布羅卓丹傑譯，《了義大手印祈願文》第23頌：「難忍大悲妙勢無礙力，悲念爾時空義赤裸現，唯願晝夜不歇續修持，無謬無誤雙運殊勝道。」頌文出處：https://kagyuoffice.org.tw/kagyumonlam/20180224-3。

「基、道、果」的法教,以及大手印、大圓滿、中觀三大見地的所有要點。

《大手印祈願文》說道:「在慈心生起的剎那,空性本然赤裸地顯露。」在此,「慈心」應當被理解為虔敬心與悲心。在生起虔敬心的剎那,我們衷心地憶念自己的上師與傳承上師的功德,而非只是敷衍了事。在憶念他們的勝妙功德時,我們的仰慕之情與虔敬心是如此地真誠,因而熱淚盈眶,汗毛直立。這份感激應是由衷且真誠的,因為唯有透過上師的仁慈,我們才可能認識心性。從這份感激生起強烈的虔敬心,我們的心因而赤裸地呈現。在那個剎那,我們無謬誤地認出本覺的本來面目。

當我們懷著悲心而思及眾生時,亦是如此。眾生皆有自生智,卻一無所知,生生世世陷入妄惑之中,追逐輪迴的妄相,經歷巨大的痛苦。這不表示我們這些佛教修行者具有本覺心性,他們則否。眾生皆平等,然而,眾生不明白自心本性,因而承受無盡的痛苦。當我們如此地思惟,就會生起難忍的悲心與憐憫之情。在生起真正的悲心與虔敬心的剎那,空性本然赤裸地顯露。

培養虔敬心與悲心

根據噶舉派與寧瑪派的說法,虔敬心是能治癒所有疾病的靈丹妙藥。若我們只專注於虔敬心,就不需要年復一年地研習辯經、佛學、文法、藝術等等。在過去,成千上萬的修行者已透過結合虔敬心與大手印、大圓滿的道途而證得成就。忽視悲心、虔敬心與出離心,猶如一隻鳥沒有翅膀卻想要飛翔,這是不可能的。

諸位要記住這句名言:「虔敬心是禪修的頭,厭離心是禪修的腳,無散亂則是禪修的心臟。」另一個類似的例子是,如果空性見是心臟,虔敬心是頭,悲心是雙足,那麼,一個人如何只靠空性

見的心臟去旅行？沒有雙腿，他怎能走路？

「在慈心生起的剎那，空性本然赤裸地顯露」這句話之所以未提及虔敬心與悲心，純粹是因為我們應該去感受它們。法教提及，悲心與虔敬心應是非造作的，但我們無法一開始就自動地生起非造作的悲心與虔敬心，所以才需要去修習、培養，並努力去生起這些感受。換句話說，剛開始，我們必須仰賴分別念，才可能生起悲心與虔敬心。

我們應該如此地思惟：「若非佛、法、僧的緣故，我們不會知曉任何法教，也不會知道如何證得解脫。」諸佛與我們不同，他們擁有勝妙的功德。如此地憶念，必定會自然而然地生起虔敬心。同樣地，為了生起悲心，我們應思惟「眾生都曾是我們的父母」這個事實。就此而言，眾生與我們密切相關。若我們真正地思惟眾生的境遇與其所承受的痛苦，就會不由自主地生起悲心。當我們思及眾生之苦，就會衷心地憐憫眾生。

在慢慢地修習、培養虔敬心與悲心之後，我們可以把它們當作助力，以真正地認出本覺。漸漸地，這個過程將會反向而行。「認出真如本覺」這個本然的功德，即是非造作的虔敬心與悲心，無須刻意地激發。

虔敬心與悲心能夠增上空性與見地的修持。一旦所有的惡業與障蔽經由有為善法而被淨除之後，無為善法將會增盛。剛開始，我們必須刻意地生起虔敬心與悲心，它們是認出本覺的重要墊腳石。非造作且本然的虔敬心與悲心是本覺的妙力，但是初學者無法生起這種虔敬心與悲心。

就大圓滿的脈絡而言，悲心與虔敬心會自然而然地生起，無須造作，但是坦白說，對於初學者而言，情況並非如此。首先，我們必須付出一些努力去培養、發展虔敬心與悲心。之後，隨著本覺日益穩固，虔敬心與悲心就會變得任運自然，了無造作。在大手印、

大圓滿與中觀之中,情況就是如此。

「皈依」是虔敬心的正行,「發菩提心」則是悲心的正行。若加以探究,就會發現金剛乘的所有法門一定都包含「皈依」與「發菩提心」兩者。讓我們從做生意的觀點來看,一旦我們認真地修持皈依與發菩提心(投資),就會擁有做生意(從事更高深的修持)的資金,並從生起次第、圓滿次第,以及大手印、大圓滿、中觀三大修持當中獲利。若無資金,就無法做生意,而虔敬心與悲心是修持法教的本金。

除非我們生起兩種珍貴殊勝的菩提心,否則就無法趣入證悟,這一點是肯定的。這兩種菩提心分別是世俗菩提心——悲心,以及勝義菩提心——洞見空性的勝觀。若無兩者,就絕對無法趣近證悟,甚至連趨近一步都不可能。我可以向各位擔保,任何修持若欠缺二菩提心,就根本無法帶領修行者朝著證悟的方向前進。

若我們想要迅速證悟,結合「方便」與「智慧」則實屬必要。就理想的情況而言,不論我們從事何種分別修,都應結合「認出心性」,而虔敬心與悲心是分別修的核心。

噶舉傳承的偉大上師們指出,我們必須透過淨除業障、積聚資糧、依止證悟上師的加持來認出心性,若以為自己可以仰賴其他法門而達到相同的目的,這無異是一種妄想。這意味著不論我們多麼聰穎、堅定,若未依循一位上師,未生起悲心與虔敬心,未淨除障蔽與積聚資糧,反而頑固、勉強地從事禪修多年,我們仍會一如以往地迷惑下去。

虔敬心與悲心的體性其實是相同的,它是一種慈愛。不論那份感受是虔敬心或悲心,不論它是對清淨的諸佛或不淨的輪迴眾生而生起,其體性都是相同的。在心了無念頭的剎那,空性就會赤裸地顯露,並能直接地被感知。在噶舉傳承之中,虔敬心一直是修行者所專注的重要功德,因此,噶舉傳承也被稱為「虔敬心的傳承」。

但是,就實證心性而言,悲心與虔敬心是相同的。

我們修持虔敬心與悲心、清淨障蔽與積聚資糧,而這一切都應該與「認出心性」相結合,否則,僅運用方便法門而無智慧,企及證悟將會是一條漫漫長路。根據經乘的說法,它需要三大阿僧祇劫的時間。相較之下,金剛乘則迅捷多了。

悲心與空性的雙運

我們藉由方便與智慧雙運而證得正覺,不同的法乘對於方便與智慧兩個面向所下的定義不一。在經乘之中,悲心是方便,空性則是智慧,我們藉由悲空雙運而證得正覺。密宗認為,生起次第是方便的面向,圓滿次第是智慧的面向,我們藉由生圓雙運而證得正覺。

根據大手印的說法,「那洛六法」是方便的面向,大手印的修持是智慧的面向,這兩者分別被稱為「方便道」與「解脫道」,我們藉由方便與解脫的雙運而證得正覺。中觀派(梵Mādhyamika)主張,世俗諦是方便的面向,勝義諦是智慧的面向,我們藉由結合世俗與勝義二諦而證得正覺。最後,在大圓滿的法教之中,方便的面向被稱為「任成自性」,智慧的面向則被稱為「本淨體性」。我們透過「本淨」(立斷)與「任成」(頓超)的雙運而證得正覺。

我之前提及,從無始以來,眾生一直都擁有佛性。它不是我們透過精進或禪修而成就的新事物;相反地,它一直是我們的本性,一直都在那裡,連一剎那都未曾與自心分離。由於我們未認出它,並對自心本性一無所知,才會墮入輪迴。這種情況從無始以來就一直上演,而不是只經歷幾個生世而已。直到現在,我們本具的佛性一直被覆蓋在無明與煩惱的層層障蔽之下。

我們必須如實地認出這個離於障蔽的本性,但是僅僅「認出心性」仍然不夠,還必須持續地實修,以穩固這份「認出」。如果我

們不熟悉自己的佛性，難免會一再落入煩惱的掌控。話說：「你可能認出心性，但若不去熟悉它、穩固它，你的念頭將生起而成為仇敵，而你會猶如置身戰場的嬰兒般無助。」

我再次強調，除了以積聚福慧資糧與具德上師的加持為所依，仰賴其他方法無異是妄想。積聚福慧資糧的目的在於淨除障蔽，而要實證佛性，則需要打從內心深處生起的虔敬心。這是對三寶所生起的真實虔敬心，而非只是口惠或陳腔濫調。

佛教常常討論「空性」這個極重要且甚深的主題。然而，除非我們愈來愈熟悉空性，將其昇華為個人的親身覺受，否則，我們對「空性」的見解就會隨著自己的空想而大幅變動，修持也不會有所進展。

因此，我們如何才能真正地增盛自己的覺受？這主要是透過對三寶的虔敬心而成辦。諸佛的悲心事業猶如一只鉤子，正等著已準備就緒、敞開心胸並對這份悲心心領神會的眾生上鉤。若我們具有信心與虔敬心，就會像一只能夠被鉤子鉤住的鐵環。反之，若我們封閉狹隘，欠缺信心與虔敬心，就會像一顆硬邦邦的鐵球，甚至連諸佛的「鉤子」都無法將其鉤上。

這不表示諸佛了無悲心，或棄某些眾生於不顧。猶如普照大地的太陽，諸佛的悲心與事業是遍在且無分別的。但是，若我們像一個面北的洞穴，陽光將永遠無法照進洞內。我們需要生起信心、虔敬心等功德，才能與諸佛的大悲力連結在一起，否則就無法敞開心胸去接受這份連結，諸佛也無能為力。

證悟的悲心如陽光

證悟的狀態完全離於分別，其中了無歡喜或悲愁，例如，得意時感到歡喜，被虧待時就感到悲愁。證悟的狀態超越這一切，因

此,對諸佛而言,每個眾生都猶如獨子,無所偏袒。諸佛證悟事業的悲心之「鉤」,猶如陽光般遍滿且無所偏袒。

證悟的悲心猶如普照的陽光,既離於分別,亦無親疏遠近之分。太陽並非只照耀某些國家,卻冷落其他國家;它沒有「我要照亮彼處,讓此地留在黑暗之中」的分別概念。諸佛的悲心也超越距離的遠近。想像你把一面鏡子面向太陽的刹那,陽光就立刻映現於鏡面。諸佛亦是如此,在憶念諸佛的刹那,我們立刻在其「凝神注視」之下,受其悲光沐浴加被。

證悟的狀態超越時間與空間,它的大力能把一彈指的刹那轉化為一劫,一劫轉化為一刹那。我們永遠都在覺者的凝視之下,不離他們的視線。諸佛、菩薩、勇父、空行等等的證悟狀態,皆是法界本身。這是「一味」的狀態,具有相同的清淨本性。諸佛猶如室內所點燃的盞盞油燈,每盞燈各有其火焰,但燈火的本性卻是無別的。

諸佛的心性是法身,我們的心性也是法身,而這相同的心性,正是我們與諸佛之間的連結。欠缺信心與虔敬心的時候,就彷彿這法身心性(dharmakaya nature of mind,即本覺)被包覆在種種障蔽之內,但是在生起虔敬心,突破層層障蔽的刹那,我們就得到諸佛的加持。

諸佛的法身猶如一盞光明燦亮的油燈,而眾生的法身心性則彷如一盞尚未點燃的油燈。因此,讓諸佛的悲心與加持進入自心,實屬至關重要。信心與虔敬心是我們與證悟狀態之間的連結,光是想著:「我只擔心自己是否能夠認出心性」,卻未對真實的證悟狀態生起信心,這不會使我們有所進展。

以悲心對待如母的眾生

就增上「認出心性」這個修持而言,上對諸佛生起信心與虔

敬心，下對有情生起悲心，這至關重要。我們之所以要對有情生起悲心，是因為在過去的生世之中，眾生無一例外地都曾是自己的母親。想像我們把整個世界揉成一顆顆的小丸子，若加以計算，丸子的數量仍會少於母眾的數量。六道眾生無一不曾是我們的母親，這是為什麼我們一直聽到法教重複地說：「眾生，我的母親……」或「我的如母眾生……」。事實上，眾生都是我們過去世的母親。

為什麼母親如此特別？出生時，我們萬分無助，無法自理，必須仰賴母親。剛開始，母親所給予的照顧遠多於父親。父親當然也是慈愛的，但仍與母親不同，後者時時刻刻無條件地愛護孩子，對孩子的關注遠勝於自己。母親其實一直是在拯救孩子的性命，因為如果她拋棄孩子，孩子就活不下去。嬰兒是那麼地無助。

某些人對於悲心的本質感到不解，想知道「悲心」究竟所指為何。讓我們舉一個例子：想像在你的面前，母親被一群屠夫團團圍住，他們砍下她的雙手、雙腿與雙臂，挖出她的眼睛，切下她的耳朵與鼻子，最後砍下她的頭。看見母親被千刀萬剮，你心中有何感受？你難道不會感到悲痛萬分，哀傷至極？那種情緒即是悲心。

我們目前或許只會想到今生的母親，但其他的眾生，不論他們是誰，甚或是畜生，其實都曾是自己的母親。我們目前之所以與他們分離，只不過是時間與空間的問題而已。若我們真心牢記這個道理，怎能不對有情生起悲心？

眾生都想要離苦得樂，但由於貪、瞋、癡的緣故，眾生只造作惡業，為自己鋪陳一條直通惡趣的道路。在過去，如母眾生墮入惡趣，今生又朝著惡趣前進，未來也將繼續踏上相同的痛苦道路。如此地思惟之後，我們怎能不生起悲心？這思惟所激起的情緒，即是悲心。如果我們持續為了自身的歡樂與利益而背棄母眾，並抱持「我將從事一點禪修，證得證悟，然後開心快活」的想法，豈不殘酷無情？

若無肥沃的土壤，種子就無法開花結果。悲心猶如沃土，信心的加持則如天降甘霖。當修持心性的種子被播在悲心的沃土裡，並受到虔敬心的加持雨水所灌溉，這顆種子就會自動地生長茁壯。

真正慈悲的人天生誠實正直，對傷人的惡行避而遠之。因此，他（她）自然而然地會有所進展，並生起許多功德。若我們具有悲心，自然就會小心謹慎，注意自身行為的前因後果。欠缺悲心的人很可能成為假充內行的騙子，完全不關心他人，只會佔人便宜，他（她）肯定不會進步。

全心信任佛陀與上師

對諸佛欠缺信心，猶如把種子播在乾涸的土壤之中，它怎麼會發芽成長？然而，若有雨水與沃土，就沒有什麼能阻止它生長。相反地，落在岩石上的種子，沒有肥沃的土壤與雨水的滋潤，將會年復一年地保持原狀，不會有任何的改變與進展。

光是坐著從事修持，嘴巴說著：「空、空，心是空的！」這是不夠的。我們想要進步，而為了達到這個目標，信心、虔敬心、悲心三者必不可缺。若無虔敬心與悲心，我們就會變得麻木、冷酷，猶如某人看見佛飛過天際，卻說：「那又怎麼樣！」或像某人眼睜睜地看著生靈被大卸八塊，臟腑外露，卻說：「我不在乎！」若真如此，我們的修行就無異於落在裸岩上的種子，永遠不會發芽、成長。

當這樣一個無動於衷、了無信心的人看見諸佛飛過天空時，他想著：「他們可能就只是屏氣凝神或耍一些花招罷了。」同樣地，當他看見另一個人被切被剮時，他會說：「那是他們的業，與我無關。我好得很，受苦是他們的事。」懷有這種心態，他的禪修將永遠不會有任何真實的進展。

讓我們再舉一個「欠缺信心」的例子。當我們告訴某人美式的生活型態、美屋華廈、各種裝置配件等事情，他可能會回答：「我不相信你說的話。我沒去過美國，也沒親眼目睹，所以這些東西不可能存在。你在說謊，我沒親眼看見的東西都不存在。」這話聽起來可能有點荒謬可笑，但許多人都曾說：「我未曾見過淨土，所以它們不存在。我也未曾見過地獄，所以也沒有地獄這種地方。」

我之所以沒有這種想法，是因為我信任我的導師釋迦牟尼佛。他可以清楚地感知三時，看見六道眾生與十方佛剎。由於其智慧的深度，我相信他所說的字字句句都完美無瑕、徹底真實。從釋迦牟尼佛以降，已有一傳承的偉大上師，我由衷且全心信任所有這些上師，其中也包括我的根本上師，同時我也不覺得他們之中的任何一個曾說過不實語。

從釋迦牟尼佛以來，已有無數修行者對諸佛的法教生起相同的信任與信心。他們透過這些功德而證得殊勝的成就，能在天上飛翔，穿過堅硬的物質，並即身證得正覺。如果我們無法透過感官而親身體驗到這些事情，因而不相信諸佛的教言，這情況就彷如某人告訴另一個人：「在這座山丘後面有一些村落」，對方回答：「我不曾看見那些村落，所以山丘後面沒有村落。」這話豈不愚蠢？

在過去，當佛陀說：「上有佛土，下有惡趣，在佛土與惡趣之間，則是我們的業果」，許多修行者都深信不疑。他們相信佛語、菩薩的經教與根本上師的口訣。他們受到這份信任所激發而實修法教，有所實證。事實上，他們不可能不證得成就，也不可能不利益眾生。這不只是過去的一個故事而已，它至今仍然發生。

若只仰賴個人的有限經驗來測量一切，那麼我們肯定可以說：「我沒看見任何佛土，所以它們不存在。我沒看見任何地獄，因此沒有所謂的地獄。如果我現在做壞事，我不會突然就墮入惡趣。什麼事也沒發生，所以我的行為不會帶來後果。」然而幸運的是，在

評估這些話語時,除了自己有限的知識之外,我們還可以依止正覺者與偉大傳承上師的話語。從古至今,一直都有也仍然有無數修行者因信任諸佛而獲得成就,這是我們可以全心信任法教的原因。

我自己未曾以這副肉身前去佛土,因此我可以說,根據我的親身經驗,沒有所謂的佛土。同樣地,我未曾以這個身體下過地獄,所以地獄不存在。我也可以說,我的行為不會帶來業果。若無「三量」,我肯定會懷疑這些事情的真實性;這三量分別是「聖言量」(佛陀的話語)、「史傳量」(諸位大菩薩的經教)與「師訣量」(根本上師的口訣)。基於這些理由,我可以說,我全心信任法教,毫不懷疑。這種信任能使我們透過佛法修持而有所成就。相反地,若我們繼續對佛法抱持猶豫、懷疑的態度,就不可能有所成就。

舉例來說,我的一隻手裡有一顆大鑽石,另一隻手裡則是一大塊玻璃。我說:「其中一個是鑽石,你想要出個好價錢買下它嗎?」你不確定哪一個是鑽石,哪一個只是玻璃。你心懷疑慮而說:「我不知道。」不論那顆鑽石的價格有多麼划算,你永遠不會買下它。不論如何,「疑慮」會妨礙我們在這個世界上的所作所為。

總之,我們需要上對諸佛生起虔敬心,下對有情生起悲心。在生起了悲心與虔敬心之後,主要的修持是什麼?保持無散亂。當我們忘記心性而失控時,「散亂」這個惡魔就伺機埋伏。然而,藉由虔敬心與悲心,「認出心性」這個修持將自然會有所進展。許多人對我說:「我已禪修多年,但一事無成,毫無進步。」這是因為他們沒有運用有效、正確的方便法門。我們可能擁有「認出心性」的智慧面向,但是若未結合「信心與悲心」的方便面向,就會停滯不前。我們或許知道如何組裝、駕駛一輛車,但是若無必要的零件,就永遠無法開車上路。

請諸位把這個法教謹記於心,不是記在心的邊緣或側邊,而是要記在心的正中央。請如此思惟:「那位藏族老人說,虔敬心與悲

心必不可缺,我要把這句話牢牢記在心的正中央。」長久以來,我一直想要說這番話,但是我覺得人們現在更願意傾聽。我覺得它至關重要,應該重複述說。

我現在對諸位說的是實話,是肺腑之言,而非謊言。如果你們按照我所說的方式來從事修持,那麼日日、月月、年年都會有立竿見影的成果。在最後,沒有人能使你退墮,也沒有人能阻止你證得菩提。

■ 本章摘自Tulku Urgyen Rinpoche, *Repeating the Words of the Buddha* (Boudhanath: Rangjung Yeshe Publications, 1996), "Devotion and Compassion"。Tulku Urgyen Rinpoche, *Rainbow Painting* (Boudhanath: Rangjung Yeshe Publications, 1995), "Devotion and Compassion"。

■ 中文版請參見祖古烏金仁波切著,王淑華譯,《再捻佛語妙花:祖古烏金仁波切的實修直指竅訣》,〈虔敬心與慈悲心〉,台北:橡樹林文化,2012年。祖古烏金仁波切著,楊書婷譯,《彩虹丹青:融合見地與修持的成就口訣》,〈虔誠與悲心〉,橡樹林文化出版,2011年。

第23章
菩提心：
以發菩提心為道的法教

蓮花生大士

在進入大乘之後，修習菩提心，
以利益眾生為發心而證得無上菩提，
乃是唯一要務。

　　偉大的蓮師是阿彌陀佛的化身之一，他依止無數大乘經典而修心，鍾愛眾生猶如母親疼愛獨子一般。他的所作所為皆以利益眾生為發心，他是救度輪迴眾生達至涅槃彼岸的舵手。他不經人們請求、詢問，就傳法給那些需要被調伏的人。他心懷大悲，是眾菩薩之王。

　　當蓮師住在孟噶（Monkha）的獅堡洞（Lion Fortress Cave）時，我——卡千公主措嘉佛母——生起以證得無上正覺為目標的菩提心。在獻上盛滿了珍寶的曼達盤之後，我向蓮師祈請：「奇哉（藏Emaho，音「噯瑪吙」）！大師，您曾經教導，在對一切有情生起慈悲心之後，修習菩提心是大乘至要的法教。既然如此，我們應該如何修習菩提心？」

　　蓮師回答：「措嘉，在進入大乘之後，若不修學菩提心，你將會落入下部乘。因此，時時生起以證得無上正覺為目標的菩提心，精進地修學利他，實屬必要。

「大乘的經與續已針對菩提心作了無數的詳釋。若以經與續的法教來簡扼地講解菩提心，則可以分為外、內、密三修學。」

菩提心的外修學

措嘉佛母詢問蓮師：「外修學的法門為何？」

蓮師回答：「外修學有以下十二個要點：

一、修學菩提心的要義。
二、它的支分。
三、它的定義。
四、修行者的特質。
五、修行者求戒的對象。
六、受戒的儀式。
七、修學的利益。
八、修學的原因。
九、不修學的過患。
十、戒律。
十一、持戒與破戒的分界線。
十二、破戒的還淨法門。」

措嘉佛母詢問蓮師：「這些要點的內容為何？」

一、要義

蓮師回答：「發菩提心的要義在於證得無上菩提，並懷著解脫救度輪迴眾生的誓戒而為。」

二、支分（種類）

「佛經陳述了菩提心的許多類別，但是簡而言之，有願菩提心與行菩提心兩種。願菩提心是希望能夠成就眾生的福祉，但只有願菩提心是不夠的，重要的是要實際地從事利生事業。

「存有偏見且尚未去除我執的人似乎相當難以生起菩提心。」

三、定義

「菩提心的定義是生起那尚未生起的利他心。
「尚未積聚資糧的眾生不會生起這種利他心。」

四、修行者的特質

「修學菩提心的人應該具有某些特質。不同於聲聞乘與緣覺乘的行者，他應該嚮往大乘的法教。他具有大智慧，因而毫無疑慮。他應該生性溫柔祥和，已皈依上師與三寶，並對下部乘或謬誤的法教感到厭倦。

「藏族人對佛法充滿敵意，大臣們心術不正，藏王容易受騙。在西藏，只有少數人適合領受大乘法教。措嘉，你要戒除分別敵、友之偏執。」

五、修行者求戒的對象

「菩提心戒（bodhichitta vow，或菩薩戒）應由一位具有大乘發心、滿懷慈悲的上師授予。他的行止應該毫不自利，並且持守戒律，了無違犯。

「在這個末法時代，人們應依循具德的上師，否則將會落入魔羅的掌控。」

六、受戒的儀式

「求受菩提心戒的儀式如下:在一個吉祥的年、月的農曆初八或十五日,於三寶前廣設供品,禮敬僧伽。舉行本尊薈供(梵 gaṇacakra),並向空行、護法與四大種之神靈獻上盛大的食子供養。廣積福德,布施你所有的財物。

「在同一天的傍晚,對上師獻上灌頂供金。弟子應修持『七支淨供』[1]來積聚資糧,以示對上師的敬重。」

懺悔惡業

「你尤其應該如下述般懺悔自己所造的惡業:觀想『阿』字位於你的頭頂,光芒從中流瀉而出,使眾生證悟成佛,並向所有聖眾獻上供養。接著,這光芒收攝聖眾之成就甘露而融入『阿』字,然後融入你的身、語、意之中,燃盡所有的惡業與障蔽。如此地觀想,並念誦『阿』字一百零八遍。

「觀想智慧尊位於上師的心間,並從智慧尊心間的『吽』字散放出光芒,融入你的身、語、意之中,焚盡所有的惡業。如此地思惟,並念誦『吽』字一百零八遍。

「接著念誦懺悔文。憶念自己從無始輪迴以來所累積的惡業,懷著悔恨而念誦懺悔文三遍:

金剛上師與所有的持明,請眷顧我!
本尊眾與文武百尊眷眾,請眷顧我!
十方諸佛及佛子,請眷顧我!
守護法教的空行與護法,請垂顧我!

---

[1] 七支淨供是:(一)頂禮三寶;(二)懺悔所造惡業;(三)獻供;(四)隨喜他人的善德;(五)請轉法輪;(六)請佛不入涅槃;(七)為使眾生證悟而迴向功德。

在諸應供（諸佛）面前，我，某某某，滿心懊悔地懺悔從無始以來至今，因妄念而犯下身、語、意的不善行與惡行，以及教唆或隨喜他人犯下惡行所積累的的惡業。

「接著，下定決心不再造作惡業。重複上述的祈願，並念誦下文三遍：

猶如過往的諸佛與佛子一般，圓滿五道與十地，遮止所有不善行與惡行，我，某某某，從此刻直至證得妙菩提，也將遮止因妄念所造的惡業，並且立誓永不再犯。」

生起願菩提心

「這有兩個部分，首先是初學者生起願菩提心。

「弟子應衷心地如此思惟：我將證得無上菩提，救度眾生脫離輪迴苦海！

「在複誦以上的祈願之後，他應念誦下文三遍：

我懷著一切眾生是我的父母、兄弟姐妹、子女、上師與法友的心態，我，某某某，從此刻直至證得妙菩提，將生起解脫一切未解脫之眾生的堅定發心。我將度脫一切未被度脫的眾生，救拔一切未被救拔的眾生。我將帶領所有尚未證得涅槃的眾生，證入諸佛的無住涅槃境。」[2]

生起行菩提心

「其次，為了生起行菩提心，應如此思惟：『從此以後，只要

---

2 解脫下三道的眾生，使其達至可修持佛法的境地；幫助上三道的眾生度過輪迴苦海的彼岸，證得解脫；救度發願的菩薩，證得菩薩地的成就。

輪迴尚未盡空,我將以各種方式來利他,成辦眾生的福祉,並且連一剎那也不散亂。」重複上述的祈願之後,應念誦下文三遍:

> 從此刻直到輪迴空盡,我,某某某,將不懈地生起堅定的發心,漸次地修學、修持並圓滿六波羅蜜(six paramitas)與四攝法(four means of magnetizing)。正如往昔的諸佛與菩薩圓滿五道與十地,具足根本戒與支分戒,我也將如此地修學、修持並圓滿之。懇請視我如菩薩。

「上師於是說道:『應該如此!弟子,善哉!具義矣!』在複誦上文三遍之後,弟子就領受了菩薩戒。

「此後,上師應對弟子講授律儀,以使其無損地持戒。弟子則應獻上供禮,廣設供養,以資酬謝。

「此後,最重要的是,弟子應努力精進,如一條潺潺不斷的河流般持續地修學菩提心,並且生起菩提心。」

七、修學的利益

「修學菩提心而生起菩提心的利益如下:你已然勝過聲聞與緣覺,並被視為大乘行者。你已盡除煩惱、惡業與障蔽,所有身、語、意的善業都變成具義之因,並於心續中圓滿積聚廣大的福德。你將恆時受到諸佛、菩薩與大護法的垂顧,與大乘法教永不分離。眾生將愛你如己出,並覺得你容貌姣好,賞心悅目。

「總之,你將迅速成就殊勝的證悟功德,並證得正覺。由此可見,菩提心的功德不可思議,你應努力不懈地修學並生起菩提心。」

八、修學的原因

「你自己證得解脫就夠了,何須救度眾生脫出輪迴?由於眾生

都是你的雙親,其恩情難以思議,因此,你必須修學以報親恩。

「他們的恩慈造就了你的生命與身體;從孩提時期,他們就以最好的飲食來養育你;為了你的利益而經受各種痛苦與艱困;他們珍愛你的程度勝過珍愛自己,重視你的程度甚至勝過自己的生命。

「此外,他們贈與你財富,教養你,使你與正法結緣等等。由於親恩大到不可思議,你必須救度他們,使其從輪迴中解脫。由於眾生都具有佛性,而且你與眾生息息相關,所以必須把他們全都從輪迴中度脫出來。

「措嘉,若你只圖自身的幸福安樂,就會與正覺無緣。」

九、不修學的過患

「不修學的過患如下:你落入聲聞與緣覺的層次,難以證得正覺;你的作為皆徒勞無益;過去所積聚的福德都將耗盡;你將恆時受鬼靈所擾;別人會討厭你,對你心懷敵意。總之,你的願望永遠不會實現等等,因此,不修學的過患數不盡。

「措嘉,一個人不具有菩提心,卻指望成為大乘行者,這是多麼地愚蠢。」

十、戒律

「有兩種戒律必須持守。就願菩提心的戒律而言,你必須懷著永不捨棄眾生的發心,一再地修學菩提心。若發生以下的情況,願菩提心就會毀損:

(一)你存心拒絕某位眾生,又對其發怒或毆打對方,並任憑一天過去而未應用對治法。

(二)你存心欺騙上師、老師、金剛法友或值得敬重之人,接

著行欺騙之實，並任憑一天過去而未應用對治法。

（三）人們應隨喜福德，但是你卻讓某人後悔自己廣積福德善根。你存心讓他感到後悔，然後說：『廣積福德一點也不殊勝，有比它更殊勝的事情！』

（四）你生起瞋心，批評已發起菩提心的菩薩。

（五）你欺騙眾生，心中毫無悲心。

「若你任憑一天過去而未應用對治法，這些行為即是所謂的『五邪行』。它們會使你壞失願菩提心戒，因此必須加以斷捨。

「措嘉，你可能會因為領受許多無法持守的戒律而毀了自己。

「此外，你也應持守以下五事：

（一）就發怒或毆打眾生而言，你應恆時保持溫柔祥和，努力幫助眾生，以作為對治。

（二）就欺騙值得敬重之人而言，對治法是保持不放逸，縱使犧牲性命也絕不說謊。

（三）就令人後悔而言，對治法是帶領眾生行善而證得諸佛之正覺。

（四）若你出於瞋怒而批評他人，對治法是讚美所有的大乘行者，並視其為師。

（五）就欺騙眾生而言，對治法是以自心為見證，懷著清淨的發心而追隨善知識。

「若能持守這五事，縱使你投生為女身，也會成為世尊法教的持有者。

「其次，行菩提心的戒律將分為以下三點來解說：（一）斷捨十不善業；（二）以十善業為對治；（三）修持十波羅蜜。」

（一）斷捨十不善業

「在十不善業當中，先有殺生、偷盜（不予取）、邪淫三種身業。」

1.殺生

「殺生是指中斷眾生的生命。有三種因三毒而造作的殺業：

(1) 出於貪而殺生，例如，貪求其皮、肉等等而屠殺動物。
(2) 出於瞋而殺生，例如，出於惡意而謀殺他人。
(3) 出於癡而殺生，這是指在無意中而殺生，例如，孩子殺死一隻鳥，或踩死一隻螞蟻。

「眾生若懷有貪、瞋、癡三毒，就不會快樂。
「具備以下四支，才算造作了殺業：

(1) 事：先有「我打算做這樣一件壞事」的意圖。
(2) 意樂：刻意地謀畫、實行。
(3) 加行：親身犯下殺生的行為。
(4) 究竟：為殺生的行為感到歡喜，了無悔意。

「殺生的果報以三種方式顯現：

(1) 異熟果：出於貪、瞋、癡而殺生的異熟果分別是投生於餓鬼道、地獄道與畜生道。
(2) 增上果：受到先前所造作之不善殺業的宰制，縱使你投生為人，也會短命多病。
(3) 等流果：你受到過去串習的影響，而以殺生為樂。

「措嘉，我們不應犯下這些行為。佛經教導，若努力斷捨這些

行為，將會遠離之前所造作的異熟果、等流果與增上果，並享有人與天人之種種安樂。」

2.偷盜

「偷盜是第二種身不善業，它是指把他人的財產據為己有。

「這種不善業包括以暴力奪取，例如，在光天化日下搶劫；趁人不注意時偷偷取走物品；以偷斤減兩等方式騙取。

「措嘉，未斷捨貪欲之人不會快樂。

「如前所述，偷盜必須具足事、意樂、加行、究竟四支，才算完成，而偷盜的果報也有三種：

(1) 異熟果：依照所犯業行的大、中、小程度而墮入下三道，尤其可能會投生為餓鬼。

(2) 增上果：縱使投生為人，你將會一貧如洗，常常碰上搶劫與偷盜。

(3) 等流果：由於這個不善的串習積累於阿賴耶之中，在未來的生世之中，你將會以偷盜為樂。

「措嘉，若你斷捨偷盜的行為，你將得到與前三種果報相反的結果，例如，投生於天道與人道、坐擁鉅額財富等等。」

3.邪淫

「邪淫是第三種身不善業，它是指與不當人士發生性行為。

「邪淫可分為以下數種：

(1) 就平民而言，與諸如王后等受國王監護的人發生性關係。
(2) 與法律所禁止的人發生性關係。
(3) 與仍受父母監護的人發生性關係，例如在印度，尚未成家

立業的男女仍受到父母的保護。

(4) 與受到「倫理」保護的人發生性行為，例如，與母親或姐妹亂倫，使其蒙羞。

(5) 與受到正法保護的人發生性行為，例如，與上師的明妃、出家人等等性交。

「邪淫之人無法進入解脫道，措嘉，對此要採取對治法。
「縱使你與合法的伴侶性交，以下這些情況也是不當的：

(1) 在不當的時間發生性關係，例如，每月的初一、初八與十五日。

(2) 在不當的場所進行性交，例如，在三寶的聖壇之前。

(3) 以彷如畜生的行徑，以不適當的孔洞進行交媾。

「措嘉，一般而言，尚未斷捨家庭生活的人，其實都置身魔羅的牢獄之中。

「如前所述，一旦經歷了事、意樂、加行、究竟四支，就等於造作了邪淫之業，並會有三種業報：

(1) 異熟果：你將投生於下三道。縱使你投生於上三道，也將會與伴侶爭吵等等。

(2) 增上果：在未來的生世之中，你的伴侶、助手等等都會無動於衷，或作出忘恩負義的行為。

(3) 等流果：不善串習將會使你以邪淫為樂。

「措嘉，若你斷捨並避免邪淫，將會得到截然不同的業報。因此，至關重要的是棄絕邪淫。

「第二，在十不善業之中，有誑語、兩舌、綺語、惡口等四種

語不善業。」

4. 誑語

「誑語是第一種語不善業,是指顛倒是非真假。
「若加以細分,可分為以下三種:

(1) 無利無弊的誑語,例如,頭腦糊塗的老人所說的謊言。
(2) 利弊兼具的誑語,例如,利益了一個人,卻傷害了另一個人。
(3) 自稱具有無上功德的誑語,這意味著你聲稱自己的心續中具有神通等功德,但其實不然。

「措嘉,不要說太多輕率、無深慮之言。
「如前所述,一旦經歷了事、意樂、加行、究竟四支,就造作了誑語之業,並有三種業報:

(1) 異熟果:你會墮入下三道。
(2) 增上果:縱使投生為人,你的言語將不具影響力。
(3) 等流果:在未來的生世之中,你將會以誑語為樂。

「措嘉,若你斷捨這些行為,將會獲得與上述相反的業報。因此,斷捨誑語是非常重要的事情。」

5. 兩舌

「第二種語不善業是兩舌,這是一種在好友之間挑撥離間的行為。
「若加以細分,有以下三種兩舌:

(1) 當面對著某人挑撥離間。

(2) 旁敲側擊，迂迴地挑撥離間。
(3) 單獨且私下對他人進行挑撥離間。

「措嘉，不能守口如瓶的人不會快樂。」
「如前所述，一旦經歷了事、意樂、加行、究竟四支，就造作了兩舌之業，並有三種業報：

(1) 異熟果：你將墮入下三道。
(2) 增上果：縱使你投生為人，將幾乎交不到朋友，而且爭執不斷。你會常常感到懊悔，並且不討人喜歡，所說的話也不具說服力。
(3) 等流果：在未來的生世，你將再次以兩舌為樂。

「措嘉，若斷捨兩舌，將會證得與上述相反的業報。因此，重要的是要屏棄兩舌。」

6.綺語

「第三種語不善業是綺語，它是指閒扯而白白浪費時間。
「若加以細分，綺語可分為以下三種：

(1) 巫術的祝咒。
(2) 說故事與玩文字遊戲。
(3) 嘲笑戲謔。

「如前所述，一旦經歷了事、意樂、加行、究竟四支分，就造作了綺語之業，並有三種業報：

(1) 異熟果：你將墮入下三道。
(2) 增上果：縱使你投生為人，所說的話將不得體、含糊不清

且無關緊要。

(3) 等流果：在未來的生世，你將會以綺語為樂。

「措嘉，若你斷捨綺語，將會獲得與上述相反的業報。因此，不要進行毫無意義的閒談。」

7.惡口

「惡口是第四種語不善業，它是指傷害他人的言語。
「若加以細分，惡口可分為以下三種：

(1) 當眾披露他人的過失。
(2) 間接地傷害他人。
(3) 私下說一些將會傷害他人的話。

「措嘉，惡口的火焰將會灼傷自他之心。惡口這個武器會扼殺解脫的命力。
「如前所述，一旦經歷了事、意樂、加行、究竟四支，就造作了惡口之業，並有三種業報：

(1) 異熟果：你將墮入下三道。
(2) 增上果：縱使投生為人，不論你說什麼，都會觸怒他人，令人惱火。
(3) 等流果：你將會以惡口為樂。

「措嘉，如果你斷捨這些行為，將會獲得與上述相反的業報。末法時代的眾生不會快樂。
「第三，有貪欲、瞋恚與邪見三種意不善業。」

8.貪欲

「貪欲是第一種意不善業,它是指貪執於美妙的事物。

「若加以細分,有以下三種貪欲:

(1) 不肯布施自己的財物。
(2) 想要把他人的財物據為己有。
(3) 貪執於某件美妙的事物,它既不屬於自己,也不屬於他人。

「措嘉,切勿執著於財物。修行者若不認識『無常』,就不會擁有快樂。

「如前所述,一旦經歷了事、意樂、加行、究竟四支,就造作了貪欲之業,並有三種業報:

(1) 異熟果:你將墮入下三道。
(2) 增上果:縱使你投生為人,也會一直居住在一個艱困且饑荒、乾旱頻仍的處所。
(3) 等流果:在未來的生世,你會以貪欲為樂。

「措嘉,斷捨這些行為有其必要。」

9.瞋恚

「瞋恚是第二種意不善業,它是一種充滿敵意的心態。

「若加以細分,有以下三種瞋恚:

(1) 出自憤怒的瞋恚。
(2) 出自怨恨的瞋恚。
(3) 出自嫉妒的瞋恚。

「措嘉,切勿造作傷人又傷己的意業。

「如前所述,一旦經歷了事、意樂、加行、究竟四支,就造作了瞋恚之業,並有三種業報:

(1) 異熟果:你將墮入下三道。

(2) 增上果:縱使投生為人,你將會無緣無故地被人仇視,訴訟纏身,四面樹敵。

(3) 等流果:在未來的生世,你將會生起瞋恚心。

「措嘉,若不斷捨瞋恚,就無法修持小乘與大乘的法教。」

10.邪見

「邪見是第三種意不善業,它是指增益或減損。

「若加以細分,有以下三種邪見:

(1) 持有外道之常見或斷見。
(2) 以持守「雞犬戒」等苦行[3]為至高無上。
(3) 持有「有身見」[4]。

「措嘉,鮮少有人瞭解佛法與外道之間的差別。

「如前所述,一旦經歷了事、意樂、加行、究竟四支,就造作了邪見之業,並有三種業報:

(1) 異熟果:你將墮入下三道。

(2) 增上果:縱使投生為人,你將投生於未開化的蠻荒之地,甚至連「三寶」之名都不曾聽聞。

---

3 印度教主張,人們可以透過模仿動物的行為而解脫。
4 有身見是一種邪見,它相信「我」實存於五蘊的相續之中。

(3) 等流果：你持有邪見的串習將深植於阿賴耶之中，繼而將以持有邪見為樂。

「措嘉，所有聖眾都貶斥十不善業，所有的多聞者都斷捨十不善業，甚至連那些追求天人之榮華富貴的人都不造作十不善業，因此，應加以屏棄。

「許多人不分善惡，已趣入佛法的人卻懂得明辨是非。因此，深諳因果業報的人仍然犯下不善業，這無異於禽獸。」

措嘉佛母詢問蓮師：「在斷捨這些行為之後，會有什麼樣的業報？」

蓮師回答：「你投生為人與天人，如轉輪聖王般擁有鉅額財富，你的聲音猶如梵天那般美妙悅耳，身體猶如因陀羅（梵Indra）那般俊美出眾，這是異熟果。

「你博學多聞、天資聰穎，得遇佛法，最後證得三乘果位[5]，這是增上果。

「在所有未來的生世之中，你會努力地斷捨十不善業，這是等流果。」

措嘉佛母詢問蓮師：「就十不善業而言，是否有不同的嚴重程度？」

蓮師回答：「是的，它們的嚴重程度不一。一般而言，嚴重程度依煩惱而有別：

(1) 出於瞋而犯下十不善業，你會投生為地獄道眾生。
(2) 出於貪而犯下十不善業，你會投生為餓鬼。

---

[5] 三乘果位即指聲聞乘、緣覺乘與菩薩乘的果位。

(3) 出於癡而犯下十不善業，你會投生為畜生。

「就對象而言，也有程度的差別：

(1) 對特殊的對象犯下十不善業，你會投生為地獄道眾生。
(2) 對一般的對象犯下十不善業，你會投生為餓鬼。
(3) 對低下的對象犯下十不善業，你會投生為畜生。

「尤其，在不同種類的殺生之中，最嚴重的業果源自殺害一位已發菩提心的菩薩。
「在不同種類的偷盜之中，罪大惡極的是偷取三寶的財物。
「在不同種類的邪淫之中，罪大惡極的是強迫阿羅漢發生性交。
「在不同種類的誑語之中，最大惡極的是欺騙上師，或欺騙受人敬重的僧伽成員。
「在不同種類的兩舌之中，罪大惡極的是導致僧伽失和分裂。
「在不同種類的惡口之中，罪大惡極的是對僧伽出言不遜。
「在不同種類的綺語之中，罪大惡極的是去擾亂僧人或修持無二自性之行者的心。
「在不同種類的貪欲之中，罪大惡極的是覬覦捐贈給三寶的善款。
「在不同種類的瞋恚之中，罪大惡極的是密謀犯下五無間罪。
「在不同種類的邪見之中，罪大惡極的是毀謗真實義。
「措嘉，即使犧牲性命，也不該犯下這些行為。
「一般而言，十不善業也有輕重之分：

(1) 因為殺生、兩舌、惡口與瞋恚，你會投生為地獄道眾生。
(2) 因為邪淫、偷盜、貪欲，你會投生為餓鬼。
(3) 因為誑語、綺語與持有邪見，你會投生為畜生。」

（二）以十善業為對治法

措嘉佛母詢問蓮師：「我們應該如何修持十善業，以對治十不善業？」

蓮師回答：「十善業有四個主題：

「1.善業的要義是指能使我們投生於高處（truly high）[6]的清淨身、語、意業。

「2.善業的定義是指會帶來安樂之果，由已獲得暇滿人身之人所從事的正確行為。

「3.相反於十不善業，十善業是：⑴不殺生（護生）；⑵不偷盜（慷慨好施）；⑶不邪淫（生活純正）；⑷不誑語（說實話）；⑸不兩舌（調解紛爭）；⑹不惡口（謹言柔語）；⑺不綺語（言之有物）；⑻不瞋恚（慈愛眾生）；⑼不貪著（了無執著）；⑽不持邪見（對於業果與了義深信不疑）。

「4.以下十種所依能使你的心續常保善德：⑴對真實的法教有信心；⑵自重且不放逸；⑶避免賭博與紛爭；⑷避免觀望市集；⑸行止始終正直誠懇；⑹切勿怠惰；⑺勿交損友；⑻調柔身、語、意；⑼修習四無色定（fourfold spheres of perception）；⑽尤其把自心專注於正道之上。

「措嘉，藉由如此的行止，你無疑會證得善趣之果。」

（三）修持十波羅蜜

「第三，就修持十波羅蜜而言，有五個主題：

「1.共的要義是，修持十波羅蜜具有成就無上菩提道之本性。

6　高處（truly high）純粹是指投生於人道、阿修羅道與天道三善趣或上三道。

「2. 波羅蜜（梵parāmita，度）的定義是使你抵達（梵ita）大涅槃——輪迴苦海的彼岸（梵parām）。

「3. 修持波羅蜜的功用是圓滿積聚福慧資糧，成辦眾生的福祉。

「4. 波羅蜜分為共與不共兩種。共的波羅蜜是：(1) 布施；(2) 持戒；(3) 安忍；(4) 精進；(5) 禪定；(6) 智慧。

「就不共的波羅蜜而言，布施分為三種：(1) 法布施；(2) 財布施；(3) 無畏布施。

「戒律也有三種：(1) 攝律儀戒（避免從事惡行）；(2) 攝善法戒（積聚善功德）；(3) 饒益有情戒（利益眾生）。換句話說，這三種戒律是經由避免十不善業、修持六波羅蜜與四攝法而持守。

「安忍也有三種：(1) 安受苦忍（安受出離輪迴之苦）；(2) 利生苦忍（安受利生所經歷的艱苦）；(3) 諦察法忍（深信佛法，對甚深自性無所恐懼）。

「精進也分為三種：(1) 攝善精進（勤修大乘的法教）；(2) 披甲精進（披菩薩大心之甲，不畏種種難行）；(3) 利樂精進（成就圓滿正覺）。

「禪定也有三種：(1) 世間禪定；(2) 出世間禪定；(3) 專注於世間與出世間兩者的禪定。

「智慧也分為三種：(1) 實證有為法離於所緣的智慧；(2) 實證俱生自性離於所緣的智慧；(3) 實證諸法離於二元分別，並超越文字、思惟與行述的智慧。

「你應該知道，為了使每個波羅蜜融入心續之中，你必須以力、方便、願、本智四種波羅蜜為助伴，才算圓滿：

「以不求回報的布施而斷除吝嗇與匱乏，即是力波羅蜜。

「布施時，離於世人與小乘的發心，即是方便波羅蜜。

「布施時，懷著『願我斷除自己與眾生的匱乏』的念頭，即是願波羅蜜。

「以『三輪體空』（nonconceptualization of the three spheres）[7]而布施，即是本智波羅蜜。

「同樣地，以不欲求世間成就的持戒來斷除不善業，即是力波羅蜜。

「持戒時，離於世間八法，即是方便波羅蜜。

「在不欲求自己證得天人果位的同時，願眾生的惡業盡除，即是願波羅蜜。

「以『三輪體空』來修持力、方便、願波羅蜜，即是本智波羅蜜。

「平等地對待眾生以斷除瞋心，即是力波羅蜜。

「不懷抱諸如狡詐與偽善等世俗的企圖，即是方便波羅蜜。

「不欲求自己來世擁有天人姣好俊美的色身，反而發起『願眾生的醜惡得以淨除』的願望，即是願波羅蜜。

「以『三輪體空』來修持力波羅蜜、方便波羅蜜與願波羅蜜，即是本智波羅蜜。

「以『謹記過患與功德』的精進來斷除怠惰，即是力波羅蜜。

「不懷抱諸如期待被他人崇敬、信任等世俗的目的，即是方便波羅蜜。

「發起『願眾生不再怠惰，並在真實的道途上努力精進』的願望，即是願波羅蜜。

「以『三輪體空』來修持力波羅蜜、方便波羅蜜與願波羅蜜，即是本智波羅蜜。

「以超越無色界的禪定來斷除散亂，即是力波羅蜜。

「為了成就無上正覺的功德而修持，不欲求天、人之果報，即是方便波羅蜜。

「發起『願眾生永不散亂』的願望，即是願波羅蜜。

---

7 「三輪」（three spheres）是指作者、受者與所作的分別概念。

「避免生起三輪的分別心,即是本智波羅蜜。」

「以悲空雙運的智慧來斷除分別造作,即是力波羅蜜。」

「於三時皆不離這種力波羅蜜,即是方便波羅蜜。」

「發起『願我與眾生皆實證真實義』的願望,即是願波羅蜜。」

「認出從本初以來,你的心性本就具有此一智慧,即是本智波羅蜜。」

「措嘉,你應當無散亂地如此修持。」

「5. 若修持十波羅蜜,你會從下三道解脫,證得天、人之不共果位,並且圓滿五道,迅速證悟,成為一位救度輪迴眾生的偉大導師。」

十一、持戒與破戒的分界線

「在廣積福德之後,當你生起『我必須透過徹底清淨自心而成辦眾生之福祉』的念頭,並於誦畢第三遍的受戒儀軌的剎那,你就領受了菩薩戒。」

「生起邪見或譴責三寶而違犯戒學時,你就破戒了。因此,在保持正念與不放逸的同時精進持戒,實屬必要。」

十二、破戒的還淨法門

「若你違犯了根本戒,就必須依照上述的教導而重新受戒。若違犯了支分戒,就必須在上師或三寶面前懺悔。」

菩提心的內修學(內菩提心)

措嘉佛母詢問蓮師:「如何從事菩提心的內修學?」

蓮師回答:「就此而言,也有十二個要點。」

一、要義

「要義是生起協助眾生的發心；這些眾生尚未了悟心性——真實義——是無造作的。」

二、定義

「之所以被稱為『內』，是因為它不必依賴『外』的身業或語業。它僅僅是由自心而生起。」

三、支分

「有願菩提心與行菩提心二支。

「願菩提心是希望尚未實證這本性的眾生能實證它。光是坐在那裡，嘴巴說著這個願望是不夠的，你必須努力地運用一些方便法門，以使眾生實證這個本性。

「措嘉，只要你尚未離於二元執取，要修持行菩提心就相當困難。」

四、修行者的特質

「除了之前的解釋之外，少有分別造作是內修菩提心的行者的特質。

「措嘉，讓你的心稍微鬆坦歇息吧！」

五、授予內菩薩戒的對象

「你應從一位已實證二無我的上師處領受內菩薩戒。這位上師透過修學三慧（聞所成慧、思所成慧與修所成慧）而實證二無我，因此他離於世間八法。

「措嘉，就進入大乘法教之門而言，上師必不可缺。」

六、受戒的儀式

「你應離於作者、受者、所作三輪,捨棄對俗事的罣礙,並請求上師授予真實的口訣。」

七、修學的利益

「你將會凌駕於小乘與邪道之上,並能實證無我,斷捨所有我執的念頭與二元固著。」

八、修學的原因

「帶領眾生走上二無我的真實道途,是內修菩提心的原因。」

九、不修學的過患

「不修學的過患是你將會偏離『無我』之自性。

「未受佛學薰陶而轉化的常人與外道者認為,『我』是恆常且實有,能控制並體驗有漏的五蘊、十二處(twelve sense-bases)與十八界(eighteen constituents)。他們固著於這個『我』,因而有敵與友、自與他之別。

「措嘉,你必須拔起這根固著的木樁。

「分別造作出這樣一個『我』的危險之處在於,對境(客體)會因執取於『我』而現起為『他』。由於執取於自他二元,你將會視利益『我』的人為友,傷害『我』的人為敵。你將因貪執與瞋怒而犯下各種不善業,繼而墮入下三道,流轉於輪迴之中。

「措嘉,除非你驅除這惡魔,否則你將永不安寧。

「哪種人會駁斥這個『我』?一般而言,所有的佛教徒都駁斥『我』,其中以聲聞乘行者為甚。不用說,我們這些已進入大乘之門的人也會抨擊『我執』。

「據說,聲聞乘行者了悟部分『法我』,緣覺乘行者亦非充分

體悟。換句話說，聲聞乘行者不但未認識『法我』，反而謬誤地主張『實有』。緣覺乘行者不但未認識真實義，反而執著於心性空。

「措嘉，只要你未離於下部乘的信念，將不會了知真實義。

「分別造作『法我』的危險在於，你會因為這種主張與固著而生起煩惱，流轉於輪迴之中。縱使你精進地修持達數劫之久，仍毫無用處。

「哪種人會駁斥『法我』？一般而言，大乘行者都會駁斥『法我』。尤其，如果我們已進入密咒之門，卻仍執著於『〔自他〕分別』，這是一個不好的徵兆。中觀派行者也抨擊『法我』。」

十、應該持守的重點

「你應該修學『無我』的意義，而它有『願』與『行』兩種。
「就『願』而言，有三個要持守的重點：

（一）不斷地生起這個願望：『願眾生恆時實證「無我」的真實義！』
（二）晝夜各三次，隨喜他人禪觀『無我』的真實義。
（三）恆時勤勉地訓練自己不離『無我』的真實義。

「其次，就『行』而言，有內、外兩個要點要持守。
「外的要點有以下四個：

（一）不與教授『無我』真實義的上師或善知識分離，直到你實證『無我』的真實義。
（二）斷捨對住所、階級、國家與地域、敵人與朋友的分別。
（三）聞、思、修關於『無我』與『空性』的法教。
（四）切勿執著姓名、家庭或身體為『我』。

「四種內的修學如下：

（一）切勿執取名稱為實有。在你的心中，一切外物的標籤與名稱皆不具實有。

（二）認識外器世界與內情眾生儘管顯現，卻都不具自性，如夢如幻。

（三）諸法皆非實有，但你仍然應該晝夜各三次地去探求這個執著於諸法的心。

（四）不偏離無可名、離一切邊的實義。縱使你尋找自心，也一無所獲。

「最重要的是要精進地以此而修學，如此一來，你將會盡除諸魔，脫離輪迴。」

十一、持戒與破戒的分界線

「從上師處領受了口訣之際，你就領受了內菩提心戒。」

「當你仍然執取於二元，並不認識自性空時，就破了內菩提心戒。在破戒的剎那，應立刻加以對治！」

十二、破戒的還淨法門

「訓練自己保持不散亂、不離之前所解釋的真實義，如此將能夠自動地解開二元執取的纏結。」

菩提心的秘密修學

措嘉佛母詢問蓮師：「如何修學秘密菩提心？」

蓮師回答：「這有十一個要點。」

一、要義

「生起秘密菩提心的要義在於認出本就離於造作、不可言銓之無生本淨。」

二、定義

「由於秘密菩提心不可言傳、不可思議,因此對於所有的下部乘而言,它自然是秘密的。」

三、支分

「若加以細分,可分為兩種:一是主張本淨是無修,二是主張任成的自性猶如無修般本自圓滿。[8] 對此,你應該離於任何的分別。」

四、修行者的特質

「具有最上的根器,並且厭離諸法,是秘密菩提心的修行者的特質。

「措嘉,這種修行者必須已具備前述的修學。」

五、求戒的對象

「授予你秘密菩提心的人應已實證法身一元,並安住於任運廣界之中。

「措嘉,唯有已實證大圓滿真實義的上師,才能授予秘密菩提心。」

---

8 這是指大圓滿「立斷本淨」與「頓超任成」的兩大面向,這兩個修持法門必得透過大圓滿上師所授予的口訣而習得。

六、受法的儀式

「本覺明力灌頂即是受法的儀式。

「你應斷捨不淨世行與清淨梵行,並像一個已功成身退的人那般安住。

「你應斷捨不淨、無益的言語與持誦,並像一個吃糖的啞巴那般安住。

「你應斷捨不淨輪迴之念與清淨涅槃之念,並像一個心臟已被挖出的人(無心之人)那般安住。

「經由上師的直指,你將會看見自心之本初法身,離於文字與言詮。

「措嘉,我所給予的這個口訣,是『悟即解脫』的法教。」

七、修學的作用

「修學的作用在於,修行者無須棄捨輪迴即可解脫,在此之後,煩惱皆自圓滿為智慧。因此,秘密菩提心具有當下證悟的功德。」

八、修學的原因

「如此修學的原因在於,你必須具備離於這分別的自性。」

九、不修學的過患

「不修學的危險在於,你將墮入分派之見,並受結縛所困。
「措嘉,若你的修持有所分別偏執,則非大圓滿。」

十、持守的要點

「(一)視諸法的根源僅是世俗假立,並被包含在你無生本淨的菩提覺心之中。

(二)視此菩提覺心是本覺,它不具有『觀者』與『所觀境』

的分別造作。

（三）認出在此覺境所生起的念頭或執著，皆是本來明空的本覺。

（四）認出外顯諸相從被體驗的剎那以來，皆不具實有，皆是法性的遊戲。

（五）親驗心、境無二為俱生大樂，離於取捨。

（六）尤其，以煩惱與痛苦為證悟的聖道。

（七）你應了悟，從眾生被體驗的剎那，他們皆不具實有，因此，輪迴是無生之本淨，無須捨離。

（八）你應了悟，被體驗為佛身與佛智的諸法，皆是自心所本具，本就是佛，無須成就。

「如此修持，你將會成為普賢王如來的法嗣。」

十一、持戒與破戒的分界線，以及還淨法門

「你本就三時不離秘密菩提心，所以無須這類的造作。」

後記

「措嘉，我已把經、續、論與口訣的意義全都濃縮於外、內、密的發菩提心之中。

將其付諸實修！
將其帶上法道！
將其牢記於心！
與其實義相應！
它們是大乘法教的根本。」

蓮師如此宣說。

這是大乘的菩提心法教，名為〈以發菩提心為道〉，在孟噶的獅堡洞撰寫為文。9

圓滿。
伏藏印。
封藏印。
託付印。

■ 本章摘自Padmasambhava, *Dakini Teachings* (Boudhanath: Rangjung Yeshe Publications, 1999), "Bodhichitta"。

■ 中文版請參見蓮花生大士口授，劉婉俐譯，《空行法教：蓮師親授空行母伊喜措嘉之教言合集》，台北：橡樹林文化，2007年。

---

9 《上師密意總集》（*Lama Gongdu*）把關於「皈依」與「菩提心」的法教結合為一。在《上師密意總集》的最後數行寫道：「這些針對皈依與菩提心所給予的建言，乃是如黃金般珍貴的基礎，是所有佛法修持的根基。它們適合所有的修行者，並且是人人珍愛的不共教誡。根據烏仗那國的蓮花生大師所給予的口訣，我（卡千公主）為了利益未來世代的眾生，將其書寫為文，並封藏為珍貴的伏藏。願未來所有的具德者都得遇這些法教。三昧耶。」

第24章

菩薩戒

邱陽創巴仁波切

從今以後直至證得菩提，
我心甘情願地與自己的混亂與迷惑，
以及眾生的混亂與迷惑共存。
我願意分享我們共有的迷惑。

「皈依」意味成為孤獨者

在立誓要踏上菩薩道之前，我們必須先行走於小乘的道途，而這條道途正式地始於弟子皈依佛、法、僧三寶。換句話說，皈依傳承上師、法教與信眾所組成的團體。我們在上師面前暴露自己的神經質（煩惱），以法教為道，並謙遜地與眾生分享自己的迷惑。

我們象徵性地捨離家鄉、財產與朋友，放棄那個支持「自我」的熟悉故土，承認「自我」想要自保與控制其世界的無助感，並且放棄自己對優越感與自保的執著。但是，「皈依」並不表示我們此後就仰賴佛（上師）、法、僧，反而意味著不去尋找一個家園，並且成為一個難民、一個必須依靠自己的孤客。

佛、法、僧可以指出我們在地圖上的位置，以及該前往何處，但仍然必須自行踏上旅程。基本上，我們孤立無援，若因寂寞難耐而想要一解寂寥，就會散亂而偏離道途。相反地，我們必須與「寂

寞」建立關係,直到它變成「孤獨」。

「認識自己的迷惑」是小乘法教所強調的重點;大乘的法教則教導我們認識到自己是佛,縱使生起各種疑難,也要如佛一般行止。在經典之中,受持菩薩戒與踏上菩薩道被描述為「菩提行」(act of awakening bodhi)或「本智」。「覺醒」(becoming awake,或證菩提)意味著更清楚地看見自己的迷惑。在看見自己隱藏的希望與恐懼、愚蠢與煩惱時,我們幾乎難為情地無地自容。它是一個過度擁擠的世界,卻也多采多姿。

基本上,如果我們要與太陽建立關係,也就必須與遮蔽太陽的浮雲建立關係。因此,菩薩積極地與太陽、浮雲兩者建立關係。然而,剛開始,遮蔽太陽的雲朵(迷惑)會比較顯著;同樣地,當我們試圖去解開束縛時,首先體驗到的是「糾纏束縛」。

受持菩薩戒是覺醒的起點

受持菩薩戒是覺醒、加入佛陀傳承的墊腳石或起點。上師、佛像與佛經三者象徵釋迦牟尼佛的傳承,因此就傳統而言,菩薩戒是在這三者前受持。受戒者立誓從今以後直至證悟,都將終身奉獻,利益眾生,並不求自身的證悟。

事實上,我們必須先放棄「我」證得菩提的見解,才可能證悟。只要證悟這齣戲有一個主角——具有特定屬性的「我」,就無證悟的希望,因為它不是任何人的戲碼。它是一場非常吃重的戲,但沒有人在推動它、監督它,也沒有人欣賞它的進展。

我們無法把自己從一個骯髒的舊容器,傾注到一只乾淨的新容器之中。如果我們檢視這個陳舊的容器,就會發現它並非堅實、具體。這種對於「無我」的了證,只能透過從事禪修、探究什麼是妄念,並一路追溯到五蘊而得。當禪修漸漸地成為一種習慣,並融入

日常之中,這個人就可以受持菩薩戒。屆時,持戒就會成為一種天性,而非強制服從。這情況猶如參與一項有趣的計畫,我們自動自發地投入大量的時間與心力,不需要他人的鼓勵或威脅。與我們本具的覺知與戒律共事,即是認同佛性。

菩薩戒把迷惑以及貪、瞋、癡、挫折等混亂視為道途的一部分。道途猶如一條寬廣、繁忙的高速公路,充滿了各種路障、意外事故、建築工事與警察,儘管它相當可怕,卻是一條勝妙、莊嚴的道途。「從今以後直至證得菩提,我心甘情願地與自己的混亂與迷惑,以及眾生的混亂與迷惑共存。我願意分享我們共有的迷惑。」

因此,沒有人在玩獨善其身的遊戲。菩薩是一個非常謙卑的信徒,他在輪迴的土壤裡努力耕耘,挖出深藏於其中的珍寶。

■ 本章摘自Chögyam Trungpa, *The Myth of Freedom* (Boston: Shambhala Publications, 1976), "The Bodhisattva Vow"。

■ 中文版請參見邱陽創巴仁波切著,靳文穎譯,《自由的迷思》,〈敞開之道〉,新北市:眾生文化,2013年。

第25章

二諦

聽列諾布仁波切

正覺是「智慧心」，
在智慧心之內，沒有二元心。
在無二元心之處，就無世俗諦與勝義諦。

不同系統解釋的二諦

　　法界離於所有的分別妄念，因而「二諦」（藏bden pa gnyis）無法在其中奠基。然而，並非所有的眾生都能認出這個離於分別妄念的狀態。為了幫助眾生認出它，佛陀解釋世俗與勝義二諦，以區別迷妄之心與真實無謬之心。

　　佛陀依據不同的系統而解釋二諦，以順應不同眾生的心。

　　根據共的小乘體系，世俗諦是諸法，包括五蘊等粗顯之法在內；勝義諦則是透過審視五蘊，去尋找「我」住於何處所得的實證。修行者審視五蘊而瞭解到「我」不存在，不住於任何處所，心與諸法是由無時分剎那[1]與無方分[2]所構成，這是共的小乘體系的

---

[1]「無時分剎那」是從時間的體性而說，分析時間直到無法再區分出前、後剎那的最小限度。

[2]「無方分」是無法分出再細的微塵，就小乘承許它是組成一切萬法的基礎，無法再分，無有方向。

勝義諦。

小乘經量部主張，世俗諦是無作用之法；勝義諦則是有作用之法的體性。

大乘瑜伽行派（梵Yogācāra，或唯識宗）認為，世俗諦是「遍計所執」（梵parikalpita；藏kun brtag）與「依他起」（梵paratantra；藏gzhan dbang）；勝義諦則是「圓成實」（梵parinispanna；藏yongs grubs）。

巴楚仁波切指出，世俗諦是妄心與妄心之所執，勝義諦則超越身、語、意。

米龐仁波切（Mipham）則說，在世俗諦之內，「身」能夠發揮功用，「語」能夠被宣說，「意」能夠理解。在勝義諦之內，「身」超越功能，「語」超越形述，「意」則超越二元心。

針對二諦所作的解釋不勝枚舉，在此將不一一列舉。諸位應仔細審視，再決定要依循哪一個體系。

中觀派解釋的二諦

以下將根據自空中觀派、他空中觀派與金剛乘的觀點，簡要地講解大乘的二諦。

何謂世俗諦？

自空中觀派的說法

自空中觀派主張，世俗諦是妄心與諸法（妄心的對境）；任何被妄心視為真實者，即是世俗諦。

根據此派的觀點，世俗諦分為兩種：一是「倒世俗諦」（inverted relative truth；藏log pa'i kun rdzob），它不會發揮作用，猶如水中月；二是「正世俗諦」（actual relative truth；藏yang dag kun rdzob），猶如

天上的月亮,能驅散黑暗。此外,正世俗諦具有以下四個特徵:

一、能被共同感知（藏mthun par snang ba）:例如,人人皆能感知水、火、日、月。

二、能發揮作用（藏don byed nus pa）:例如,大地能支持所有的人類。

三、依本因與助緣而生起（藏rgyu rkyen gyis skyes pa）:例如,種子（本因）與水、暖熱、空氣（助緣）聚合在一起時,就能長出植物。

四、經檢視之後,發現它不具實有（藏brtag na dben pa）。

根據自空中觀派之下部自續派（梵Svātantrika）的說法,勝義諦是「自明了的本智」（藏rang rig pa'i ye shes）。它了悟到無主、客二分,諸法皆如海市蜃樓,超越念頭或言語。

他空中觀派的說法

他空中觀派主張,所有個人的觀點與斷見、常見皆是倒世俗諦。它們之所以是倒世俗諦,是因為它們無法發揮斷捨輪迴與證得涅槃的作用。

從這個觀點來看,所有的自顯相（personal phenomena）皆是倒世俗諦。例如,當一個尚未實證的修行者從事虔敬心的修持時,諸法皆生起為倒世俗諦。但是對於已證得菩薩初地以上的修行者而言,在座上修與座下修期間,諸法皆生起為正世俗諦,因為諸法皆無礙,並被視為幻相。

根據他空中觀派的說法,正世俗諦也具有以下四個特徵:

一、能被共同感知:例如,幻術、夢、水沫、彩虹、閃電、水

中月、海市蜃樓、尋香城（梵gandharva nagara）等幻化（梵māyā）八喻。

二、能發揮作用：藉由了悟諸法皆如幻化八喻，就能斷捨輪迴，證得涅槃。

三、依本因與助緣而生起：福慧資糧是實證諸法之如幻自性的本因，殊勝上師所授予的法教是助緣。

四、經檢視之後，發現諸法不具實有，甚至沒有「幻相」這個東西。諸法、有、非有、真實與非真實，皆是大空性。

何謂勝義諦？

從這個觀點來看，勝義諦是離於造作的法界。在勝義諦之內，沒有分別，因為勝義諦離於心的造作。聖者已實證「勝義諦離於心的造作」，而了無這份實證的凡夫與哲學家只會猜測勝義諦的意義。有鑑於此，佛陀教導勝義諦的兩個系統：

世俗勝義（absolute truth of enumeration）：根據瑜伽行中觀自續派的說法，「諸法如幻」這句話足以解釋勝義諦的意義。雖然說勝義諦無處可尋，不具實有，所以世俗諦亦非真實，但是這個系統列舉出諸法之大空性，並從相對、世俗的角度將勝義諦解釋為「世俗勝義」。例如，「色即是空，空即是色，色不異空，空不異色」，這解釋了色蘊，而受、想、行、識四蘊也以相同的方式被解釋。這一切被稱為「十六大空性」（十六空）。

勝義勝義（absolute truth without enumeration）：這個系統解釋，瞭解諸法自性的基礎在於它離於造作，佛陀的智慧離於所有的世俗差別。

根據中觀應成派（梵Prāsangika）的說法，在從事真實的禪修時，離於心之造作的勝義諦既非世俗勝義，亦非勝義勝義；勝義諦什麼也不是。

總之，世俗、勝義二諦可被解釋如下。

倒世俗諦：這是個人的輪迴狀態，此人執著於「諸法真實而非如幻」的觀點。例如，魔術師創造出一位秀麗女演員的幻相，觀看者執著於它，並信以為真。美麗女演員的幻相猶如心中所生起的種種顯相，我們執著於這些顯相，並視其為真實。這個例子說明了凡夫的觀點。

正世俗諦：這是實證諸法之如幻本性的殊勝狀態。經由這份實證，視諸法為實有的執著都消失無蹤，但是在從事修持時，由於宿習之故，修行者仍會對「諸法真實」這個幻相存有某種程度的執著。隨著修行者的修持日益增進，即使幻相仍然殘存，他的執著卻愈來愈少。正如同表演魔術的魔術師不會執著於他所創造出來的美麗女演員，聖者心中即使生起種種顯相，也不會執其為真實。這個例子說明了聖者的觀點。

勝義諦：這是證悟的狀態，其中既無「顯相」，亦無「無顯相」；既無「貪著」，亦無「無貪著」等分別概念。例如，當一個人不受魔術師所變化出來的幻相、海市蜃樓或咒語等影響時，他就猶如佛一般，既無「貪著」，亦無「無貪著」。

二諦無別，只有一諦

總之，勝義諦是實證法性，即實證諸法皆離於有與非有、常見與斷見、真實與虛假，離於所有的造作，離於明與無明二邊。

般若波羅蜜多、他空中觀派的二諦等等，都教導世俗諦不離勝義諦，勝義諦不離世俗諦；事實上，只有一諦。

就佛陀的智慧心而言，能執與所執之間了無差別，但是輪迴眾生的智慧心受到障蔽，因而必須有系統地修持，並瞭解諸法的本性皆如幻。我們必須瞭解諸法其實猶如虛空，既非有亦非無。究竟而言，世俗與勝義二諦是無別的，而這份認識即是智慧心所瞭解的世

俗諦。

那認識世俗諦的心性即是勝義諦,因為如果我們審視心念的自性,就會看見念頭不存在於任何地方。念頭既非有,亦非無;它們無礙、無生、無滅、無常、無來亦無去;它們的意義非一非異;它們離於心的造作。這是法性,而這法性即是勝義諦。內、外、形狀、顏色等等皆不存在,皆猶如虛空。

任何實證正世俗諦的人也會實證勝義諦,因為正世俗諦與勝義諦是無別的。究竟而言,沒有所謂的世俗、勝義二諦,因為在法界之中,沒有一個可以讓二諦陳展的基礎。正覺是「智慧心(本智)」,其中沒有二元心;在沒有二元心之處,就沒有二諦。當我們安住於本智或明空無別的本覺之中時,就沒有二諦,因為本智或本覺即是法界。

金剛乘解釋的二諦

根據金剛乘的觀點,倒世俗是執諸法為實,正世俗則是藉由觀想或禪修,而看見諸法轉化成為智慧尊及其淨土。因此,諸法無法離於大空法界,而這即是勝義諦。

■ 本章摘自Thinley Norbu, *The Small Golden Key* (Boston: Shambhala Publications, 1993), "The Two Truths"。

■ 中文版請參見聽列諾布仁波切著,丹增善慧法日譯,《佛法勝共心要寶藏・金鑰》,台北:盤逸,2014年。

第26章
般若波羅蜜多心經

> 般若波羅蜜多是大密咒,是大明咒,
> 是無上咒,是無等等咒,
> 是能止息一切苦之咒,真實無欺。

　　如是我聞。一時世尊與大比丘眾、大菩薩眾住於王舍城的靈鷲山中。彼時,世尊契入甚深光明三摩地之法。在此同時,聖觀自在菩薩摩訶薩修持甚深般若波羅蜜多,照見五蘊皆空。

　　當時,舍利子尊者(梵Śāriputra)承佛陀之大威力,而對聖觀自在菩薩摩訶薩說道:「善男子或善女人若想要修持甚深般若波羅蜜多,該如何修學?」

　　聖觀自在菩薩摩訶薩對舍利子尊者如此說道:「舍利子,善男子、善女人若想要修持甚深般若波羅蜜多,應如此地照見:照見五蘊皆空。色即是空,空即是色;色不異空,空不異色。同樣地,受、想、行、識皆是空性。是故舍利子,諸法皆空,無相、無生無滅、無垢無淨、無減無增。

　　「因此,舍利子,在空性之中,無色、無受、無想、無行、無識;無眼、無耳、無鼻、無舌、無身、無意;無色、無聲、無香、無味、無觸、無法;無眼界乃至無意界、無法界、無意識界;無無

明,亦無無明盡,乃至無老死,亦無老死盡;無苦、集、滅、道;無智、無得,亦無不得。

「舍利子,由於諸菩薩無所得,因而依止般若波羅蜜多,由於心無障蔽,所以無有畏懼。他們超越顛倒而證得究竟涅槃。

「三世諸佛皆依般若波羅蜜多而證得無上正覺。因此,般若波羅蜜多是大密咒,是大明咒,是無上咒,是無等等咒,是能止息一切苦之咒,真實無欺。

「應如此地念誦般若波羅蜜多咒:

「嗡 揭諦 揭諦 波羅揭諦 波羅僧揭諦 菩提 梭哈

「因此,舍利子,菩薩摩訶薩應如此修學般若波羅蜜多。」

然後,世尊從三摩地中出起,讚歎聖觀自在菩薩摩訶薩:「善哉,善哉,善男子,應是如此。正如同你所教導的,善男子應修持甚深般若波羅蜜多,一切如來將會隨喜。」

當世尊說完這些話之後,舍利子尊者與聖觀自在菩薩摩訶薩,以及一切世間天、人、阿蘇羅與乾闥婆(梵gāndharva)等,皆隨喜讚歎世尊所言。

■ 本章摘自《般若波羅蜜多》(*Prajñāpāramitā literature*,暫譯),邱陽創巴仁波切與那瀾陀翻譯委員會(Nalanda Translation Committee)合譯。

第27章

空性

邱陽創巴仁波切

> 猶如太陽驅散黑暗，
> 圓滿的聖者已征服了心的謬誤串習。
> 他既不見心，也未看見由心生起的念頭。

在以般若之劍斬斷自己對世界所產生的分別見之後，我們發現了空性——了無二元分別。《般若波羅蜜多心經》（*Prajñāpāramitā Hṛdaya Sūtra*，略稱《心經》）是佛陀針對這個主題所授的最著名法教，但耐人尋味的是，在《心經》之中，佛陀幾乎未發一語，只在最後微笑地說道：「善哉，善哉。」佛陀創造了一個情境，由他人宣說關於「空性」的法教，而非親自發言。他並未強迫推銷，反而創造了一個法教得以生起的情境，激勵弟子去發掘並體驗空性。傳法的形式有十二種，這是其中之一。

色即是空，空即是色

《心經》談及觀自在菩薩（象徵悲心與方便）與大阿羅漢舍利子（象徵般若）。儘管藏文、日文譯本與梵文版的《心經》之間有某些差異，但它們都指出，觀自在菩薩因般若的大威力而覺醒契入

空性。接著，觀自在菩薩與舍利子進行對話。舍利子代表實事求是、探求真知之人，佛陀的法教被放在舍利子的顯微鏡之下，這意味著法教未被盲信而照單全收，反而被檢視、修持、試驗與證明。

觀自在菩薩說道：「舍利子，色即是空，空即是色；色不異空，空不異色。」我們無須仔細探究他們之間的對話，但可審視這關於「色」與「空性」的宣言；這是《心經》的重點所在。因此，我們也應該非常清楚、準確地認識「色」的意義。

「色」尚未被我們所投射的分別概念所渲染，它是原原本本的「法性」。它多采多姿、生動鮮明、令人印象深刻、激動人心且具美感的特質，存在於每個情境之中。「色」可能是一片從樹上飄入山澗的楓葉、一輪滿月所流洩出的月光、街上的排水溝或一堆垃圾。這一切皆是法性，而且就某個意義而言，它們都是相同的——全都是「色」，全都是「法」，全都是法性。針對它們所作的種種評估，都是在之後由心所造。若我們真正且如實地加以檢視，就會發現它們全都只是「色」。

因此，色即是空，但空無什麼呢？空無先入之見與分別批判。如果我們不在飄入山澗的楓葉與紐約市的垃圾之間作評估與分類，那麼楓葉就是楓葉，垃圾就是垃圾，就是法性，了無先入之見。當然，它們就是它們的樣子！垃圾是垃圾，楓葉是楓葉，法性是法性。如果我們不帶著個人的詮釋去看待它，那麼色即是空。

但是，空亦是色，這話令人震驚得無法接受。我們以為自己已撤除先入之見，將一切理出頭緒，看見一切皆「一味」。我們所見的一切，不論好壞，皆是善的；這是一個非常美好、順利的畫面。但是，「空亦是色」是下一個重點，我們必須重新檢視。

楓葉的空性也是「色」，它不真是空的；垃圾堆的空性也是「色」。試圖視諸法為空，等於是替它們覆上分別概念的外衣，「色」於是回來了。剝除所有的分別概念，並作出「諸法皆是法

性」的結論，這太容易了，但這可能是一種逃避，一種安慰自己的方式。我們必須如實地感受諸法的本來面目，感受垃圾堆的「堆性」、楓葉的「葉性」，以及諸法的真如法性。

我們必須好好地感受它們，而不只是替它們套上「空性」的面紗，此舉毫無用處。我們必須看見諸法的法性——諸法本然、赤裸的功德；這是看待世界的正確方式。因此，我們先要拭除所有頑固、粗重的偏見，接著擦掉諸如「空」等隱微的字眼，這讓我們無處可去，只能徹底地與法性共處。

如實看見諸法的本來面目

最後，我們得到「色即是空，空即是色」的結論。《心經》把它描述為照見色不異空，空不異色；空與色是無別的。我們瞭解到，尋求生命的美好與意義，其實只是一種自我辯護，說事情並非如我們所想的糟糕。然而，事情其實就如我們所想的那般糟糕！色是色，空性是空性，諸法是諸法，我們不必努力從某種深奧的角度去看待它們。我們終於能夠腳踏實地，看見諸法的本來面目。這不表示我們擁有感動人心的靈視，看見大天使、小天使，聽見聖樂等等，這反而意味著我們看見諸法的本來面目。

因此，在這個情況之中，「空性」是指完全了無分別概念或任何種類的篩選過濾，甚至沒有「色即是空」與「空即是色」的分別計度。這是直接地、如實地看見世界，而不欲求上界定（"higher" consciousness）、實義或甚深性。它就只是直接地感知諸法的本來面目。

我們可能會問，該如何把這些法教應用於日常生活之中。有一則故事描述佛陀第一次講說「空性」的法教時，某些聞法的阿羅漢受到衝擊，當場心臟病發而亡。當時，這些正在靜坐的阿羅漢雖已

證得空無邊處定,但仍然住於空無邊處之中。由於他們仍然「有所住」,因此仍有「能證」與「所證」之別。空性的真實意義在於無所住,既不分別「此」與「彼」,亦不停於某處。

倘若我們如實地看見諸法,就不必進一步地去作詮釋或分析,也不必勉強地透過修行的體驗或哲學思想來理解諸法。正如一位知名禪師所言:「當我吃東西時,我吃東西;當我睡覺時,我睡覺。」你只要徹徹底底、全心全意地做你正在做的事。這就是在做一位聖人(梵ṛṣi)[1],一個真誠、直接了當、從不區分「此」與「彼」的人。他直接且如實地做事,想吃就吃,想睡就睡。佛陀有時被稱為「大聖」(梵mahāṛṣi)[2],他不試著去做一個篤實之人,而只安住於真如空性之中。

其他學派看待實相的觀點

我們針對「空性」所作的討論與詮釋,是龍樹菩薩所創立的中觀派的觀點。這份詮釋只不過是對一種親證的法性所作的描述,絕對無法正確地傳達「空性」的真實義,因為語言文字並非親身的覺受。文字或概念僅僅指出親身覺受的部分面向。

事實上,我們甚至沒有把握自己能夠談及「體證」法性,因為這種說法暗示了「能證」與「所證」之間的分別。最後,我們是否能夠談及「法性」,也令人懷疑,因為這暗示了有「能知」與「所知」(法性)之別,彷彿這「能知」是在法性之外,而法性是一個可被命名、有所設限的事物。因此,中觀派只談及「真如」(梵 tathātā;as it is)。就探究、契入「真實」而言,龍樹菩薩並不針對

---

[1] 梵語「ṛṣi」古譯為「仙人」。
[2] 梵語「mahāṛṣi」古譯為「大仙」。

「法性」提供任何定義,反而以邏輯的論證法(反證法)來破斥其他學派的論點。

就「真實」與「法性」這兩個主題而言,中觀派的發展受到之前興起的其他主要學派所提出之論點的影響。這些學派的思想不僅影響早期的佛教學派,也可見於印度教、吠檀多(Vedantism)、伊斯蘭教、基督教,以及大多數有神論的宗教與哲學傳統之中。從中觀派的觀點來看,這些觀點可以被歸為常見、斷見與極微實有見三類。中觀師視常見與斷見為謬誤,極微實有見則部分真實。

常見──諸法恆常不滅

這三種觀點都對「法性」有所誤解,其中以「常見」最為明顯。「常見」通常是比較不成熟版本的有神論,它認為諸法儘管會生滅,卻具有某種恆常不壞的本質。「常存」這個特質必須附著於某件事物,因此,持有常見的人通常會相信有一個上帝、靈魂、阿特曼(梵ātman,自我),以及一個妙不可言的「我」。因此,這些信徒主張,事物確實存在,而且堅實、相續且恆常。我們能夠緊緊抓住某件堅實的事物,以一種一成不變的方式來瞭解世界,以及自己與世界之間的關係,這令人感到安心。

然而,持有常見的信徒最後可能會對素未謀面的上帝、遍尋不著的靈魂感到失望。其次,「斷見」也對法性有所誤解,而且它比「常見」更複雜。「斷見」主張,諸法皆是從空無、玄秘當中生起。有時,這種觀點似乎包含有神論與無神論的主張──「神性是不可知的」。

斷見──一切交給玄秘

太陽普照大地,提供光與熱,使萬物得以生長。然而,我們找不到生命的起源,找不到一個符合邏輯的宇宙起點。生命與世界

都只是幻相之舞，萬法皆從「空無」當中自然地生起。由此可見，「空無」對於以下這個觀點似乎相當重要：有一個不可知且超越顯相的實相。宇宙的形成是神秘難解的，無從解釋。持斷見者可能會說，人心無法理解這種玄秘。因此，在這種對於「實相」所產生的觀點之中，「玄秘」被視為一件事物，而「沒有答案」則被持斷見者倚賴為答案。

斷見使人產生宿命的心態。從邏輯上，你知道凡事有前因後果，並看見因果的連貫性。這是一個你無法控制的連鎖反應，而這個過程源自神秘的「空無」。因此，如果你殺了人，這全是業力所致，無可避免且命中注定。同樣地，如果你行善，也與你是否覺醒無關。一切都源自這神秘的「空無」，這是持斷見者對於實相的看法。把一切交給玄秘，這是一種非常無知的觀點。

每當事情超出所能思議的範疇時，我們就會感到不確定而驚慌失措。我們害怕這份不確定感，並試圖用其他東西來填補空隙。這個「其他東西」通常是一種哲學信仰，就此而言，它是對玄秘的信仰。我們非常急切、飢渴地探勘每一個黑暗的角落，以尋找「空無」，但只找到食物碎屑，別無其他。只要我們持續去尋找一個概念性的答案，就一定會有玄秘，而這玄秘本身是另一個概念。

極微實有見──以「色」描述宇宙

不論我們所持的是常見、斷見或極微實有見，我們一直都假設有一個自己所不知道的神秘事物，例如，生命的意義、宇宙的起源，以及通往幸福快樂之鑰等等。我們苦苦追逐這神秘，並且試圖去認識它或擁有它，將它命名為「神」、「靈魂」、「阿特曼」、「梵天」、「空性」等等。可以肯定的是，這並非中觀派對法性或實相的看法。在某個程度上，早期的小乘佛教落入這個陷阱，而這正是小乘的觀點被視為部分真實的原因。

就實相或法性而言，小乘視「無常」為一大神秘：出生者，必定會改變並死亡。然而，人們無法看見無常本身，只能看見無常以「色」的形式顯現。因此，小乘行者以存在於時間、空間內的極微剎那與極微原子來描述宇宙，他們所持的是極微實有見。

短暫且不具實有是色相的本性，而這是小乘所理解的空性，因此，小乘的禪修分為二支：（一）觀修無常的眾多面向，例如生、老、病、死的過程，以及這些過程的複雜性；（二）修持正念，看見種種心所的無常。阿羅漢觀看種種心所與四大種所造色，看見它們的剎那生滅與極微，因而發現沒有所謂恆常、堅實的事物。小乘觀點的錯誤之處在於仍有「此」與「彼」的二元分別。

瑜伽行派——一切唯心

我們幾乎可以在世界上所有主要的哲學與宗教當中，看見常見、斷見、極微實有見的不同組合。從中觀派的觀點來看，只要人們去尋求一個預設問題的答案，探究所謂生命的奧秘，就不可能擺脫這三種對於實相所產生的誤解，任何的信仰都只是一種為這奧秘貼上標籤的方式。大乘的瑜伽行派試圖透過找尋「奧秘」與「現象世界」的雙運，以排除這奧秘。

「認識論」是瑜伽行派的主要思想。對於瑜伽行派而言，「智」（intelligence，心、知者）即是奧秘。瑜伽行派的論師藉由斷定心（智）與法（現象）為無別之雙運，而解開了奧秘。因此，沒有個別的了知者，反而一切皆是「自明了」。只有「心」（唯心），而瑜伽行派的論師稱此心為「自光明智」（self-luminous cognition），念頭與煩惱、人與樹木皆是它的種種面向。因此，在傳統文獻之中，瑜伽行派也被稱為「唯識宗」（梵Cittamātra）。

瑜伽行派是第一個超越「能知」與「所知」分別的佛教思想學派。因此，瑜伽行派的論師解釋，迷惑與痛苦皆源自「相信有一個

個別的了知者」的謬誤信念。如果一個人相信他知曉這個世界，那麼「心」就看似一分為二，但事實上，這只是心的明晰表面變得混濁罷了。迷惑的人覺得，他對於外在的顯相有一些想法，並作出一些反應，因而陷入一個不斷作出行為與反應的情況之中。覺者則了悟到念頭與煩惱，以及所謂的外在世界，其實都是「心的遊戲」。因此，覺者不會陷入主體與客體、內在與外在、能知與所知、自己與他人等二元分別之中，一切皆是自明了。

中觀派——離於二元對立

然而，龍樹菩薩卻駁斥瑜伽行派「唯心」的主張，他甚至質疑「心」是否存在。他研讀十二卷般若經，並作出結論。般若經是出自佛陀於中年時期二轉法輪的法教，而龍樹的結論全都歸結於「無住」（nondwelling）這個義理之中，它也是中觀派的主要宗義。他說道，任何哲學觀點，不論是偏激或持中，都可能被破斥，我們必不能住於任何答案或任何對實相所作的陳述，而這也包括「唯心」的見解。甚至連「『無住』是問題的答案」這個說法亦是虛妄，因為我們必不能住於「無住」。龍樹之道是一種非哲學之道，它根本不是另一種哲學，他說：「智者也不應該住於『中（道）』。」

瑜伽行派主張「萬法唯心」，中觀派則對此有所批判：「為了說『心是存在的』或『萬法皆是心的遊戲』，就一定要有一個觀心的人（能知），才能保證心是存在的。」就此而言，瑜伽行派必定是一個關於這個觀看者的理論。但是，根據瑜伽行派論師所主張「自光明智」的哲理，對客體所產生的主觀想法是虛妄的，因為既無主體，亦無客體，只有「心」，而觀看者是「心」的一部分。因此，我們不能說「心」是存在的。「自光明智」無法看見它本身，猶如眼睛無法看見眼睛本身，剃刀無法切割剃刀本身。瑜伽行派論師承認，沒有人知道「心」是否存在。

心或實相究竟是什麼？由於沒有感知心或實相的人，「諸法與色相為實有」的見解即是虛妄。沒有實相與感知實相的人，也沒有感知實相所生起的念頭。一旦我們去除了心與實相為實有的先入之見，所有的情況就明朗如實地現起。沒有觀看者，也沒有知者，實相就是如此，就是真如，而這即是「空性」的意義。藉由這份勝觀，那個使我們與世界分離的觀看者就被移除了。

接著，相信有一個「我」的信念與煩惱是如何開始的？根據中觀派的說法，每當色相生起時，感知者會在立刻作出著迷、不確定等反應，這反應幾乎是瞬間的。我們一旦認出對境，下一個反應就是賦予它一個名稱。有了名稱，分別概念當然繼之而來。我們往往把對境概念化，這表示我們此時已無法如實地感知諸法。我們已在自己與對境之間製造了一種襯墊、濾篩或面紗，它阻礙我們在座上修與座下修期間保任本覺的相續。

這個障蔽使我們無法看見諸法的本來面目，繼而無法生起勝觀與三摩地。我們覺得自己有必要去命名、詮釋、胡思亂想，而這種造作使我們更加遠離正確的直觀。因此，空性不只是覺知自己的本來面目，以及自己與對境之間的關係，它也是明性，超越了分別心的襯墊與不必要的迷惑。我們不再著迷於對境，也不再做一個入迷的主體。它離於「此」與「彼」，唯一留下的是開放無礙的虛空，了無「此」與「彼」的二元分別。這即是中觀的意義。

行者若未先通過持戒與方便法門的狹窄道途，就無法生起空性的覺受。剛開始，方便法門有其必要，但是到了某個次第，就必須加以捨棄。從究竟的觀點來看，「聞」與「修」這整個過程是多餘的。我們其實可以在剎那之間瞥見「無我」，但我們卻無法接受這個再簡單不過的真實。換句話說，我們必須學習，以達到「無學」的境界。

這是一個摧毀我執的過程，它始於學習去處理煩惱與妄念。接

著,我們透過對空性的認識而去除謬誤的分別概念,這即是空性的覺受。「孫雅踏」(梵śūnyatā)意指「空無」或「空性」,換句話說,它是「虛空」,了無分別心。因此之故,龍樹菩薩在其所著的《中論》裡說道:「正如太陽驅散黑暗一般,圓滿的聖者已征服了心的謬誤串習。他沒看見心,也沒看見由心生起的念頭。」

開放、降服與出離

《心經》以真言咒語作結。藏譯本的《心經》說道:「故知般若波羅蜜多咒,是大明咒、無上咒、無等等咒、除一切苦咒,真實不虛。」這個咒語的力量源自它們的真實義,而非來自某種想像出來的神秘文字的魔力。有趣的是,在討論了空性——色即是空,空即是色,色不異空,空不異色……——之後,《心經》接著探討咒語。

《心經》先談及三摩地的狀態,最後才談論咒語或文字。這是因為在初始,我們必須對自己的體悟與真知生起信心,清除所有的先入之見,並且斷除、超越斷見與常見等所有的信念。當一個人衣衫襤褸,徹底地暴露自己,完全地赤裸、開放時,就會看見咒語的力量。當根本、絕對、究竟的偽善被揭穿時,我們就真的開始看見那明亮璀璨、熠熠生輝的寶石——那生動有力的開放、降服與出離的功德。

就此而言,「出離」並非只是捨棄一切,然而,在捨棄一切之後,我們開始感受到真正的寂靜。這種寂靜並非是微弱的平靜、無力的開放,它反而具有一種堅強、無敵、不可撼動的功德,因為它不容許任何的偽善。它是遍滿十方的全然寂靜,甚至容不下一丁點的疑慮與偽善的黑暗角落。

徹底的開放即是全勝,因為我們了無恐懼,毫不設防。因

此,這是大咒。我們以為它會談及「空性」——「嗡 孫雅踏 摩訶孫雅踏」(Om śūnyatā mahaśūnyatā;嗡 空性 大空性),但它反而說「嗡 揭諦 揭諦 波羅揭諦 波羅僧揭諦 菩提 梭哈」(Om gate gate pāragate pārasaṃgate bodhi svāhā)。這個咒語說:「揭諦 揭諦」,意思是「去了,去了,去到彼岸,去到究竟彼岸」。這遠比說「空性」來得強而有力,因為「空性」可能隱含了哲學上的詮釋。與其造作出某種哲理,這個咒語揭露出那超越哲理、宗義的事物。

因此,它是「揭諦 揭諦」——「去了,放棄了,去除了,開放了。」第一個「揭諦」是去除煩惱障,第二個「揭諦」象徵所知障。換句話說,第一個「揭諦」代表「色即是空」,第二個「揭諦」是指「空即是色」。

接下來是「波羅揭諦」,它的意思是「去到彼岸,徹底無遮」。色即是色——「波羅揭諦」,而且它不只是色,也是空即是空;「波羅僧揭諦」——去到究竟彼岸。在此,「菩提」意指「徹底覺醒」(正覺),它的意義是「斷捨、無遮、徹底地赤裸、開放」。

在傳統上,咒語皆以「梭哈」作結,它意味著「就這樣吧!」「去了,去了,去到彼岸,去到究竟彼岸,覺醒,就這樣吧!」

■ 本章摘自Chögyam Trungpa, *Cutting Through Spiritual Materialism* (Boston: Shambhala Publications, 1973), "Shunyata"。

■ 中文版請參見邱陽創巴仁波切著,謬樹廉譯,《突破修道上的唯物》,〈空性〉,台北:橡樹林文化,2011年。

第三部 融合

第28章

無我

邱陽創巴仁波切

我們必須放下所有的參考點，
以及所有「是什麼」或「應該是什麼」的分別概念，
才能淋漓盡致地體驗諸法的滋味。

自我是一種幻相

努力去保障自身的快樂，努力去維持自己與其他事物之間的關係，這即是「自我」的進程。但是，這種努力是徒勞無益的，因為在這個看似堅實的世界之中，一直都有間隙與缺裂，一直都有生死的循環，也一直都有變化。我們所認為連續不斷且堅實具體的自我，其實是一種幻相。

事實上，沒有自我、靈魂或阿特曼這種東西。「自我」是由一連串的迷惑所創造出來，它其實是由一閃而過的貪、瞋、癡所構成的過程，而這一切都只存在於當下的剎那。由於我們無法抓住當下的剎那，也就無法抓住「我」與「我的」，繼而把它們變成實有。

自己與其他事物有所關連的經驗與感受，其實只是一個稍縱即逝的念頭、瞬間剎那所起的分別。如果生起這些念頭的速度夠快的話，我們就能夠創造出相續且堅實的幻相。這猶如觀看一場電影，

每個分隔畫面快速地播放，因此產生了它們是連續動作的幻相。

我們於是強化、鞏固「自我與他人是實有且相續」的成見。一旦有了這種想法，我們就會去操縱自己的念頭，以證實這種想法，並且害怕會有任何相反的證據。正是這種害怕被揭穿的恐懼，以及對無常的否認，使我們身陷囹圄。唯有承認確實有「無常」，才會有死亡的機會與再度投生的空間，也才有可能去欣賞生命是一個充滿創意的過程。

認識真正的「無我」

認識「無我」分為兩個階段。在第一個階段之中，我們看見「自我」並非實有，它是無常的，並且持續改變。「自我」之所以看似堅實具體，是因為我們將其概念化。因此，我們作出「自我不存在」的結論。儘管如此，我們仍然已造作出一個微細的「無我」的概念，其中仍有一個「無我」的觀看者，他認同「無我」，藉以維繫自己的存在。第二個階段是看清這個微細的概念，並捨棄觀看者。由此可見，真正的無我是了無「無我」這個概念。

在第一個階段當中，有某個人在觀看「無我」。在第二個階段之中，甚至連這個觀看者都不存在。在第一個階段，我們看見沒有一個固定的實體，因為諸法是相對、相關的。在第二個階段，我們認識到這個「相對」的見解需要有個觀看者去感知它、證實它，而這衍生出「觀看者」與「被觀看者」的相對概念。

若說「無我」之所以存在，是因為諸法時時都在改變，那麼這種說法是相當薄弱且站不住腳的，因為我們仍然執「改變」為實有。「無我」並非只是「既然沒有相續，所以無可執著」這樣的概念而已，真正的「無我」是連「無相續」這件事都不存在。我們也不能執著「無相續」這個想法。事實上，「無相續」真的起不了作

用。我們對於「無相續」的看法，其實是不安全感的產物，它是一種分別概念。因此，與諸法之外或諸法之內的「平等一味」相關的任何想法，也都只是概念。

「無我」這個概念常常被用來遮蔽生、苦、死等實相。問題在於，一旦我們有了「無我」與「生、苦、死」的見解，很可能就會為了自娛或自我辯護而說：「無苦，因為沒有一個體驗痛苦的『我』；無生死，因為沒有人見證生死。」這種說法根本是一種低廉的逃避主義。「空性」的哲學常常被這種想法所扭曲：「沒有人受苦，所以誰在乎呢？如果你受苦，那一定是你自己的幻覺。」這純粹是臆想與猜測。

我們可以閱讀、思惟關於「空性」的種種，但是當我們真的受苦時，能保持無動於衷嗎？當然不行；痛苦遠比我們無足輕重的臆想來得強烈。真正地認識「無我」，能斷除種種臆想。了無「無我」這個見解，沒有任何哲學的襯墊從中作梗，我們就能夠充分地體驗痛苦與生死。

放下所有的參考點

基本上，我們必須放下所有的參考點，以及所有「是什麼」或「應該是什麼」的分別概念。在此之後，我們就有可能直接地體驗到諸法獨特與生動之處。我們有極大的空間可以去體驗諸法，並且任憑這些體驗與感受生起與止滅。「動」（movement，念頭的生起）發生於廣大的虛空之內，不論發生了什麼事情，不論是苦與樂、生與死等等，都不會有所妨礙，反而能夠淋漓盡致地體驗它們的滋味。不論它們是甜的或酸的，我們都能充分地體驗，了無任何所知障或煩惱障的涉入而使諸法顯得討喜可愛。

我們不會受生活所困，因為時時有發揮創意的機會與即興創作

的挑戰。諷刺的是，經由看清並認識「無我」，我們可能會發現痛苦中包含了喜樂，「無常」中包含了相續或永恆，「無我」中包含了堅實的地大特質。但是，這種出世間的喜樂、相續與實有，並非建立於幻想、概念與恐懼之上。

■ 本章摘自Chögyam Trungpa, *The Myth of Freedom* (Boston: Shambhala Publications, 1976), "Egolessness"。

■ 中文版請參見邱陽創巴仁波切著，靳文穎譯，《自由的迷思》，〈自由的迷思〉，新北市：眾生文化，2013年。

第29章
顯相大手印的自性

堪千創古仁波切

> 諸法如夢,
> 我們在白天清醒時所體驗到所有外境的顯相,
> 都只在自心中顯現。
> 因此,它們空無實有。

「人無我」與「法無我」

　　世尊佛陀根據聞法者的根器而傳法。他教導初學者如何依照自己的程度,循序漸進地修持而有所進展。當佛陀初轉法輪時,他以四聖諦(Four Noble Truths)的法教作為傳法的重點。第一聖諦是苦諦,我們應該都能理解它的意義。第二聖諦是集諦——諸苦皆有起因,而業與煩惱即是苦因。我們能終止痛苦,這是第三聖諦滅諦。第四聖諦是道諦,描述止息諸苦之道。佛陀為了幫助初學者實修這些法教,他首先教導「無我」。

　　眾生確實受苦,這是事實。他們面臨許多問題、麻煩、艱困與悲苦,而這些苦大多是以念頭的形式生起,其中最困難、最棘手的念頭是煩惱。瞋怒是一種充滿敵意的心態,它是主要的煩惱之一。我們可能會因為瞋心而言語苛薄,或做出毆打他人、摔壞東西等行為。有時候,我們受到貪執的驅使而作惡;另一些時候,這些惡行

則源自無明、猶疑、愚癡蒙昧或迷妄。我們時而驕傲自大、自以為是,時而心生嫉妒或爭強好勝。

因此,你是否瞭解這些事件的發生順序?首先,我們的心被煩惱佔據而焦慮不安。其次,我們以言語來表達心中的煩惱,這反而雪上加霜,使情況變得更加複雜。最糟糕的是,我們透過行動來發洩這些不健康的念頭模式。

煩惱為自己與他人製造許多問題,而「我執」——「我最重要」的感受,是所有煩惱的根基。一旦我們認清這個要點,可能就會決定要刻意地反其道而行,並對自己說:「我不會再看重自己。」然而不幸的是,這無法解決問題。光是想著「我不該有這種行為」,並非直接對治我執之法。念想無法根除我見。

修持世俗菩提心是一個減少煩惱的方法。藉由轉移自私的我執心態,並發願利益他人,煩惱就會減輕。這種修持雖能削弱煩惱的力量,卻無法根除煩惱。它之所以被稱為「世俗」或「相對」菩提心,便是因為它只能減少煩惱,卻無法盡除煩惱。

另一方面,勝義菩提心卻能盡除煩惱。如果我們被指出心性,並對心性確信無疑,就能夠充分地認識「無我」。然而,若未經仔細地審察,我們往往會相信有一個「我」。我們不太清楚「我」究竟是由什麼所構成,並且將「我」用於各種不同的事物上,例如,我的身體、我的心識,或由身體、心識所構成的不明混合體。

我們必須從事修持,直到明白不論「我」所指為何,皆無處可尋。首先,我們必須學習去尋找「我」,然後完全地確信沒有「我」這種東西。屆時,煩惱與我執的基礎就被摧毀殆盡。

這是佛陀在初轉法輪時,教導如何培養洞見「無我」之勝觀的原因。二轉法輪時,佛陀更深入地教導,不但「人我」不存在,心與萬法皆自性空。諸法都具有空性,這個發現會改變我們的觀點。當我們實證空性時,就不再受到障蔽,自心因而能安住於大寂靜、

大自在之中。相較於實證「無我」，這（實證空性）是一種更廣大的勝觀。

萬法皆空，這份理解是完全正確的，然而，我們可能會把「空性」誤解為「空無」或「空白」。這種誤解執迷於「諸法皆空無」，但是這種想法並非正確。為了對治這種誤解，佛陀教導，不但諸法的本性是「空」，其本身即是空性。空性本就具有了知、體驗與覺察的能力，那是本智的功德，無別於空性本身。這是三轉法輪的密意。

諸法皆是自心

在那洛巴尊者所授予的法教當中，其中一個法教講述大手印的見地，並分為三個主題。[1] 我將要解釋的第一個主題是「顯相大手印的自性」。

就所謂的「大手印」而言，
諸法皆是自心。
視對境為外在，這是一種謬誤的分別，
它們如夢一般空無實有。[2]

當我們使用「大手印」一詞時，它意味著什麼？我們所談論的是什麼？「大手印」指的是什麼？什麼是「大手印」？這首偈頌指出顯相大手印的自性。我們這些眾生究竟感知到什麼？經由眼識，

---

[1] 這三個主題是：（一）顯相為大手印；（二）明覺為大手印；（三）雙運為大手印。
[2] 那洛巴尊者著，噶瑪巴滇藏譯中，《大手印要言》：「所詮說為大印者，一切諸法皆自心，見為外境乃惑心，猶如夢境體性空。」（出處：堪千創古仁波切著，《那洛巴教你：邊工作，邊開悟》，新北市：眾生文化，2002年。）

我們感知到視覺的對境,並看見色相;透過耳朵與耳識而聽見聲音;經由舌頭或舌識而品嚐味道;經由鼻識而可以嗅聞;經由身識而有觸覺。在佛教名相之中,它們被稱為「五識」或「五根識」。

心透過五根而體驗世界,然而,心識本身卻不直接體驗色、聲、香、味、觸五塵,它所感知的其實是心對於五塵所產生的印象。我們基於心的意象而造作出關於過去、現在、未來的分別妄念,繼而決定自己的喜惡與取捨。這種活動被稱為「第六識」,有時也被稱為「了別識」或「意識」。由此可見,總共有六識。

「諸法」一詞不但是指「心的對境」,也是指六識的對境——色、聲、香、味、觸、法。一般而言,我們所體驗到的對境,是心中所生起的一個印象或意象。若不明白這一點,那麼當一個對境顯現於心中時,例如,眼識的對境,我們往往會執取它為外境,相信它位於外界的某處,同時認為「心」這個感知者位於我們內在的某個地方。同樣地,我們附加於對境上的任何特質,例如,悅意或不悅意、好或壞等等,都類似於我們執取外境為實有。

諸法似乎是如此,而這也是我們感知諸法的方式。但是,這是諸法的真實狀態嗎?諸法並非如此,它們只是看起來像是外境而已。事實上,我們所體驗、感受的一切,都是生起於自心的一個印象。不論它是被看見、聽見、嗅聞、品嚐或碰觸,這些印象與感知都只從自心生起。

所有的感知,不論它們是六識的對境、各種念頭或情緒反應,都並非外境,反而全是從自心所生起的心念。因此,諸法皆是自心。相信對境位於外界,這是一個謬誤的分別概念。相信我們所體驗的一切是分別獨立的外境,而非自己的感知,這實屬迷妄。

偉大的上師們授予各種不同的法教,以幫助我們瞭解諸法的本來面目。他們要求我們運用聰明才智,以理出自己體驗諸法的方式是否正確。以房間裡的柱子為例,柱子經由眼識而顯現,柱子的意

象被自心所感知。在這個基礎上，我們生起「房間裡有一根柱子」的念頭。我們的親身經驗則是證明房間裡是否真有一根柱子的真實證據。

偉大的佛教因明論師月稱（Chandrakīrti）與陳那菩薩（Dignāga）解釋，我們以親身的經驗（內顯相）來為實相作最終的驗證。他們指出，「我看見它們（諸法），所以它們存在」這句話，是證明「諸法為外境」的唯一證據。除此之外，我們無法證明感知或顯相是存在的，這被稱為「現量」（proof of clearly knowing）。根據這個論理，我們沒有理由去相信諸法存在於自己的經驗之外，也沒有理由去相信諸法與感知者是分離的。

大手印能改變慣常的理解

大手印是改變我們慣常理解的觸媒。在大手印的傳統之中，「以經驗為證」是起點。「諸法存在於我們之外」這個信念，無非是一種心的感知（mental perception，想心所）。在經過審視之後，我們就會看見，這個被感知的對境不具有任何的真實，而感知對境的心也不具實有。當「心」被指出並被認出時，我們就可能了悟感知者與被感知的對境皆非實有。

我們可以透過智識的推理或直接的體驗而發現這個事實，不論是透過哪一種方法，最終的結果都是相同的。佛陀與許多偉大的上師都曾使用「夢境」這個比喻，以使人們認識到諸法本就是自性空。不論我們在白天感知到什麼，也會在夜晚的夢境中有所體驗。

在夢中，我們可以清楚地看見並體驗到山巒、房屋與各種不同的人、事、物，但這一切是否真實存在？我們所夢到的山巒與房屋是真的嗎？並非如此，它只是看起來真有其事罷了。雖然它們並非真實存在，但是做夢的人仍然覺得它們是真實的。

這是為什麼說「諸法如夢」的原因。正如同一場夢一般，我們在白天清醒時所體驗到所有外境的顯相，都只顯現於自心。因此，它們空無實有。這個要點說明了顯相大手印的自性。

■ 本章摘自Thrangu Rinpoche, *Songs of Naropa* (Boudhanath: Rangjung Yeshe Publications, 1997)。

■ 中文版請參見堪千創古仁波切著，扎西拉姆・多多釋論英譯中，《那洛巴教你：邊工作，邊開悟》，〈大手印見地〉，新北市：眾生文化，2002年。

第30章

修所成慧

巴楚仁波切

在所有的法教之中，
以悲心為體性的空性是為究竟。
實證空性，實證法性，
乃是對治所有煩惱之法。

以幻化八喻看待對境

當你透過禪修而把智識理解化為親身覺受時，你無疑將會實證自心本性。這份確信發自內心，你從疑慮與猶豫的桎梏當中解脫，看見自心本性的真實面目。

你首先藉由「聞」與「思」而盡除所有的疑惑之後，你生起真實的禪修覺受，看見諸法皆空，了無任何實有，猶如「幻化八喻」所指：

一、夢：經由五根所感知的外境皆不具實有，而是因惑而顯，猶如夢境。

二、幻：諸法皆依暫時的因緣聚合而顯現，猶如幻術。

三、光影：諸法顯現為有，其實無有，猶如光影。

四、海市蜃樓：諸法顯現，但非真實，猶如海市蜃樓。

五、回音：諸法可被感知，但它既不在內，也不在外，猶如回音般完全不存在。

六、尋香城：無一住處，亦無居住之人，猶如尋香城。

七、映像：諸法顯現，卻不具任何自性，猶如映像。

八、幻化城：有各種顯相，但它們並非真實，猶如一座由幻術所變化出來的城市。

以此方式來看待你所感知的對境，你將會瞭解到，一切顯相皆非真實。當你檢視心——感知對境的主體——的本性時，儘管顯現於心中的對境仍然不斷地生起，但是視對境為實有的分別概念卻平息了。任自心安住於實證如虛空般的明空法性之中，這即是般若。

如何修持六波羅蜜？

為了詳盡地解釋六波羅蜜（六度），我們把每個波羅蜜細分為三，總共十八個支分。另外，財布施又分為三支，所以共有二十支分。若加上「方便波羅蜜」，則有二十一支分；加上「力波羅蜜」，則有二十二支分；加入「願波羅蜜」，則有二十三支分；再加上「本智波羅蜜」，最後總共有二十四支分。[1]若要更詳細地解釋，六波羅蜜的每個波羅蜜又可分為六支分，所以總共有三十六支分。我們可以從檢視布施波羅蜜的法布施，以瞭解這是如何運作的。

---

1 方便波羅蜜（transcendent perfections of means；藏thabs）、力波羅蜜（transcendent perfections of strength；藏stobs）、願波羅蜜（transcendent perfections of aspiration；藏smonlam）與本智波羅蜜（transcendent perfections of primal wisdom；藏ye shes）被加入六波羅蜜之中，即是所謂的「十波羅蜜」或「十度」。

法布施、財布施具足六波羅蜜

當傳法上師、被傳授之法、受法的弟子三者具足時,「闡釋法教」即是「布施波羅蜜」。傳法上師不追求利得或獎賞,其傳法的事業未被自吹自擂、憤恨他人的地位或任何煩惱所染污,這即是「持戒波羅蜜」。他孜孜不倦、不辭艱辛地重複講述文句的意義,這即是「安忍波羅蜜」。他在指定的時間內傳法,不拖延怠惰,這即是「精進波羅蜜」。他一心不亂、了無錯誤地講解主題,其心不偏離文句與含意,不增亦不減,這即是「禪定波羅蜜」。傳法時,他保持離於主體、客體與行為之三輪體空的智慧,這即是「般若波羅蜜」。因此,這「法布施」具足了所有的波羅蜜。

現在,以布施乞者飲食為例來檢視「財布施」。所施物、布施者與受者全都具足,並完成布施的行為,即是「布施波羅蜜」。布施你自己會攝取的飲食,而非布施腐敗或品質低劣的食物,即是「持戒波羅蜜」。面對人們一再請求施捨救濟,也從不惱怒煩躁,即是「安忍波羅蜜」。隨時樂意且踴躍布施,從不去想它有多麼艱辛,即是「精進波羅密」。心不因他念而散亂,即是「禪定波羅蜜」。明白施者、受者與布施的行為三者不具任何自性,即是「智慧波羅蜜」。在此,財布施也具足了六波羅蜜。同理適用於持戒、安忍等波羅蜜的支分。

十波羅蜜的要義

密勒日巴尊者歸納十波羅蜜的要義,他說道:

斷除執實有,此即布施波羅蜜,別無其他。
斷除狡詐與欺瞞,此即持戒波羅蜜,別無其他。
無畏真實義,此即安忍波羅蜜,別無其他。
不離修持,此即精進波羅蜜,別無其他。

安住於本然，此即禪定波羅蜜，別無其他。
實證本性，此即智慧波羅蜜，別無其他。
一切作為如法，此即方便波羅蜜，別無其他。
戰勝四魔，此即力波羅蜜，別無其他。
成辦二利，此即願波羅蜜，別無其他。
認出煩惱之源，此即本智波羅蜜，別無其他。

庫（Khu）、俄（Ngok）、仲（Drom）三人[2]曾問阿底峽尊者（Atīś）：「就法道的所有要素而言，何者最殊勝？」尊者回答：

最勝的學者是已實證「自性空」之真實義的人。
最勝的比丘是已調伏自心者。
最勝的功德是利他之大願。
最勝的教誡是恆時觀照自心。
最勝的對治是明了諸法不具自性。
最勝的生活之道是與世俗格格不入。
最勝的成就是漸進地減少煩惱。
最勝的修持徵相是貪欲漸減。
最勝的布施是無貪。
最勝的持戒是調御、柔善自心。
最勝的安忍是保持謙遜。
最勝的精進是棄捨各種作為。
最勝的禪定是不修整自心。[3]

---

2 庫（Khu）、俄（Ngok）、仲（Drom）三人是阿底峽尊者的三大弟子。
3 「不修整自心」意味著既不壓制念頭，也不追隨念頭，既不刻意地修整心的狀態，也不刻意去達成一種特定的禪定狀態。就某種意義而言，所有的妄念皆源自於修整本然的覺性。

最勝的智慧是視諸法不具實有。

吉美林巴尊者（Jigme Lingpa）說道：

布施波羅蜜存乎於知足；「放下」是它的要義。
持戒波羅蜜是不冒犯三寶。[4]
最勝的安忍波羅蜜是時時保持正念與覺知。
精進波羅蜜是所有其他波羅蜜之所依。
禪定波羅蜜是去體驗自己所執取的顯相皆是本尊。[5]
般若波羅蜜是執取之自解脫，
在其中，既無念頭，亦無生起念頭者。
它非尋常，離於諸邊見[6]，
它離苦，它是無上寂靜。
將此當成牢記於心的至寶，
切勿對他人宣說。

菩提心是以悲心為體性的空性

總而言之，廣大菩薩道的法教，包括六波羅蜜在內，可被歸納為「以悲心為體性之空性」。薩惹哈尊者（Saraha）在證道歌裡說道：

了無悲心，
空性的見地將永遠無法帶你通達無上的道途。

4　這是指在三寶面前，沒有難為情或無地自容之處。
5　禪定是指「無散亂」，而視顯相為真實，乃是散亂之源。禪觀顯相為本尊（這是指不具任何實有與自性的清淨智慧相），即是禪定。
6　藏語「nges shes」字義為「確定」（certainties），此處意味著諸如常見與斷見等邊見。常見主張諸法存在，斷見則主張諸法不存在。

然而，若只禪修悲心，
你仍將置身輪迴，如何能夠解脫？
具足悲心與空性的人，
既不住於輪迴，亦不住於涅槃。

既不住於輪迴，也不住於涅槃，這是正覺的「無住涅槃」。正如龍樹菩薩所言：

唯有想要證得菩提的人，
才會生起以悲心為體性的空性。

實證空性是究竟的法教

仲敦巴（Drom Tönpa）曾問阿底峽尊者：「在所有的法教之中，何者為究竟？」

尊者回答：

在所有的法教之中，以悲心為體性的空性是為究竟。它猶如力量極為強大的靈丹妙藥，能治癒世間的所有疾病。猶如那靈丹妙藥一般，實證空性，實證法性，乃是對治所有煩惱之法。

仲敦巴繼續問道：「那麼，為什麼許多人聲稱自己已實證空性，心中的貪執與瞋恨卻仍然絲毫未減？」

尊者回答：

這是因為他們的實證只是空言。他們若真已體悟空性的真實義，其身、語、意將會如踩在棉絮上，或如酥油糌粑糊那般柔軟。聖天論師（Āryadeva）曾說，縱使只質疑諸法的本性是

否為「空」,都會使輪迴[7]瓦解。因此,實證空性是究竟的靈丹妙藥,它包含法道的所有要素。

仲敦巴問:「實證空性怎麼會包含法道的所有要素?」

法道的所有要素都包含在六波羅蜜之中。若你實證空性,將會離於貪執,當你對諸法了無渴愛、執取或貪欲時,就時時具足布施波羅蜜。當你離於執取與貪著,將永遠不會被惡業所染,因而恆時具足持戒波羅蜜。你了無任何「我」與「我的」等分別概念,因而不起瞋心,於是時時具足安忍波羅蜜。你的心因實證空性而充滿喜樂,時時具足精進波羅蜜。散亂源自執取諸法為實有,你離於散亂,因而恆時具足禪定波羅蜜。當你不生起主體、客體與行為的分別時,就時時具足般若波羅蜜。

仲敦巴問:「那些已實證法性的人,是否僅透過空性的見地與禪修而成佛?」

我們所感知的色相與音聲,無一不是從自心生起。了悟心是「覺空不二」,即是「見」。時時將這份了悟謹記於心,並且從不散亂,即是「修」。在這個狀態之中,將福慧資糧視為幻相而修持,即是「行」。若這修持融入生活而成為親身覺受,它將會在你的夢中相續。若它在夢中相續,它也會於死亡之際生起。若它於死亡之際生起,也將會在中陰狀態現

---

[7] 在此,「輪迴」(samsaric existence;藏srid pa)是指人們執著並相信其為真實的任何事物。(頂果欽哲仁波切〔Dilgo Khyentse〕)

前。若它在中陰狀態現前,你肯定會證得無上的成就。

因此,勝者(世尊)所教導的八萬四千法門,都是促使我們生起菩提心的善巧方便。菩提心即是以悲心為體性的空性。

解脫輪迴須發菩提心

若無菩提心,不論「見」與「修」的法教有多麼甚深,對於證得正覺都毫無助益。修行者若在菩提心的脈絡內修持生起、圓滿次第等密宗法門,將能即身證得正覺。但是,若無菩提心,它們就無異於外道(梵tirthika)的法門。外道也有許多禪觀本尊、持咒、修練氣與脈等方法,並依因果業報的法則而行止,但是只因為他們未皈依或未發起菩提心,才無法從輪迴中解脫。格西喀惹貢穹(Kharak Gomchung)說道:

除非你的心背離世間諸法,否則領受皈依戒上至密宗的三昧耶戒等所有誓戒,也毫無用處。
除非你能調伏自己的驕慢,否則持續對他人傳法也毫無用處。
如果你貶低皈依戒,即使修行有所進展也毫無用處。
除非你結合菩提心與修持,否則日以繼夜地修持也毫無用處。

除非你先以「皈依」與「菩提心」奠立穩固的基礎,否則不論你多麼精進地聞、思、修,都將毫無用處。這猶如在結冰的湖面上建造一幢九層樓的豪宅,並在灰泥牆上繪製壁畫,終究毫無意義。

絕不要低估「皈依」與「菩提心」的修持,視其為下等或初學者修持的法門。不論踏上哪一條法道,都應在前行、正行與結行的

架構內,圓滿「皈依」與「菩提心」的修持。每個人不論軒輊,最重要的是至誠精進地專注於這些修持。

尤其是喇嘛與僧眾在收取信徒的善款、接受以亡者的名義而捐贈的錢財,或為亡者超渡時,必定要懷有真誠的菩提心。若無菩提心,不論是對生者或死者而言,這些淨障法門與法會所發揮的作用都將微乎其微。在他人眼中,喇嘛與僧眾似乎是在提供援助,但其中總是摻雜了自私自利的動機。他們將會因為接受了那些供養而被染污,而且過患無窮,使他們於來世墮入惡趣。

某人若無菩提心,縱使他能如鳥般飛翔,如鼠般穿梭地底,暢通無阻地穿山走石,在岩石上留下手印與足印,擁有無邊的神通而能行使各種奇蹟,他仍然可能只是個外道,或被力量強大的惡魔附身。剛開始,他可能會吸引某些天真無知的人,因折服於他的神通而呈獻供養。另一方面,人們若擁有真正菩提心,即使不具有其他的功德,也會利益任何與其緣遇的眾生。

你很難預料菩薩會在哪裡出現,話說,菩薩運用善巧方便,他們甚至可能是宰殺動物的屠夫或淪落風塵的女子。我們很難分辨某人是否具有菩提心,佛陀因而說道:

除了我以及如我這般的人之外,沒有人可以評判他人。

因此,不論是本尊、上師、善知識或任何其他人使你發起菩提心,皆視其為真實的佛。

每當你覺得自己已生起某些功德——不論是實證心性、生起本尊的淨相、證得神通或禪定等等,堪為修行有所進展的徵相,並且菩提心之慈悲因而日益增盛,即可以確定它們是真實的功德。然而,倘若這些覺受只令菩提心的慈悲式微,你也可以確定,那些看似修行有成的徵相,其實是一種魔障或踏上邪道的跡象。

尤其，已實證心性的人一定也會對修行更成熟的行者生起不共的信心與淨觀，對修行不及自己的人生起殊勝的慈悲心。

無與倫比的達波仁波切（Dagpo，即岡波巴大師）曾問密勒日巴尊者：「我何時才會準備就緒，可以引導其他眾生？」密勒日巴尊者答道：

> 有朝一日，你將會離於種種疑惑，對自心本性生起不可思議且不可同日而語的勝觀。屆時，你將會以一種非比尋常的方式視我——你老邁的父親——為真正的佛，並且一定會自然而然地對有情生起慈悲心。在那時，你應該開始傳法。

因此，我們應以菩提心的慈悲為基礎而聞、思、修佛法；聞、思、修三者不應分離。倘若未先透過「聞」而根除疑慮，你將永遠無法修行。話說：

> 未「聞」而「修」，這猶如你失去雙臂，卻試圖攀上岩石。

經由「聞」而根除疑惑，這不表示你必須通曉所有廣大且繁浩的主題，在這個末法時代，我們不可能在短暫生世當中成辦此事。它反而意味著，不論你實修哪些法教，都應切實地知道如何從頭到尾、正確無誤地修持。你可能存有的任何猶疑，都應透過思惟所修持的法教而排除。

修持法門的精要之處

理出法教共有的要點

當阿底峽尊者在聶塘（Nyethang）時，商地（Shang）的納

瓊敦巴（Nachung Tönpa）、齊永敦巴（Kyung Tönpa）、朗藏敦巴（Lhangtsang Tönpa）三人請求尊者教授不同的因明系統。尊者答道：

非佛教的外道與佛教徒皆有許多系統，但它們全是妄念之鏈。我們的生命太過短暫，無法也無須著眼於這些不可勝數的想法，現在該是化繁為簡而取其精要的時機。

商地的納瓊敦巴問道：「該如何化繁為簡而取其精要呢？」尊者回答：

藉由修持菩提心，對如虛空般廣大的有情生起慈悲心。藉由精進地積聚福慧資糧，以饒益眾生。藉由迴向所有的善根，以使眾生證得正覺。最後，藉由認出諸法皆自性空，如夢如幻。

若你不知道如何化簡為繁而取法門之精要，那麼任何的資訊、知識與智識上的理解都毫無用處。

阿底峽尊者入藏時，曾經受邀會見大譯師仁欽桑波（Rinchen Zangpo）。尊者一一列舉並詢問大譯師通曉哪些法教，結果證明大譯師無一不知，無一不曉，尊者對此感到非常歡喜。

「妙哉！」尊者說道，「西藏已有如你這般的多聞者，我造訪西藏就顯得相當多餘。當你坐下修法時，如何結合這些法教？」

「我依照每個法本的解釋來修持。」仁欽桑波回答。

「糟糕透頂！」阿底峽尊者失望地驚呼，「我想我前來西藏仍屬必要！」

「我該怎麼做？」譯師問。

「你應該理出所有法教的共同要點，並依法實修。」

將法教要點付諸實修

依照上師所給予的口訣而尋找修持的要點，這必不可缺。一旦掌握了要點，就必須付諸實修，否則它將毫無用處。密勒日巴尊者說道：

飢餓的人不會因為聽說食物而感到飽足，他們需要飲食才能解飢。同樣地，僅僅知曉佛法是毫無用處的，我們必須加以實修。

修持的目的在於對治煩惱與我執。密勒日巴尊者說道：

話說，你可以從一個人的臉有多紅潤來分辨他是否剛剛進食。同樣地，你可以從佛法是否發揮了對治煩惱與我執的功效，以分辨人們是否通曉並實修佛法。

波多瓦大師（Potowa）詢問格西敦巴（Tönpa）：「什麼是區分佛法與非佛法的界線？」格西敦巴回答：

若它能對治煩惱，就是佛法；反之，就不是佛法。
若它不隨順世俗之道，就是佛法；反之，就不是佛法。
若它符合經教與口訣，就是佛法；反之，就不是佛法。
若它留下善的種子，就是佛法；若留下惡的種子，就不是佛法。

融合聞、思、修

哲貢大師（Chegom）說道：

對於庸常根器者而言，相信業報即是正見。對於利根者而言，實證內外諸法皆是顯空雙運、覺空雙運，即是正見。

對於上上根者而言,了悟「見地」、「持有見地者」與「實證見地」三者無別,[8] 即是正見。

對於庸常根器者而言,心全然地專注於對境,即是正定。對於利根者而言,安住於四種雙運[9],即是正定。對於上上根者而言,無「禪修的對境」、「禪修者」與「禪修覺受」三者的無分別狀態,即是正定。

對於庸常根器者而言,猶如小心翼翼地保護雙眼那般地提防業報,即是正業。對於利根者而言,於行止時體驗一切如夢如幻,即是正業。對於上上根者而言,全然無為(total nonaction)[10]即是正業。

對於所有的修行者而言,不論是庸常根器、利根或上上根,我執、煩惱與分別念漸漸減少,即是「煖」(warmth)的徵相。

無與倫比的岡波巴大師所著的《勝道寶鬘》也提出類似的建言。

在研習佛法時,應知如何切中精要。偉大的龍欽巴尊者說道:

知識猶如天上星辰般無窮盡,學海亦無涯。
最好直取其精要——法身之不變堡壘。

因此,當你聞、思佛法之時,應去除所有的疑慮。帕當巴桑傑(Padampa Sangye)說道:

---

8 由於實證空性乃是見地,因此實證空性者、被實證之空性與實證空性的過程都被認出為自性空。它們顯現為本覺的如幻妙力,既空且本然光明。
9 四種雙運是指顯空雙運、覺空雙運、樂空雙運與明空雙運。
10 這意味著行止了無分別造作,實證作者、受者與所作全都了無自性。

猶如母鷹搜尋獵物那般求取上師的口訣；
猶如鹿聆聽音樂那般傾聽法教；
猶如瘖啞人品嚐食物那般禪修法教；
猶如北方游牧者剪羊毛那般思惟法教；
猶如雲開見日那般證得法教之果。

聞、思、修佛法應該齊頭並進。無與倫比的岡波巴大師說道：

融合聞、思、修，這是一個必要且無誤的要點。

菩提心的慈悲日益增盛，我執與煩惱日益消減，即是聞、思、修佛法之果。

這關於如何發起菩提心的口訣，乃是所有法教與法道不可或缺的精要。這個法教必不可缺，擁有它肯定足夠，否則其他的一切皆徒勞無益。切勿滿足於聽聞它、理解它，諸位應該衷心地將其付諸實修！

我聲稱要發起菩提心，但它尚未在我心中生起。
我已修學六波羅蜜的道途，但我仍然自私自利。
請加持我，以及如我這般心胸狹窄的眾生，
如此我們可以修學無上菩提心。

■ 本章摘自Patrül Rinpoche, *The Words of My Perfect Teacher* (Boston: Shambhala Publications, 1998, and San Francisco: HarperSanFrancisco, 1994), "Wisdom through Meditation"。

■ 中文版請參見巴楚仁波切著，姚仁喜譯，《普賢上師言教：大圓滿龍欽心髓前行指引（下）》,〈生起菩提心，大乘之根本〉，台北：橡實文化，2010年。

第31章
證道歌
密勒日巴尊者

你們豈不知佛即是法身？
你們豈不知法身即是你的本性？
當你了悟這一切，你所體驗到的一切皆由心生。

南摩咕汝（Namo Guru）。

尋得信心

　　密勒日巴尊者從位於芒域（Mang-Yul）的吉隆（Kyirong）前往聶囊（Nyanang），他舊時的功德主們欣喜若狂，懇求尊者：「請常駐於聶囊。」當時，密勒日巴所居住的洞穴位於一個狀似肚子、介於幾棵老樹之間的巨石下，一位名叫薩迦貢俄（Shakya Guna）的僧師，以及聶囊的幾位在家眾前來拜訪。

　　他們問密勒日巴尊者：「請告訴我們，當您在其他的山間閉關所禪修之時，您所證得的信心與修行的進展。」尊者唱起這首道歌作為回應。

　　我頂禮大譯師馬爾巴之蓮足。

在其他的山間閉關所從事禪修時，
我在「無生」之中尋得信心，
我執取前世與來生為二的分別已經消融。

六種覺受已成謊言，
對於生死所生起的疑慮如今已清除。
我在「平等」當中尋得信心，
我執取苦與樂為二的分別已經消融。

諸受已成謊言，
對於取捨所生起的疑慮如今已清除。
我在「無別」當中尋得信心，
我執取輪涅為二的分別已經消融。

修學諸道與諸地已成謊言，
對於希望與恐懼所生起的疑慮如今已清除。

以符合常理的方式從事修持

在家眾接著說道：「（除此之外，）您還生起什麼悟境？」

密勒日巴尊者回答：「我體悟到該如何以符合常人理解的方式來修持。」他接著唱起這首道歌。

當「雙親」這個外因生起，
阿賴耶識由內生起，
在內與外之間已證得暇滿人身時，
我已然免於投生惡趣。

當生與死的顯相從外在生起，
厭離與信心由內而生，
在內與外之間思及正法時，
我已然逃離「家庭與家園」這個敵人。

當如父上師之助緣從外在生起，
之前修學所得的智慧由內而生，
在內與外之間已證得信解，
我不再懷疑正法。

當六道眾生於外在生起，
無分別的悲心由內而生，
在內與外之間憶念禪修覺受時，
我的悲心已離於自私的貪欲。

當自解脫的三界從外在生起，
自生智由內而生，
在內與外之間具有實證之信心時，
我不再畏懼邪魔。

當五種欲樂從外在生起，
無執的勝觀由內而生，
在內與外之間行持平等一味，
我不再執取苦、樂為二。

當「無分別修」顯於外，
內心離於希望與恐懼，

在內與外之間離於造作這個疾病時，
我逃離了善惡之二元執取。

修持直指心性的口訣

　　僧師薩迦貢俄接著說道：「尊者的證量向來殊勝！雖然我過去得遇尊者，卻尚未領受能信任、依止的口訣。尊者慈悲，請您賜予灌頂與口訣！」

　　在授予灌頂與口訣之後，密勒日巴尊者囑咐薩迦貢俄去從事禪修。薩迦貢俄生起一些覺受，並對尊者敘述：

　　倘若顯相與輪迴皆非實有，似乎就沒有必要從事修持。倘若心不存在，似乎就沒有作者。倘若沒有上師，行者就不知道如何修持。請加以闡明，並授予直指心性的口訣。

　　密勒日巴尊者唱起這首證道歌作為回應。

　　無生是顯相的本性，
　　如果諸法生起，那是你執其為真實。
　　無根基是輪迴的本性，
　　諸法若有根基，是因為你的分別念。

　　無別是心的本性，
　　若有分別，是因為你的貪執。
　　具傳承的上師是真實的上師，
　　若你捏造上師，即是愚癡。

心猶如虛空，
但它卻被如南方飄來的雲朵般的念頭所障蔽。
具德上師的口訣，
則猶如陣陣強風。

念頭也是光明的本智，
覺受如日月般昭亮。
明性離於十方三時，
無可執取，離於言詮。

它的決斷如星辰般閃耀，
任何生起者皆是大樂，
離戲法身是其本性，
六識境是空性之相續。

無勤作、任運、無為，
在這個狀態之中，離於自他之分。[1]
我保任於無執的本智之中，
永不離於三身，多麼不可思議！

修行是今生的唯一目標

僧師，切勿執著於今生的名聲與幸福，切勿追逐世俗名相，反而應該把修行當作今生的唯一目標。由於每個人都如此地修持，你

---

1 若按照藏文原文的另一個拼法，這一行則翻譯為：「在這個狀態之中，其本性是離於分別的。」

也應當修持這些話語的真實義。

　　密勒日巴尊者唱起這首證道歌：

善男子、善女人，
你們豈不知今生的種種皆欺妄？
你們豈不知所有的享樂皆如幻？
你們豈不知輪迴其實就是涅槃？

你們豈不知歡樂只是一場夢？
你們豈不知讚美與指責只是回音？
你們豈不知顯相只是自心？
你們豈不知自心即佛？

你們豈不知佛即是法身？
你們豈不知法身即是自心本性？
當你了悟這一切，你所體驗到的一切皆由心生。

日以繼夜地注視這個心。
當你注視自心時，你不見一物，
安住於這個無所見的狀態之中。
大手印之本性無可比擬，
因此，我安住於無執的心境之中。

座上修與座下修是無別的，
因而不再有所謂的禪修次第。
所有被體驗的諸法皆是體性空，
因此，正念無所執取，也無所失去。

我已品嚐了無生的滋味,
並有所實證。
事業手印,以及脈、氣、明點等修持,
持誦咒語,觀想本尊,
觀修四梵住等等,
全是趣入這無上乘的方法。

縱使你特意地觀修這些法門,
仍然不足以斷除貪欲與瞋恚。
顯相是自心,
因此,請瞭解此心是「空」。

當你不再離於實證的覺受時,
持戒、獻供等等,
全都包含其中。

　　聽了這番話之後,僧師薩迦貢俄專心修持,證得不共的覺受與證解,並成為密勒日巴尊者的主要弟子之一。
　　這個故事描述了密勒日巴尊者在聶囊的腹穴（Belly Cave）接受僧師薩迦貢俄為弟子的經過。

■ 本文譯自《密勒日巴道歌》（*Mila Gurbum*）,艾瑞克・貝瑪・昆桑（Erik Pema Kunsang）英譯,2001年。

第32章

大乘之本

蓮花生大士

以自己的覺受為度量，
藉由慈、悲、喜、捨四無量心
而生起願菩提心，
願如母眾生離苦得樂。

坐在一張舒適的坐墊上，身體挺直，呼出濁氣。
向三寶祈請，並對你的上師生起虔敬心。
保持正念，並依如下的方式思惟。[1]

這個以閒暇圓滿為莊嚴的身所依，
猶如優曇波羅花般稀有難尋。
倘若你善巧地利用它，
此難得人身就具有超越如意寶的大價值。[2]

因此，你應恆時依止善知識與益友。

---

[1]《道次第·本頌》：「坐適意座正身吐濁氣，祈請三寶於師生敬信，正念現前安放如是觀。」

[2]《道次第·本頌》：「暇滿圓滿具足所嚴身，極其難得如優曇波華，若能善巧攝取精華法，所得大利更勝如意珠。」

放棄今生的罣礙,並為了來世的利益,
應當努力精進且迫不及待地善用它,若非如此,
〔這難得的人身將不會長久。〕[3]

猶如日升月落一般,和合而成的諸法是無常的。
死期不定,猶如天空中的閃電。
在死亡之時,非佛法的事物完全不會有任何幫助,
因此,應當正確地修持無上殊勝之正法。[4]

業力法則是修持殊勝正法之根。
造作惡行與不善,你將會墮入惡趣;
藉由善行,你將證得善趣與解脫。
因此,懺悔自己所造作的惡業,並衷心地立誓不再重蹈覆轍。[5]

精進地增長善根。
大禮拜與繞行能滌淨「身」之惡業,
持誦與閱讀佛語能淨除「語」之障蔽,
向三寶祈請能調伏「意」的過患。
恆時正確地修學正念與不放逸。[6]

---

[3]《道次第·本頌》:「故於時與一切分位中,依止善知識及益友伴,心捨現世利益來生故,若未勤修速速取精華,」

[4]《道次第·本頌》:「有為無常如日月昇沈,死時無定如虛空閃電,死時唯法之外餘無益,殊勝佛法當如理奉行。」

[5]《道次第·本頌》:「修行佛法根本業果報,以不善罪墮生三惡趣,以行善業得上趣解脫,是故懺罪由衷戒慎護,」

[6]《道次第·本頌》:「勤修善業根本作承擔,頂禮繞巡清淨身罪障,念誦讀經淨治口之障,祈請三寶消除意罪過,常勤正知正念如理學。」

尤其，為了成就解脫之境，
認出並憶念輪迴的一切皆猶如火坑、刀山或劍林，
一再地生起渴望迅速
離於三苦的強烈且真誠的發心。[7]

當你瞭解到輪迴的種種排場
皆無常、易變且虛幻時，
縱使你面對梵天與帝釋天的吉祥輝煌，
連一剎那也不會生起絲毫的迷戀。[8]

真正地把三寶、諸根本與護法
視為不變且恆常的庇護，
恭敬地視他們為依歸，直至證得菩提，
以使自己與眾生脫離輪迴苦海。[9]

以自己的覺受為度量，
藉由慈、悲、喜、捨四無量心
而生起願菩提心，
願如母眾生離苦得樂。[10]

---

[7]《道次第·本頌》：「尤其修行解脫之果位，一切輪迴火坑鋒刃苑，利劍林般以正知正念，心欲速速解脫出三苦，強力不假造作再三生。」

[8]《道次第·本頌》：「一旦於此輪迴諸財富，了悟無常非堅為欺誑，心貪梵天帝釋之吉祥，亦令剎那無生起機會。」

[9]《道次第·本頌》：「復於三寶三根本護法，無誑永常依處決定見，度脫自他輪迴怖畏故，直至菩提恭敬持皈依。」

[10]《道次第·本頌》：「自度所受為母諸眾生，具足安樂遠離痛苦故，慈悲以及喜與平等捨，以四無量發願菩提心。」

懷著為了利他而追求正覺的發心，
如丟棄青草那般地布施自己的身體與財物，
為身陷險境者提供保護，
修持佛法，並安置他人於正法之中。[11]

懷著歡喜、出離的發心，
克制自己不造作身、語、意三門之惡業。
竭盡所能地修持有漏善與無漏善，
策勵自己的所有作為皆是為了饒益眾生。[12]

藉由憶念瞋怒的過患而修習安忍，
永不屈服於作惡者。
精進、歡喜、不畏艱困地護持佛法，
並且無懼甚深之空性。[13]

藉由喚醒向善的勇氣，
披上孜孜不倦地從事菩薩行的盔甲。
晝夜無散亂地努力精進，
不畏艱辛地成辦眾生的福祉。[14]

---

[11]《道次第‧本頌》：「為利他故一心求菩提，身與享用一切棄如草，畏險當求皈依處蘇息，自如法行教他亦如是，」

[12]《道次第‧本頌》：「斷捨之思以極清淨心，戒護三門遮罪之過失，有漏無漏眾善盡力修，利益一切有情故付出，」

[13]《道次第‧本頌》：「為永不受損惱境欺凌，憶念瞋恚過患修安忍，為法之故歡喜取難行，當於甚深空性無畏懼，」

[14]《道次第‧本頌》：「以用心利覺醒於善事，於菩提行擐無怯鎧甲，諸晝夜中精進不散逸，若修利他當捨棄動轉，」

懷著寂止自心的發心，
以世間的禪那為基礎。
藉由勝觀以圓滿成就三摩地，
契入諸如來之所行境。[15]

藉由勝解諸法的抉擇慧，
首先經由「聞」而理解所有的教言。
其次，經由「思」而認知其實義。
最後，經由「修」而實證之。[16]

在成熟了自心的相續之後，以布施攝集信眾，
以悅意的言語令其歡喜，以如一的言行令其寬慰。
以具義的行止為勸導，令其暫時且究竟地安頓於
利樂吉祥之中。[17]

承擔眾生的所有苦難，
將自己的安樂與善德布施給六道眾生，
不畏艱困、堅持不懈地修學悲心與菩提心，
即是精要所在。[18]

---

[15]《道次第·本頌》：「意以現前思惟奢摩他，世間靜慮持之為基礎，毘婆舍那極成於禪定，進入如來所行境性中，」

[16]《道次第·本頌》：「以用善加分辨法之慧，最初以聞契入諸法句，中以思惟覓求理解義，後以修得現前於義性。」

[17]《道次第·本頌》：「成熟自續後布施攝眾，愛語順心同事意舒暢，利行合議暫時與究竟，安置利益安樂吉祥中。」

[18]《道次第·本頌》：「要訣精華是於諸有情，無餘痛苦由我作承擔，我之樂善施予六道眾，遇緣不轉修悲菩提心。」

尤其，所執取的外境皆非真實，
如幻相般顯現，並非恆常，
儘管無常，但仍有其功用。
它們非「一」，反而是種種的生起與變化。[19]

它們並非自生，反而依於業行。
它們並非微塵，因為無方分微塵並不存在。
如果它們存在，粗重諸法將無法組成。
如果它們有細分，就會牴觸「無方分」的主張。[20]

它們只不過是一個無實有且謬誤的顯相，一個緣起，
如夢，如幻，如水中月。
視其為尋香城，視其為彩虹。
能緣的心也空無「我」或自性，[21]

它們既非異於五蘊，
亦非同於五蘊。[22]

如果它們異於五蘊，就會有其他的實有。
但事實並非如此。如果它們同於五蘊，
就會與「常我」相牴觸，因為五蘊並非恆常。

---

[19]《道次第·本頌》：「尤其能執外在所執境，一切非真如幻化顯現，並非為常無常能成事，並非為一出變化種種，」
[20]《道次第·本頌》：「並非自主隨業所流轉，並非微塵無分不成塵，設若成立不能作粗分，設若有分違無方分旨，」
[21]《道次第·本頌》：「是故無顯假相唯緣起，如夢如幻亦如水中月，如尋香城如虹如是觀。見者之心亦無吾無我，」
[22]《道次第·本頌》：「其是蘊外別有他相異，蘊為五一悉無所緣故，」

因此，在五蘊的基礎上，
「我」僅僅是由我執的力量所假立。[23]

至於假立者，過去的念頭已然消失，不復存在。
未來的念頭尚未生起，當下的念頭經不起細察。
總之，明白能取與所取之人、法二我
如虛空般寂靜且無生，
而且這無生離於分別。[24]

於此，甚至連遍知者亦無言，
這「了無心之造作」被稱為「中道」。
對此有所了悟之後，安住於平等之中，
離於分別造作，住於無所固著的狀態之中。[25]

念頭因而平息，得見本然心性。
由此，你成就了五眼[26]、神通與陀羅尼（dharani-recall）[27]等功德。
波羅蜜多之因乘在於漸進地證得諸道與諸菩薩地。[28]

---

[23]《道次第·本頌》：「前若成立即成有他物，其非如此後者成立時，蘊為無常自性與常違，是故雖然依據於五蘊，以我執力如是作安立。」
[24]《道次第·本頌》：「立者之念過去逝已無，未來未生現在不可察。總之二我能所連其根，了知如空極寂無生後，無生本性更超越心境。」
[25]《道次第·本頌》：「一切智者亦復詞窮故，普離戲論名之為中道。如是知已遠離於執著，心無造作平等安放中。」
[26] 五眼是指肉眼、天眼、慧眼、法眼與佛眼。
[27] 陀羅尼（dharani-recall）意譯「總持、能持、能遮」，即能總攝憶持無量佛法，而不忘失之念慧力。
[28]《道次第·本頌》：「平息妄念明了體性理，眼與神通總持功德成，道與諸地次第獲證得，是為波羅蜜多之因乘。」

在果道之上，
你仍應以悲空雙運的修持作為「道」的基礎。[29]

■ 本文摘自 *The Root Verses of Lamrim Yeshe Nyingpo*, translated by Erik Pema Kunsang. Padmasambhava and Jamgön Kongtrül, *The Light of Wisdom*, Volume I (Boudhanath: Rangjung Yeshe Publications, 1999), "Root Text"。

■ 中文版請參見蓮花生大士口授，蔣貢康楚一世釋義，普賢法譯小組譯，《智慧之光‧一：蓮花生大士甚深伏藏〈道次第‧智慧藏〉》，〈根本文〉，台北：橡樹林文化，2016年。

---

[29]《道次第‧本頌》：「果乘之道於空悲二者，雙運而行持為道基礎。」

第33章

禪修勝義菩提心及其果

蔣貢康楚仁波切

於空悲無別雙運之中，
徹底地修心者，
將示證佛、法、僧。

以禪修為修行的方法

《道次第・智慧藏》的〈本頌〉說道：

對此有所了悟之後，安住於平等之中，
離於分別造作，住於無所固著的狀態之中。[1]

當你完全地瞭解「離戲法性」這個見地，並經由分析勝義的論證而找不到任何戲論相（constructed attributes）時，你應當安住於抉擇慧的相續之中。這抉擇慧即是對「離於諸邊」（離於執取諸邊的分別，無所貪著）這個事實，已證得鞭辟入裡的確信。自然地安住，了無任何比量心所尋伺、造作的修整，例如，執著於破斥實有

---

[1]《道次第・本頌》：「如是知已遠離於執著，心無造作平等安放中」

之空性等等，這猶如鑽木取火，當鑽木的木棒與作為基底的木塊燃燒殆盡時，火也自然而然地熄滅。《無生寶藏論》提出建言：

切勿起分別，切勿思惟。
無造作本身即是無生寶藏。[2]

《八千頌般若波羅蜜多經》（Aṣṭasāhasrikā-Prajñāpāramitā，略稱《八千頌》）也指出：

修習「不起分別」即是修習般若。

《莊嚴經論》與《現觀莊嚴論》皆說道：

沒有什麼要從此去除，甚至也無須增添絲毫。
真正地注視那真實，看見真實，即是正解脫。[3]

因此，行者應恆時安住於平等之中。就座下修而言，《聖般若攝頌》說道：

我不會假裝「住於平等」或「從中出起」。

---

[2]《無生寶藏論》：「皆莫分別皆莫想，莫加造作自性住，無造不生大寶藏。」
3　這段引言的意思是：「由於善逝藏本就未受過患所染，所以其中並無要去除的二障之過失。此外，善逝藏本就具足成熟、解脫之功德與解脫之基，既無暫時的外來元素，亦無須增添或證得新的成就。確實地注視這真實無謬的見地，它是具足無上功德，又離於取捨、增減的根基。因此，看見真實之果（正果），即是離於二障的無上正解脫。」（久恰仁波切）譯按：《現觀莊嚴論》：「此中無所遺，亦無少可立，於正性正觀，正見而解脫。」

何以如此，因我已實證法性。[4]

因此，懷著認識諸法皆虛幻的覺受，竭盡所能地積聚福德資糧，如此在圓滿無上的禪修次第時，你將證得穩固的三摩地。

以解脫其果為銜接

智慧與方便雙運的法道

《道次第‧智慧藏》的〈本頌〉說道：

念頭因而平息，得見本然心性。
由此，你成就了五眼、神通與陀羅尼等功德。
波羅蜜多之因乘在於漸進地證得諸道與諸菩薩地，
在果道之上，
你仍應以悲空雙運的修持作為「道」的基礎。[5]

在以此方式熟悉禪修之後，所有分別念的騷動因而「寂靜」，你能隨心所欲地長時間「安住」於心性之中，身心隨之變得輕安調柔。你從「無所見」當中，「清晰地看見」並認出圓滿本智的體性。[6]《聖般若攝頌》說道：

---

4 這段引言的意思是：「我，身為菩薩，不裝模作樣地執取安住於如虛空般的空性定，或從如幻相般的座下修出起之念想。何以如此？這是因為我已實證空性一直都是所有可知諸法的本性。」譯按：《聖般若攝頌》：「彼無我入起定想，因徹知法自性故。」

[5]《道次第‧本頌》：「平息妄念明了體性理，眼與神通總持功德成，道與諸地次第獲證德，是為波羅蜜多之因乘。果乘之道於空悲二者，雙運而行持為道基礎。」

6 在此，蔣貢康楚仁波切針對奢摩他（止）與毘婆奢那（觀）的字義作文字遊戲。「止」是指「寂靜安住」，「觀」是指「清晰地看見」。

眾生驚歎:「我看見天空!」
但是,應當審視「天空究竟是如何被看見」的意義。
如來即是以此來描述我們看見諸法的方式。[7]

《中觀小諦》(*Short Truth of the Middle*)說道:

極甚深的佛經說道,
無所見即是真實的觀見。[8]

這是一條方便與智慧雙運的法道,能盡除二障。你因而漸進地成就所有暫時的與究竟的功德,包括五眼、六神通、陀羅尼、辯才勇猛無礙、掌控心與風息的神通力,以及法流三摩地[9]。循序漸進地通過五道與十地,你將證得所有「道」與「地」的功德。[10]

資糧道——積聚福慧資糧

換句話說,資糧道始於發菩提心,並經由精進地修持布施等二資糧而積聚有助於解脫的功德,直至證得煖智。在資糧道的上、中、下品之中,下品資糧道主要是修習四念處,中品資糧道主要是修習四正勤,上品資糧道則主要是修習四如意足或四神足。

---

[7]《聖般若攝頌》:「有情聲稱見虛空,虛空豈見觀此義,佛說見法亦復然。」
8 所有極甚深的佛經皆指出,圓滿實證二無我即是真實地看見諸佛之真如。「實證二無我」是指見不到任何的執實有,並離於諸邊,完全不起分別。(久恰仁波切)
[9]「法流三摩地」是指將證得「世第一法位」的三摩地,因為行者在此將進入通向解脫的「法流」,入於見道位。
10「二障」是所知障與煩惱障;「五眼」是肉眼、天眼、慧眼、法眼與佛眼;「六神通」是神足通、天耳通、天眼通、他心通、宿命通、漏盡智證通。(久恰仁波切)

加行道──趣入四聖諦

在圓滿了資糧道之後，你體驗到「四抉擇分」，即從禪修而得的世間慧，相應於四諦之實證。由於此道使你「加入」並現證四諦，所以它被稱為「加行道」（path of joining）。

四抉擇分是以下四個次第：

一、煖位：感知實相（法性）的前兆。
二、頂位：世間三摩地之頂。
三、忍位：接受甚深佛法。
四、世第一法位。

煖位與頂位具有五根[11]，忍位與世第一法位具有五力[12]。四抉擇分的每一分又可細分為上、中、下三品，即「十二抉擇分」。

見道──看見四諦

在圓滿世第一法位時，你將會體驗到具有十六剎那自性之智，而十六剎那是把四諦各別細分為法忍、法智、類忍、類智而得。[13]

因此，你經由含攝三界的見道而斷除所有「應斷」，並以出世間的抉擇慧而看見先前未見之法性，也就是看見四聖諦。這因而稱

---

[11] 五根：信根、精進根、念根、定根、慧根。
[12] 五力：信力、精進力、念力、定力、慧力。
[13] 行者在圓滿「世第一法」將證入見道位的階段，依欲界與上二界（色界與無色界）兩個層次觀修四諦（苦、集、滅、道），欲界有四忍、四智，上二界有四忍、四智，共有八忍、八智，稱為「十六剎那」。此「十六剎那」是：（一）苦諦：苦法智忍、苦法智、苦類智忍、苦類智；（二）集諦：集法智忍、集法智、集類智忍、集類智；（三）滅諦：滅法智忍、滅法智、滅類智忍、滅類智；（四）道諦：道法智忍、道法智、道類智忍、道類智。

作「見道」（path of seeing），它具足七菩提分[14]。

修道——熟悉所實證的真如法性

「修道」（path of cultivation）從此而展開，而之所以被稱為「修道」，是因為修行者反覆串習，以熟悉之前所實證的真如法性。「修道」分為上、中、下三品，並具有八聖道。

無學道——實證究竟的本智

當你以此方式而圓滿了「有學道」（paths of training）[15]的三十七菩提分法[16]，抵達「修道」的終點，並藉由金剛喻三摩地（vajralike samadhi）而盡除最微細的「應斷」之後，就實證了勝義本智，而這即是「無學道」（path beyond training），亦稱「正覺道」（path of consummation）。你因而實證了無學道的十種功德[17]。

就以「地」作為五道的功德所依，以及從發展更高菩薩地的面向來看，完整的修學包含十個不共的「地」[18]。「見道」的修行者已證得初地歡喜地，離於五種怖畏[19]，並獲得一千兩百種（十二乘以一百種）功德。

在「修道」的上、中、下三品之中，修行者從二地上至十地，所斷與所證的不共功德逐漸增盛，直到它們增盛到一千乘以十億

---

14 七菩提分（七覺支）：念覺支、擇法覺支、定覺支、精進覺支、喜覺支、輕安覺支、捨覺支。
[15]「有學道」即指五道的前四道——資糧道、加行道、見道與修道。
[16] 三十七菩提分法：四念處、四正勤、四如意足、五根、五力、七菩提分、八聖道。
[17] 無學道的十種功德：無學正見、無學正思惟、無學正語、無學正業、無學正命、無學正精進、無學正念、無學正定、無學正解脫、無學正智。
[18] 十地依序分別是：歡喜地（此地屬於見道位）、離垢地、發光地、焰慧地、難勝地、現前地、遠行地、不動地、善慧地、法雲地（以上第二地至第十地屬於修道位）。
[19] 見道以前之修行者所起的五種怖畏：不活畏、惡名畏、死畏、惡道畏、大眾威德畏。

為止。在菩薩八地時，你證得「十自在」[20]；在菩薩九地，證得「四無礙解」[21]；在菩薩十地，你領受大光明灌頂。你於是住於佛位，也就是菩薩十一地——普光地。

《莊嚴經論》根本文與其他文本就九種不共功德，闡明菩薩地的每一地。

因乘、果乘與咒乘

以「因」為道，以「果」為道

在此總結了以「因」為道的波羅蜜多乘所教導「空悲雙運之菩提心」的意義，它是所有法教的根本。隨後，在以「果」為道的金剛乘之中，你必須修持空性（智慧）與大悲（方便）之雙運，作為法道的基石。有鑑於此，我在此首先解釋這雙運。根據《五次第》（The Five Stages）的說法：

明白如何修持智慧與悲心雙運的人，
那被解釋為「雙運」的次第，
乃是諸佛的所行境。

《金剛幕帳》也一致說道：

於空悲無別雙運之中，徹底地修心者，
將示證佛、法、僧。[22]

---

[20] 十自在：命自在、心自在、財自在、業自在、生自在、願自在、信解自在、如意自在、智自在、法自在。
[21] 四無礙解：法無礙、義無礙、詞無礙、辯無礙。
[22]《金剛幕帳》：「空性悲心無有別，於諸心中觀修遍，此乃是佛及佛法，也是所謂聖僧眾。」

此外,《菩提道燈論》指出:

根據教言,
了無方便的智慧與了無智慧的方便,
皆是結縛,
因此,勿捨智慧,亦勿捨方便。[23]

此時,《斷二邊》(*Eliminating The Two Extremes*)針對因乘與果乘的意義作了解釋:

在轉動了以「因」為道的因乘法輪之後,
(佛陀授記了)果乘的迅疾道。[24]

一般而言,因乘之所以被稱為「因乘」,是因為它「以『因』為導而趣入」,而果乘之所以被稱為「果乘」,是因為「直接在此被引導」。[25] 根據遍知龍欽巴尊者的見解,這些詞語的定義如下:

因乘之所以被稱為「因乘」,是因為它接受因果關係,主張證悟是以二資糧為助緣,並經由增盛善逝藏的功德而證得;此時,善逝藏只是一粒種子。

---

[23]《菩提道燈論》:「智慧離方便,方便離智慧,俱說為縛故,二俱不應捨。」

24 這段引言的意思是:在三轉了以「因」為道——以成佛之因為道——之因乘(小乘與大乘)法輪,以證得目前尚未成就之果(證悟)之後,佛陀授記:「在我入滅二十八年之後,將出現以『果』為道的迅疾道——果乘金剛乘。」(久恰仁波切)

25 一般而言,因乘之所以被稱為「因乘」,是因為「以此為方便」而被引導或踏上道途(以「因」為道);果乘之所以被稱作「果乘」,是因為「就在此處」被引導或於道上前行(以「果」為道)。因此,咒乘(梵Mantrayāna,即金剛乘)較為殊勝,因為它具足「因」與「果」兩者。(久恰仁波切)

果乘之所以被稱為「果乘」，是因為它主張具足種種功德的善逝藏是能淨之基。眾生本自具足善逝藏，猶如太陽本就具有陽光。「所淨」是八識聚[26]的暫時垢染，猶如天空暫時被雲朵遮蔽。修行者藉由「能淨」——成熟道與解脫道[27]，而實證「淨果」——元成自性。除此之外，沒有次第或功德的差異。

《二品續》也主張：

眾生本是佛，
然而，他們卻被暫時的染污所障蔽。
障蔽盡除時，眾生即證得證悟。[28]

《三理炬》陳述兩者（因乘與果乘）之間的差異：

儘管目的相同，但它（果乘）是真實無謬的。
它具有許多方便，而且鮮少困難，
被利根者所修持而增上，
因此，咒乘尤其殊勝。[29]

咒乘是殊勝之道

雖然因乘與果乘皆是以證得證悟為目的，但是就行於法道的

---

26 八識聚（eight collections of conciousnesses）是阿賴耶（總基）、有染的心識（末那識）、意識，以及眼識、耳識、鼻識、舌識與身識。（久恰仁波切）

27 成熟道與解脫道是金剛乘修行的兩大關鍵部分：能熟灌頂使修行者的心續成熟，繼而具有證得四身的能力；解脫口訣使修行者能夠實修經由灌頂所指出的勝觀。（久恰仁波切）

[28]《二品續》：「眾生本為佛，然為客塵遮，垢淨觀真佛。」

[29]《三理炬》：「義同然無愚，多方便無難，依利根增上，說咒論超勝。」

四種方法而言，咒乘尤其殊勝。因乘〔的修行者〕修持外波羅蜜而生起妄惑，受到阻礙，縱使長時間修持，亦無法企及究竟。另一方面，咒乘真實無謬，能透過方便與智慧雙運的內三摩地而迅速證得圓滿。因乘必須長期依賴苦行、戒律等不完整且較不甚深的方便法門，藉以淨除單一煩惱或成就單一目標。然而，咒乘的法門既甚深又廣繁，修行者甚至只要在種類繁多的生圓次第之中修持一種，加上它們的支分法門，即可達成目的。[30]

若以因乘為道，你必須經歷種種大艱難，才能證得成就，因為在因乘之中，依行者的根器而成就果位的方便法門是稀少的。若是經由咒乘，相應於法同（對境）、別時、別義與順眾生心（根器）等不共功德[31]的方便法門則相當簡單，甚至連種種結縛都能被轉化而作為道用，發揮解脫的功效。由於咒乘能輕易地證果，修行者可免於苦行與艱困。

鈍根者不知方便法門而依循小乘，中根者誤解方便法門而依循波羅蜜多乘。咒乘的行者縱使犯下會使其墮入惡趣的業行，都能透過不共的方便法門，而將其轉化成為證悟之因。

此外，因乘只會使行者生起「取」與「捨」的二元分別念。經由咒乘，行者將能視外器世界與內情眾生為大清淨與大平等——殊勝無別之二諦。在認識到了無能執與所執、了無取捨的情況下，便能把所有的體驗作為道用。因此，咒乘是適合利根者的殊勝道。此外，尚有六、七或十二種等等方式可以解釋咒乘何以殊勝。

趣入咒乘的原因如下：勝者教授八萬四千法門作為對治，它們

---

30 生（生起）圓（圓滿）二次第是金剛乘修持的兩大面向，即方便與智慧二面向。簡而言之，生起次第意味著善的心之造作，包括觀想與持咒；圓滿次第則是指安住於無造作的心性當中。

31 在咒乘當中，法同、別時、別義與順眾生心等不共功德是：「法同」意味著享受五種欲樂，「別時」意味著迅速證果，「別義」意味著體驗諸法為清淨，「順眾生心」意味著相應於最利根器與其他根器者的法門。（久恰仁波切）

可以總歸為十二殊勝語（十二分教）或九乘。若再加以精簡濃縮，它們可被包括在三藏或四藏等等之內。因此，不論數量多寡，所有的法教都是趣入無上瑜伽（Unexcelled Yoga）[32]的道次第。

換句話說，即使所有的聲聞與緣覺已藉由諸佛的大光明而臻至圓滿，在某個時候，他們仍然必須從寂滅中出起而趣入大乘。那些已經透過菩薩乘與密咒三外續而行至十地大補處位33的行者，仍然必須根除束縛其於輪迴的微細分別念，也必須斷除「三現習氣」（tendencies of the three experiences）（又稱「遷轉習氣」〔habitual tendency of transference〕）34，才能夠證得大菩提。第四灌頂之道的自明本智、不變的雙運大樂，正是斷除這些習氣的對治法，而這只有無上瑜伽部方有教導。35

---

[32]「Unexcelled Yoga」即是「Anuttara Yoga」（無上瑜伽）的同義詞。

33 大補處位（stage of Great Regent）是指第十地法雲地，是釋迦牟尼佛的補處所住之位，例如觀音、文殊、金剛手等近侍八子。（祖古烏金仁波切）

34「三現遷轉習氣」（tendencies of the three experiences of transference）的染垢是指在雙運期間，對於「界」（elements）之遷轉的實際遮障，但是單單如此定義，又顯得過於狹隘。它也包括：脈、氣、明點；身、語、意；三界；外、內、密。

「三現遷轉」（three experiences of transference）意指「顯、增、得」三相。交合時，從脈輪處開始的初始遷轉，以及從自身處的最終射出遷轉，兩者都是粗重的。不論是粗重的（粗分）、細微的（細分）或中等的（中品），都顯現為阻礙禪定達到相續的遮障。不論所生起的是善、惡或不善不惡，三現（三覺受）都會產生，這就是咒乘法教所提及的細微所知障。粗分是死亡或交合〔的過程〕；中品是暈厥或睡著之時；細分是打噴嚏與打嗝之時；在任何的念頭生起期間，極細分都不停地發生。然而，在睡眠與交合之間的細微程度是可逆轉的。

一般而言，「顯、增、得」三相的細微染垢，在交合時會比在入睡時更為細微。這是因為在熟睡時，仍然會有輕微的呼吸，而據說在雙運菩提心作遷移時，呼吸活動會有瞬間的停止。如白睡蓮（kunda）般的雙運菩提心，其遷轉遮障是明顯的遮，習氣的遮障則是不明顯且微的。就《究竟一乘寶性論》（*Uttara Tantra*）所教導的內容而言，雙運的遮障是指昏沉、呆滯、睏倦，以及掉舉、亢奮、念頭生起，這些障蔽了禪定的雙運狀態。（久恰仁波切）

35 大圓滿是與第四灌相關的法道，它包括立斷法與頓超法。（祖古烏金仁波切）

每個下部乘的意義都被包含在繼後的法乘之中,而且不論你已進入哪一個法乘,最終都必須踏上無上瑜伽的道途。因此,無上瑜伽乘最為殊勝,它是所有法教與次第乘的頂峰。《秘密藏續》說道:

這秘密的本性
已無疑地被決斷為所有藏(梵piṭaka)與所有密續之源。

此外,《釋續》(*Exposition Tantra*)說道:

就這個自明之王——實證平等之性——而言,
正如百川入大海,
解脫法門與法乘儘管數量無限,
都被含納在實證無上自性的勝妙方便法門之中。

■ 本章摘自 *The Light of Wisdom*, Volume I (Boudhanath: Rangjung Yeshe Publications, 1999).

■ 中文版請參見蓮花生大士口授,蔣貢康楚一世釋義,普賢法譯小組譯,《智慧之光‧一:蓮花生大士甚深伏藏〈道次第‧智慧藏〉》,台北:橡樹林文化,2016年。

| 附錄一 |

詞彙解釋

2劃

十八界（eighteen constituents）：即六識（眼識、耳識、鼻識、舌識、身識、意識）、六根（眼、耳、鼻、舌、身、意）與六境（色、聲、香、味、觸、法）。

十二處（twelve sense-bases）：即六根與六境。

二轉法輪（Second Turning of the Wheel of Dharma；藏chos 'khor gnyis pa）：著重於菩提心與空性（諸法皆欠缺自性與實有）的法教。

3劃

大手印（梵Mahāmudrā）：意指「大印」（great seal）。這是一個非常直接、可實證佛性的法門。就噶舉、格魯與薩迦等新譯派而言，大手印是金剛乘修持的基本見地，尤其它直接指出「真如本性」之見，不仰賴任何哲學的邏輯推理。

三身（three kayas；藏sku gsum）：法身、報身、化身三身。法身如虛空般了無造作，是證悟功德之「身」。我們應該從基、道、果等不同的角度來理解三身。報身意指「樂受身」，在「果之五身」（five kayas of fruition）[1]

---

[1] 「果之五身」（five kayas of fruition）是指正覺的五個面向。

的脈絡之中，報身是諸佛的半顯身相，具有上師、眷屬、處所、法教、時間五圓滿；只有初地至十地的菩薩能感知報身。化身是三身之中的第三身，意指「應化身」或「變化身」；化身是眾生所能感知的證悟面向。

三金剛（three vajras）：體性、自性、力用是法身、報身與化身，也是諸佛的金剛身、金剛語、金剛意三金剛，這是我們要達成的境界。這個真實的狀態本身是「空」，也就是法身；它的明分是報身；它的無別雙運是化身。三身之無別被稱為「自性身」（essence body；梵svabhavikakāya，又作「法界體性身」）。業、障蔽與習氣被斷除時，本具且任成的三身自性就會現前。除非我們本就擁有三身，不然怎麼可能生起三金剛？金剛身、金剛語、金剛意三金剛存在於「基」之內，也是眾生所本具。

三昧耶（梵samaya；藏dam tshig）：金剛乘修持的神聖誓言、戒律或誓戒。三昧耶基本上是由內、外兩個面向所構成，外的面向是與金剛上師、法友保持和諧的關係，內的面向是不偏離修持之相續。

三輪體空（nonconceptualization of the three spheres）：即不持有「主體」、「客體」與「行為」三輪的分別概念。

三轉法輪（Third Turning of the Wheel of Dharma；藏chos 'khor gsum pa）：佛陀最後授予的法教，包括強調佛性、離戲之明空雙運的了義諸經。

大圓滿（Dzogchen，音「佐千」）：又稱「阿底瑜伽」（Ati Yoga），舊譯寧瑪派的最高法教。世上最著名的大圓滿傳承大師包括噶拉多傑（Garab Dorje）、妙吉祥友（Mañjushrimitra）、師利星哈（Shri Singha）、智經（Jñanasutra）、無垢友、蓮師與毗盧遮那（Vairochana）。大圓滿有經教傳承（lineage of scriptures，口傳）與口耳傳承（lineage of teachings，講授）兩大面向。經教被包含在大圓滿心部（Mind Section）、界部（Space Section）、口訣部（Instruction Section，又作「竅訣部」）三部續之內。心部與界部主要是由毗盧遮那尊者傳入西藏，口訣部則主要是由無垢友尊者與

蓮師傳授。除此之外，這些大師也封藏了無數大圓滿伏藏，並在繼後的數個世紀之間被取出。口耳傳承是以口訣的形式呈現，修行者從具德上師與大圓滿傳承持有者處領受口訣。大圓滿是八萬四千深廣法門之極致，也是普賢王如來（真如）之實證。

《大寶伏藏》（*Rinchen Terdzö*，音「仁欽德佐」）：在蔣揚欽哲旺波（Jamyang Khyentse Wangpo）的協助之下，蔣貢康楚（Jamgö Kongtrü）集結了由蓮師、無垢友、毗盧遮那及其最親近弟子所掘取出的最重要伏藏，總共六十三函。

4劃

五大（five elements）：或五大種，即地大、水大、火大、風大與空大。

五佛父（five male buddhas）：大日如來（Vairochana）、不動佛（Akshobhya）、寶生佛（Ratnasambhava）、阿彌陀佛（Amitābha）與不空成就佛（Amoghasiddhi）。

五佛母（five female buddhas）：金剛界自在母（Dhātviśvarī）、瑪瑪姬佛母（Mamakī）、慧眼佛母（Locana）、白衣佛母（Pāṇḍarāvasinī）與三昧耶度母（Samayatara）。

五蘊（five aggregates, five skandhas）：構成眾生之身心的五個面向。五蘊分別是色蘊、受蘊、想蘊、行蘊、識蘊。

幻化（梵 māyā；藏 sgyu ma）：或指「幻相」。

比丘（梵 bhikṣhu；藏 dge slong）：已出離世間生活的修行者，持守兩百五十三條比丘具足戒，以脫離輪迴，證得解脫。

化身（梵 nirmāṇakāya；藏 sprul sku）：請參見「三身」。

方便與智慧（upāya and prajña）：「烏波耶」（梵upāya）是指「方便」，字義為「善巧方便」，是能使修行者有所實證的法門。「般若」（梵prajña）是指「智慧」，字義為「全知」或「遍知」，特別是指實證無我的智慧。

六波羅蜜（six paramitas）：又作「六度」，分別是布施、持戒、安忍、精進、禪定與智慧波羅蜜。

中陰（藏bardo）：意指「中間的狀態」。共的法教列舉出六種中陰，其中的「禪定中陰」（bardo of meditation）與「睡夢中陰」（bardo of dreams）是在「今生中陰」（bardo of this life）發生，而今生中陰是指出生之後一直到死亡這段時期。死亡的過程被稱為「死亡中陰」（bardo of dying）。「法性中陰」（bardo of dharmata）是在死亡——內息與外息停止——之後立即發生。最後，心識尋找一個新的投生，這稱為「生有中陰」（bardo of becoming）。

中觀（Middle Way；梵mādhyamaka）：佛教四大學派之中的至高義理。「中觀」意味著不持任何邊見，尤其不持常見與斷見二邊見。

中觀派（梵Mādhyamika）：請參見「中觀」。

5劃

四根本戒（four root precepts）：即不殺生、不偷盜、不妄語、不邪淫。

四無色定（fourfold spheres of perception, the four formless realms）：四種尚未證悟、住於諸想的禪定狀態，它們分別是空無邊處、識無邊處、無所有處與非想非非想處。

四無量心（four immeasurables）：即悲、慈、喜、捨四種願心。「四梵住」（four abodes of Brahma）是其異名，因為行者可以透過修習四無量心而投生為色界天之天王。當修行者生起菩提心——為了利益眾生而證得證悟

的願心,則能夠透過修持四無量心而證得無上菩提。

四聖諦(Four Noble Truths;藏'phags pa'i bden pa bzhi):即苦諦、集諦、滅諦、道諦。苦諦是指外器世界與內情眾生;集諦是指業行與煩惱;滅諦是已斷除業、業果、煩惱與煩惱之果的狀態;道諦是佛教的道次第,終止痛苦的究竟解決之道。苦諦猶如一種疾病,集諦是病因,滅諦猶如從病中康復,道諦則彷如遵循治療疾病之法。隨著修行者循序漸進地在三乘的道途上前進,對於四聖諦的理解將會益發深刻。

四魔羅(four maras):(一)死魔,縮減眾生的壽命;(二)蘊魔,阻礙修行者證得虹身;(三)煩惱魔,阻礙眾生從輪迴中解脫的三毒;(四)天子魔,這是指於禪修時散亂,以及拖延修行的習氣。「拖延」是天子魔,它有礙禪定。分別念(conceptual thinking)是真正的魔羅。在認出心性時,所有的魔羅都被擊潰,四魔羅與所有的障礙都消失無蹤。重點在於修持對心性的「認出」。

四攝法(four means of magnetizing):即布施(慷慨大方)、愛語(說慈愛的話語)、利行(給予適當的法教),以及同事(言行如一)。在《道次第 · 智慧藏》(*Lamrim Yeshe Nyingpo*)裡,蓮師說道:「在成熟了自心的相續之後,以布施攝集信眾,以悅意的言語令其歡喜,以如一的言行令其寬慰,以具義的行止為勸導,令其暫時且究竟地安頓於利樂吉祥之中。」[2]

生起次第(development stage):金剛乘修持的兩個面向之一,心造作出清淨的意象,藉以淨治習氣。淨觀是生起次第的精要,這意味著視色相、音聲、念頭為本尊、咒語、智慧。請參見「淨觀」、「生起與圓滿」。

---

[2]《道次第 · 本頌》:「成熟自續後布施攝眾,愛語順心同事意舒暢,利行合議暫時與究竟,安置利益安樂吉祥中。」

生起與圓滿（development and completion）：金剛乘修持的「方便」與「智慧」兩個主要面向。簡而言之，生起次第意指善的心之造作，圓滿次第則是安住於離戲的心性之中。

世間八法（eight worldly concerns）：這是對利、衰、毀、譽、稱、譏、苦、樂的執著。

本尊法（yidam practice）：在金剛乘之中，本尊法是繼前行法之後的正行。它包括生起次第與圓滿次第，是契入大手印與大圓滿這兩個更精微之修持的完美墊腳石。

本覺（rigpa；藏 rig pa）：了無二元執取與無明的覺知狀態。

外道（梵 tirthika；藏 mu stegs pa）：非佛教之師，堅持常見或斷見二邊。

立斷（Trekchö；藏 khregs chod，音「澈卻」）：藉由揭顯離於二元執取的本覺而立斷三時的妄念之流。修行者透過上師所給予的口訣而認出「立斷」之見，並加以相續保任，這即是大圓滿法的精要。

6劃

地（梵 bhūmi；藏 sa）：菩薩位。菩薩在追求正覺的道途上所經歷的十個次第或十地。十地相應於大乘五道的後三道，即見道、修道與無學道。

色身（form body；梵 rupakāya；藏 gzugs kyi sku）：即報身與化身。請參見「三身」。

因乘與果乘（causal and resultant vehicles）：因乘（causal vehicles）是小乘與大乘的法教，以「道」作為證得解脫與證悟之「因」。果乘（resultant vehicle）是以「果」為「道」的金剛乘，視「證悟」為俱生，「道」則是揭露這自心本性的行為。龍欽巴尊者（Longchenpa）針對因乘與果乘作了如

下的定義：「因乘之所以被稱為『因乘』，是因為它接受因果關係，主張證悟是以二資糧為助緣，並經由增盛善逝藏的功德而證得；此時，善逝藏只是一粒種子。果乘之所以被稱為「果乘」，是因為它主張具足種種功德的善逝藏是能淨之基。眾生本自具足善逝藏，猶如太陽本就具有陽光。『所淨』是八識聚的暫時垢染，猶如天空暫時被雲朵遮蔽。修行者藉由『能淨』——成熟道與解脫道，而實證『淨果』——元成自性。除此之外，沒有次第或功德的差異。」（*The Light of Wisdom*, Volume I, Boudhanath: Rangjung Yeshe Publications, 1999, pp. 154-55）。譯按：中文版請參見蓮花生大士口授，普賢法譯小組譯，《智慧之光·一：蓮花生大士〈道次第·智慧藏〉》，台北：橡樹林，2016年）

成就（梵siddhi；藏dngos grub，音「悉地」）：從修持佛法所得的證量，通常是指正覺的「不共成就」。它也意指「共的成就」，例如，天眼通、天耳通、飛行、隱身、長壽回春、化物、控制身體與外器世界的能力等八種世間成就。然而，在修行的道途上，最卓越的成就是出離心、悲心、堅定不移的信心與實證正見。

成就法（梵sādhanā；藏sgrub thabs）：成就法是密宗修持的儀軌與程序，通常著重於生起次第。成就法的架構通常包含了前行（皈依、發菩提心）、正行（觀想本尊、持咒），以及結行（將福德迴向眾生）。

共與不共的成就（common and supreme siddhis）：請參見「成就」。

伏藏（treasure；藏terma）：這主要是指蓮師與耶喜措嘉佛母所封藏的法教，在適當的時間由伏藏師取出，以利益未來的佛弟子。伏藏傳承是寧瑪派的兩大傳承之一，另一傳承是佛語傳承（藏Kama）。據說，即使在佛陀所授予的律藏消失之後，這個傳統仍將長存。

伏藏師（tertön；藏gter ston，音「德童」）：主要是取出由蓮師與耶喜措嘉佛母所封藏的伏藏。

自續派（梵Svātantrika；藏rang rgyud pa）：中觀派的分支，以使用一般的哲學推理為特徵。

7劃

杜松虔巴（Düsum Khyenpa）：第一世噶瑪巴（1110-1193），岡波巴的主要弟子之一。

佛性（buddha nature；藏bde gshegs snying po）：又稱「善逝藏」（梵sugatagarbha），即眾生所本具的證悟潛能或佛性。針對「佛性」所作的詳盡討論，請參見堪千創古仁波切（Khenchen Thrangu）著，《佛性》（Buddha Nature），自生智出版社（Rangjung Yeshe Publications）出版。

別解脫戒（梵prātimokṣa；藏so so thar pa）：根據佛教律藏的說法，這是出家眾與在家眾所持守的七眾別解脫戒。

8劃

使者（phonya；藏pho nya）：（一）使者道（phonya path）的「使者」，而「使者道」亦稱「方便道」；（二）金剛乘修持法門之中的明妃或佛母。

《金剛威猛力》（Powerful Vajra Wrath；藏Dorje Draktsal，音「多傑札察」）：一種密法。「金剛威猛力」亦指蓮師的忿怒相。

金剛持（梵Vajradhāra）：新譯派（藏Sarma，音「薩瑪」）的法身佛。它也可以用來指稱修行者的金剛乘上師，或遍滿的佛性。

金剛乘（Vajrayāna）：以「果」為道的法門，也被稱為「密咒」（Secret Mantra）。

沙彌（梵śrāmaṇera；藏dge tshul）：又稱「勤策男」。在受比丘具足戒之前，沙彌領受數量較少的戒條。

初轉法輪（First Turning of the Wheel of Dharma；藏chos 'khor dang po）：即關於「出離心」、「業」與「四聖諦」的法教。

9劃

食子（torma；藏gtor ma，音「朵瑪」）：密宗儀軌所使用的法物，也是指供養護法或施予鬼靈的食物。

拙火（tummo；梵chandali；藏gtum mo）：生起內在的暖熱與大樂的修持，以耗盡障蔽，實證空性。那洛六法[3]之一。

秋吉林巴（Chokgyur Lingpa, 1829-1870）：與蔣揚欽哲旺波、蔣貢康楚身處同一時期，被視為西藏歷史上最重要的伏藏師之一。他取出的伏藏被噶舉派與寧瑪派的修行者廣為修持。請參見《秋吉林巴之生平暨法教》（The Life and Teachings of Chokgyur Lingpa，暫譯），自生智出版社出版。「秋吉林巴」（藏Chokgyur Lingpa）意指「尊勝的庇護」。

前行法（preliminary practices；藏sngon 'gro）：「轉心四思惟」是共的外前行法。不共的內前行法則包括修持皈依並發菩提心、金剛薩埵誦修、獻曼達、上師相應法各十萬次，總共四十萬次。請參閱Jamgön Kongtrül, The Torch of Certainty (Boston: Shambhala Publications, 1977。譯按：中文版請參見蔣貢康楚著，鄭振煌譯，《了義炬》，台北：慧炬，1999年。

虹身（rainbow body）：死亡時，修行者已透過修持大圓滿的頓超法而達到執取與固著耗盡的境界，構成肉身的粗重五大消融入五色光之中，有時只剩下毛髮與指甲。

法身（梵dharmakāya；藏chos sku）：請參見「三身」。

---

[3] 那洛六法包括拙火、幻身、睡夢、光明、中陰、遷識等六法。

法界（realm of phenomena；梵 dharmadhātu；藏 chos kyi dbyings）：即真如（suchness）。在法界或真如之中，空性與緣起是無別的。心性與諸法離於生、住、滅。

法性（梵 dharmatā；藏 chos nyid）：心與諸法的本性。

法輪（Wheel of Dharma；藏 chos kyi 'khor lo）：釋迦牟尼佛在三個時期所授予的法教，即眾所周知的「三轉法輪」。「轉法輪」是針對「授予法教」所作富詩意的描述。

帝洛巴（Tilopa, 988-1069）：印度的大成就者，那洛巴尊者的上師，也是噶舉傳承的祖師。

毘婆奢那（梵 vipaśyanā；藏 lhag mthong）：又作「觀」或「勝觀」，通常是指洞見空性的勝觀。它也是禪修的兩大面向之一，另一個面向是奢摩他。在聲聞的層次，毘婆奢那意味著洞見無常、苦與無我。就大乘而言，它是洞見諸法（能執與所執）的空性。就金剛乘「內」的層次而言，它等同於離念的本覺，能直接對治輪迴的本因——根本無明。

律藏（discipline；梵 Vināya；藏 'dul ba）：三藏之一。佛陀所傳授關於戒律與行持的法教，是出家眾與在家眾修持佛法的基礎。

10劃

氣（梵 prāṇa；藏 rlung）：金剛身的風息或能量之流。請參見「脈、氣、明點」。

祖古（tulku；藏 sprul sku）：化身，亦指為了饒益眾生而轉世的菩薩，或佛的化身。

真如三摩地（samadhi of suchness）：三三摩地（真如三摩地、光明三摩

地與種子字三摩地）的第一個三摩地。一如修行者的根本上師所指出的，真如三摩地是平等地安住於諸法的本具空性之中，或想像諸法皆空如虛空即可。光明三摩地是任本具的悲心如照亮天空的陽光般生起，或對所有未能認出諸法本性的有情生起悲心即可。種子字三摩地是空悲雙運，以種子字的形式顯現，而本尊與壇城將從種子字中生起。三三摩地是修持金剛乘的生起次第所不可或缺的架構。

在《道次第・智慧藏》裡，蓮師說道：「正行始於深廣之三摩地，它能淨治死亡、中陰與受生的方式。真如虛空——大空性——如天空般清淨，平等地安住於這個無別二諦的虛空之中。散放出悲心的幻化——遍顯的覺性之雲，充滿虛空，明亮光燦，卻了無固著。以微細字母的形式而呈現的單一手印，乃是諸法生起的本因種子。一心專注地憶念這顯現於虛空的不變智慧藏，並使其圓滿地明現。」[4]（*The Light of Wisdom*, Volume II, pp. 88-89。譯按：中文版請參見《智慧之光・二：蓮花生大士〈道次第・智慧藏〉》）。

般若波羅蜜多（梵 Prajñāpāramitā；藏 shes rab kyi pha rol tu phyin pa）：這是關於洞見空性，離於對主體、客體與行為之固著的大乘法教，與二轉法輪相關。般若波羅蜜多能盡除最微細的障蔽，因此這份勝觀常常被稱為「一切諸佛之母」。

《秘密藏續》（*Guhyagarbha Tantra*）：寧瑪派（舊譯派）著名的瑪哈瑜伽（Mahayoga）續。

11劃

常見與斷見（eternalism and nihilism）：常見或常邊（eternalism）是相信有一個恆常且無因的萬法創造者，尤其是相信「我」或「心識」具有一

---

[4] 此段偈頌亦可參見《道次第・本頌》）：「正行死有中有生有理，能淨甚深與廣大禪定。大空真如法界淨如空，二諦無別法界中禪定。悲心幻化遍照本明雲，昭然無執普放遍虛空。唯一手印微細種字法，能生一切是本因種子，不異智之精華現虛空，專一持心明相顯露量。」

個獨立、恆久且單一的自性。在這個脈絡之下，斷見或斷邊（nihilism）是「斷絕之見」或「空無之見」，即相信在死亡之後，沒有投生或業果，也沒有心。

密咒行者（梵 māntrika；藏 sngags pa）：金剛乘的修行者。

那洛巴（Naropa）：印度的大成就者。在噶舉傳承之中，他是帝洛巴尊者的主要弟子，也是大譯師馬爾巴的上師。請參見《智慧之雨：如海真實義》（*The Rain of Wisdo: The Essence of the Ocean of True Meaning*，暫譯）、《馬爾巴傳》（*The Life of Marpa*，暫譯），皆由香巴拉出版社（Shambhala Publications）出版。

奢摩他（梵 śamatha；藏 zhi gnas）：又作「止」或「寂止」，即在念頭平息之後，安住於寂靜之中。它是一種使心寂靜安住，離於念頭之騷動的禪修。有所緣奢摩他（shamatha with support；藏 zhi gnas rten bcas）是透過專注於對境而寂止自心的法門。這個所緣可以是呼吸，或物質的、心造的對境。無所緣奢摩他（shamatha without support；藏 zhi gnas rten med）是不依靠任何對境而寂止自心，並無散亂地安住。無所緣奢摩他是修持大手印或大圓滿的預備或基礎，不應將其誤認為是「平常心」（ordinary mind）[5] 或「立斷」之見。

唯識宗（Mind Only；梵 Chittamātra）：以《楞伽經》（*Laṅkāvatāra-sūtra*）為據而創立的印度大乘學派。它的主要前提是「萬法唯心」，換句話說，由於習氣的緣故，心的種種感知於阿賴耶識中生起。就正面的角度來看，唯心的見地斷除了對「實有」的固著。從負面的角度來看，其中仍然有對「實有之心」的執取，而諸法即從此心而生。

---

[5] 在此，「平常心」（ordinary mind）並非尚未證悟者的二元心，而是指非造作、不增不減的自心本性或當下的本智。

乾闥婆（梵 gāndharva；藏 dri za）：（一）以香氣維生的眾生。（二）樂神，居住於須彌山的邊緣。

12劃

報身（梵 sambhogakāya；藏 longs spyod rdzogs pa'i sku）：請參見「三身」。

無垢友（Vimalamitra）：大圓滿傳承的大師，五百位班智達之頂嚴，證得不壞虹身。他從師利星哈與智經處領受大圓滿的口傳。在第九世紀的西藏，無垢友被視為奠定大圓滿法教的三大祖師之一，尤其是大圓滿口訣部的法教。

尋香城（city of the gandharvas；梵 gandhārva nāgara；藏 dri za'i grong khyer）：又作「乾闥婆城」或「蜃氣樓」。它是一個想像出來的天空之城，猶如童話世界中的空中樓閣。

脈、氣、明點（channels, winds, essences；梵 nāḍī, prāṇa, bindu；藏 rtsa rlung thig le）：金剛身是由脈、氣、明點所構成。我們體內有七萬兩千條脈與四千萬條小脈，諸脈內有兩萬一千六百種氣（風息）於其中流動循環。紅白明點與氣、脈相連結，並瀰漫於其中。這三個面向是身、語、意的細微基礎。

《傑尊心髓》（Chetsün Nyingtig；藏 lce btsun snying tig，音「傑尊寧體」）：最重要的大圓滿法教之一，是以無垢友尊者的口傳為依據。蔣揚欽哲旺波生起傑尊森給旺秋（Chetsün Senge Wangchuk，第11-12世紀）的淨相，靈思泉湧而撰寫這部名為《傑尊心髓》的珍貴法教。森給旺秋是心髓教傳的傳承上師之一，而他是從根本上師丹瑪倫賈（Dangma Lhüngyal）與無垢友尊者處直接領受心髓教傳。他證得高深的證量，肉身於圓寂之時消失於虹光之中。他之後的轉世蔣揚欽哲旺波記起森給旺秋授予空行母帕姬羅卓（Palgyi Lodrö）的大圓滿法教，於是書寫下來，成為《傑尊心髓》這部伏藏。

善逝（梵sugata；藏bde bar gshegs pa）：「佛」的同義詞。

《普賢心滴》（Kunzang Tuktig；藏kun bzang thugs thig，音「昆桑圖體」）：秋吉林巴尊者所取出的伏藏法教，以寂忿諸尊為生起次第，以「立斷」與「頓超」為圓滿次第。

淨觀（pure perception）：淨觀是金剛乘的不共功德，它是指如實地看見諸法，而非以迷妄顛倒的方式來看待諸法，認為地大就只是堅硬的物質，水大就只是水，風大是風等等。我們平常所體驗的五大其實是五佛母，五蘊是五佛父等等。因此，修持淨觀並不在於說服自己諸法不是它們所顯現的樣子，而是在於訓練自己去看見諸法的本來面貌。

13劃

業（梵karma）：「善有善報」等無謬法則。身、語、意的自發行為，而這些行為的後果決定了個別眾生的投生與經驗。

《意成就障礙盡除》（Clearing Away the Obstacles；藏Barchey Künsel，音「巴切昆瑟」）：這是由秋吉林巴與蔣揚欽哲旺波兩位尊者共同取出的外法，大約有十函。

奧明淨土（梵Akaniṣṭha，音「阿迦尼吒」；藏'og min，音「奧明」）：意指「至高無上」。法身佛金剛持的淨土，亦指色界最高之天——色究竟天或阿迦尼吒天。

頓超（藏Tögal, thod rgal，音「妥噶」）：大圓滿具有「立斷」與「頓超」兩大部分，前者強調「本淨」（primordial purity；藏ka dag，音「卡達」），後者則強調「任成」（spontaneous presence；藏lhun grub，音「倫竹」）。

經量部（Sautrāntika）：小乘的宗派，也是佛教四大學派的第二大學派。它的其中一個支派是以依止佛經而非依止阿毘達摩（Abhidharma，論）而

著稱。

煩惱（梵kleśa；藏nyon mongs pa）：通常是指貪、瞋、癡、慢、嫉五毒。

圓滿次第（completion stage）：「有相圓滿次第」（completion stage with marks）意指諸如「拙火」等瑜伽修持。「無相圓滿次第」（completion stage without marks）則是大圓滿的修持。請參見「生起與圓滿」。

阿賴耶（all-ground；梵ālaya；藏kun gzhi）：又作「總基」或「普基」。它是輪迴與涅槃之基或萬法之基，即心與淨法、不淨法的基礎。在不同的脈絡之下，它具有不同的意義，我們應依其脈絡而去瞭解它的意義。有時，它是「佛性」或「法身」的同義詞；有時，它是指尚未認出本智之二元心的無記狀態。

14劃

瑜伽行派（梵Yogācāra；藏rnal 'byor spyod pa）：大乘學派，由無著（Asaṅga）所創立，與唯識宗、三轉法輪諸經（Sutras of the Third Turning）相關。

瑜伽法門（yogic exercises）：例如，在修持「那洛六法」時所從事的法門。

菩提心（awakened mind；梵bodhichitta；藏byang sems, byang chub kyi sems）：這是為了眾生而證得菩提的願望。在大圓滿的脈絡之中，它是指「覺醒心的本智」，也是「本覺」的同義詞。

菩薩（梵bodhisattva）：已生起菩提心者；菩提心是為了利益眾生而證得菩提的願望。菩薩亦指大乘修行者，尤其是指已證得初地的菩薩。

16劃

遍淨(all-encompassing purity):諸法皆遍滿清淨。我們應該瞭解,諸法——外器世界與內情眾生,即「所執」與「能執」——都在三身的廣界內生起。諸法都在三身的廣界內生、住、滅。

龍欽饒絳(Longchen Rabjam):龍欽巴尊者,寧瑪傳承的主要傳承上師暨作者,他是藏王赤松德贊之女蓮花光公主(Princess Pema Sal,「蓮明公主」或「貝瑪薩公主」)的轉世。蓮師曾把他的大圓滿傳承《空行心滴》(Khandro Nyingthig)授予蓮花光公主。龍欽巴尊者被視為大圓滿法教最重要的作者,其著作包括《七寶藏》、《三自休息論》、《三自解脫論》、《三除闇論》,以及針對四部心滴所作的釋論《四心滴》(Nyingthig Yabshi)。關於龍欽巴尊者的生平與法教,可參閱祖古東杜仁波切(Tulku Thondup)所著之《佛心:龍欽饒絳大圓滿著作選集》(Buddha Mind: An Anthology of Longchen Rabjam's Writings on Dzogpa Chenpo,暫譯),雪獅出版社(Snow Lion Publications)出版。

噶瑪巴(Karmapa):噶瑪噶舉派的偉大上師暨法王。

17劃

應成派(Prāsangika):中觀派的支分,以完全仰賴破斥,並不採取任何立場為特徵。

《蓮師意修遂願成就》(Sampa Lhundrub,音「桑巴倫竹」):這是一篇蓮師祈願文,也是秋吉林巴尊者所取出的伏藏。

優婆塞(梵upāsaka;藏dge bsnyen):在家居士,持守不殺生、不偷盜、不邪淫、不妄語、不飲酒五戒。女性在家居士是「優婆夷」(梵upāsika)。

聲聞(梵śrāvaka;藏nyan thos):意指「聞者」、「聽者」。聲聞是小乘行者,修持初轉法輪的四聖諦,體悟輪迴是苦,並著重於對「無我」的勝

解。聲聞藉由調伏煩惱而解脫，證得見道的「入流」（Stream Enterer，又作「須陀洹」）。繼「入流」之後，他證得「一還」（Once-Returner，又作「斯陀含」），將只再投生一次。此後，他證得「不還」（Nonreturner，又作「阿那含」），將不再投生於輪迴。最終的目標是成為阿羅漢。這四個次第即是所謂的「四果」。

獨覺（梵 pratyekabuddha；藏 rang rgyal, rang sangs rgyas）：又作「緣覺」或「辟支佛」。這是指小乘的阿羅漢無須任何法教，主要透過逆觀十二因緣而即身證得涅槃。獨覺欠缺佛之正覺，因而無法如佛般利益無量眾生。

18劃

轉心四思惟（four mind-changings；藏 blo ldog rnam bzhi）：即思惟：（一）人身難得；（二）死亡無常；（三）因果業報；（四）輪迴過患。思惟這四個生命的課題，能使人心有所改變，繼而轉向佛法的修持。

轉輪聖王（universal monarch；梵 chakravartin；藏 'khor los sgyur ba'i rgyal po）：統御人道四大洲的君王，具足三十二大人相，並有七寶[6]隨侍。

19劃

薈供（梵 gaṇacakra；藏 tshogs kyi 'khor lo）：藉由修持薈供，貪執與六識聚的習氣被調伏轉化，成為「道」的一部分。薈供是由金剛乘的修行者所修持，藉以積聚福德資糧，清淨三昧耶。

類烏齊寺（Riwoche Monastery）：它是一座噶舉派與寧瑪派兼容的重要寺院，坐落於中藏與康區之間。

---

[6] 七寶是指輪寶、象寶、馬寶、珠寶、玉女寶、居士寶、典兵寶。

22劃

蘊（梵skandha）：請參見「五蘊」。

23劃

體性、自性、〔大悲〕力用（essence, nature, and capacity）：根據大圓滿的說法，這些是善逝藏的三個面向。體性（藏ngo bo）是空性的本淨智慧；自性（藏rang bzhin）是明性（藏gsal ba）的任成智慧；力用（藏thugs rje，悲心）是不二無別的遍在智慧。究竟而言，這是三根本、三寶、三身的真實狀態。

25劃

觀世音菩薩（梵Avalokiteśvara）：阿彌陀佛的化現，八大菩薩之一。

| 附錄二 |
各章作者簡介

釋迦牟尼佛（Buddha Śākyamuni）

「釋迦牟尼」（梵Śākyamuni）意指「釋迦族的聖人」。釋迦牟尼佛是歷史上的佛，出生於現今尼泊爾境內，喜馬拉雅山腳附近的藍毗尼（Lumbini），之後在印度的菩提迦耶（Bodh Gaya）證得菩提，於鹿野苑（Sarnath）轉法輪，最後在拘尸那揭羅（Kushinagar）入滅。關於釋迦牟尼佛的生平，請參閱《方廣大莊嚴經》（Lalitavistara），佛法出版社（Berkeley: Dharma Publishing）出版。

【導言一】・第5章
確吉尼瑪仁波切（Chökyi Nyima Rinpoche, 1951- ）

他是家喻戶曉、已故大圓滿大師祖古烏金仁波切的長子暨法嗣，著有《生命的實相：以四法印契入金剛乘的本覺修持》（Indisputable Truth）[1]、《大手印與大圓滿之雙運》（Union of Mahamudra and Dzogchen，暫譯）等書。第十六世噶瑪巴認證他為菩薩的轉世，並建議他投注心力於教導西方修行者，將藏傳佛教傳播到世界各地。他所住持的寺院是尼泊爾最大的佛教寺院之一，坐落於加德滿都的滿願佛塔（Boudhanath Stupa）附近。請見網址www.shedrub.org。

---

[1] 中文版請參見確吉尼瑪仁波切著，虛空鏡影（Tracy Tan）譯，《生命的實相：以四法印契入金剛乘的本覺修持》，台北：橡樹林文化，2019年。

【導言二】‧第3‧20章
竹旺措尼仁波切（Drubwang Tsoknyi Rinpoche, 1966-）

第十六世噶瑪巴認證其為竹巴噶舉與寧瑪派知名上師竹旺措尼仁波切的轉世。之後，他由偉大的康祖仁波切（Khamtrul）親手調教，並師承頂果欽哲仁波切（Dilgo Khyentse）、已故的父親祖古烏金仁波切、囊謙阿德仁波切（Adeu）與紐修堪仁波切（Nyoshul Khen）等上師。竹旺措尼仁波切是「竹巴傳承計畫」（Drukpa Heritage Project）的負責人，該項計畫以保存竹巴傳承的文獻為宗旨。他也是位於尼泊爾加德滿都近郊給恰寺（Gechak Gompa）的住持，著有《覺醒一瞬間：大圓滿心性禪修指引》（*Carefree Dignity*）[2]、《在俗世自在生活的大圓滿之道》（*Fearless Simplicity*）[3]等書。請參見網址：www.pundarika.org。

第1‧29章
堪千創古仁波切（Khenchen Thrangu Rinpoche, 1933-2023）

噶舉傳承最重要的上師之一。示寂之前，他居住於尼泊爾的加德滿都，並於世界各地弘法。他著有《那洛巴教你：邊工作，邊開悟》（*Songs of Naropa*）[4]與《三摩地之王》（*King of Samadhi*，暫譯），皆由自生智出版社（Rangjung Yeshe Publications）出版。

第2‧4‧6‧9‧11‧12‧14‧15‧17‧19‧22章
祖古烏金仁波切（Tulku Urgyen Rinpoche, 1920-1996）

1920年藏曆4月10日出生於東藏，1996年2月13日在尼泊爾圓寂。第十五世噶瑪巴卡恰多傑（Khakyab Dorje）認證他為轉世喇嘛。他研習並修

---

[2] 中文版請參見措尼仁波切著，連德禮譯，《覺醒一瞬間：大圓滿心性禪修指引》，新北市：眾生文化，2014年。

[3] 中文版請參見措尼仁波切著，劉婉俐譯，《在俗世自在生活的大圓滿之道》，新北市：靈鷲山般若書坊，2017年。

[4] 中文版請參見堪千創古仁波切著，扎西拉姆‧多多釋論英譯中，《那洛巴教你：邊工作，邊開悟》，新北市：眾生文化，2002年。

持藏傳佛教噶舉派與寧瑪派的法教。

　　就寧瑪傳承而言，祖古烏金仁波切持有上一個世紀三位偉大上師的完整法教，而這三位上師是德千秋吉林巴、蔣揚欽哲旺波與蔣貢康楚羅卓泰耶。他擁有一個特別近傳的《秋林巖藏》（Chokling Tersar），這部巖藏集結了所有蓮師的灌頂、口傳與口訣，是由祖古烏金仁波切的曾祖父德千秋吉林巴尊者取出。

　　祖古烏金仁波切在尼泊爾興建了數座寺院與閉關中心，其中最重要的幾座寺院閉關中心分別位於加德滿都地區的滿願佛塔、蓮師證得大手印持明果位的阿蘇羅巖穴（Asura Cave）與自生佛塔（Swayambhunath stupa，音譯「斯瓦揚布佛塔」）。祖古烏金仁波切主要居住於加德滿都谷地上方的納吉寺（Nagi Gompa Hermitage）。他膝下四子皆是轉世仁波切——確吉尼瑪、慈克秋林（Tsikey Chokling）、竹旺措尼與詠給明就（Yongey Mingyur）。

　　祖古烏金仁波切教導眾多弟子不可或缺的禪修法門，並以甚深的禪修證量，以及精簡、明晰、幽默的傳法風格而聞名。「源自親身覺受的口訣」是他的傳法方式，僅以隻字片語，即能指出心性，揭顯離戲之本智，使弟子能真正地觸及菩提心的精要。

第7．33章
蔣貢康楚仁波切（Jamgön Kongtrül Rinpoche, 1813-1899）

　　即眾所周知的羅卓泰耶（Lodrö Thayé）、永登嘉措（Yonten Gyamtso）、貝瑪噶旺（Padma Garwang），貝瑪滇尼永仲林巴（Padma Tennyi Yungdrung Lingpa）是他身為伏藏師的名號。他是十九世紀最知名的佛教大師之一，尤其強調不分派主義。他以身為一位具成就的大師、學者與作者而聞名，其著作超過一百函，最為人所知的是《五寶藏》（Five Treasuries），其中包括六十三函的《大寶伏藏》。《大寶伏藏》包含了歷代百位大伏藏師所取出的伏藏。

第8．18．23．32章
蓮花生大士（Padmasambhava，約八世紀）

不可思議的大師，於八世紀時將金剛乘傳入西藏。他也被稱為「咕汝仁波切」（Guru Rinpoche），意指「珍貴的上師」。關於蓮師的傳記，請參閱自生智出版社出版的《蓮師傳：蓮花生大士的生平故事》（The Lotus-Born: The Life Story of Padmasambhava）[5]。

第10．24．27．28章
邱陽創巴仁波切（Chögyam Trungpa Rinpoche, 1940-1987）

佛教禪修大師、學者、藝術家，極具遠見卓識。他是位於美國科羅拉多州博德市（Boulder）的那洛巴學院（Naropa Institute）與「香巴拉訓練」（Shambhala Training）的創始者，也是東藏蘇芒寺（Surmang）的前任住持。他在美國與加拿大弘法十七年，為美國佛教的實修奠定其正統性留下不可磨滅的痕跡。關於邱陽創巴仁波切的傳記，請閱讀香巴拉出版社（Shambhala Publications）出版的《我從西藏來》（Born in Tibet）[6]。請參見網址：www.shambhala.org。

第13章
宗薩蔣揚欽哲仁波切（Dzongsar Jamyang Khyentse Rinpoche, 1961-）

1961年出生於不丹，被認證為藏傳佛教宗薩欽哲傳承的主要轉世。他師承當代最偉大的上師，特別是法王頂果欽哲仁波切。他從年輕時就積極保存佛法，建立佛學中心，資助修行者，出版書籍，並於世界各地弘法。宗薩蔣揚欽哲仁波切是東藏的祖寺宗薩寺與閉關中心，以及印度與不丹的佛學院的住持。他也在澳洲、北美洲與遠東地區成立中心，這

---

[5] 中文版請參見依喜措嘉（Yeshe Tsogyal）著，郭淑清譯，《蓮師傳：蓮花生大士的生平故事》，台北：橡樹林文化，2009年。
[6] 中文版請參見邱陽創巴仁波切著，沙千夢、黃心嶽譯，《我從西藏來》，新北市：眾生文化，1997年。

些組織皆隸屬於悉達多本願會（Siddhartha's Intent）。請參見網址：www.siddharthasintent.org。

第16、30章
巴楚仁波切（Patrül Rinpoche, 1808-1887）

十九世紀藏傳佛教不分派運動的大師，也是當時最重要的學者之一。他不但以廣博的學識而聞名，其出離心與悲心也堪為典範。他最知名的著作包括香巴拉出版社出版的《普賢上師言教》（*The Words of My Perfect Teacher*）[7]，以及他針對《椎擊三要》（*Three Words Striking the Vital Point*；藏*Tsigsum Nedeg*）所作的釋論。《椎擊三要》堪稱大圓滿法教的概要。

第21章
寂天菩薩（Śāntideva, 685-763）

七世紀那爛陀佛學院的大師，被公認為八十四位大成就者之一，著有《入菩薩行論》（*Bodhicaryāvatāra*），英文版《菩薩行》（*The Way of the Bodhisattva*，暫譯）由香巴拉出版社出版。

第25章
聽列諾布仁波切（Thinley Norbu Rinpoche, 1931-2011）

寧瑪傳承卓越出眾的上師，其父敦珠法王（Dudjom）是一位大伏藏師暨學者。著有《白帆：渡過心海的波浪，達至三寶的寂靜大洲》（*White Sail: Crossing the Waves of Ocean Mind to the Serene Continent of the Triple Gems*，暫譯），與《幻舞：五智空行母之自性的遊戲》（*Magic Dance: The Display of the Self-Nature of the Five Wisdom Dakinis*，暫譯）。

---

[7] 中文版請參見巴楚仁波切著，姚仁喜譯，《普賢上師言教：大圓滿龍欽心髓前行指引》，台北：橡實文化，2010年。

第31章
密勒日巴尊者（Milarepa, 1040-1123）

藏傳佛教歷史上最著名的瑜伽士暨詩人，噶瑪噶舉傳承大多數的法教都傳承自密勒日巴尊者。請參閱香巴拉出版社出版的《密勒日巴傳》（*The Life of Milarepa*，暫譯）與《密勒日巴十萬道歌》（*The Hundred Thousand Songs of Milarepa*，暫譯）。

第16章
祖古東杜仁波切（Tulku Thondup Rinpoche, 1939-2023）

不同凡響的寧瑪派上師暨譯師，著作豐富，不勝枚舉，其中包括《大圓滿龍欽寧體傳承祖師傳》（*Masters of Meditation and Miracles*）[8]、《證悟的生活》（*Enlightend Living*，暫譯）、《證悟的旅程》（*Enlightened Journey*，暫譯）、《隱藏的寶藏》（*Hidden Treasures*，暫譯）、《大圓滿的修持》（*The Practice of Dzogchen*，暫譯）、《心靈神醫》（*The Healing Power of Mind*）[9]、《無盡的療癒》（*Boundless Healing*）[10]，請參見網址：www.tulkuthondup.com。（譯按：祖古東度仁波切為第16章的英譯者）

---

[8] 中文版請參見珠古東杜仁波切著，圖登華丹譯，《大圓滿龍欽寧體傳承祖師傳》，台北：寧瑪巴喇榮三乘法林佛學會，《慧光集》第23集。

[9] 中文版請參見東杜法王仁波切著，鄭振煌譯，《心靈神醫》，台北：張老師文化，1998年。

[10] 中文版請參見東杜仁波切著，丁乃竺譯，《無盡的療癒：身心覺察的禪定練習》，台北：心靈工坊，2001年。

大圓滿 11

你的水燒開了沒？——認出心性的大圓滿之道
The Dzogchen Primer: An Anthology of Writings by Masters of the Great Perfection

作　　者	寂天菩薩、蓮花生大士、祖古烏金仁波切等
彙　　編	瑪西亞・賓德・史密特（Marcia Binder Schmidt）
導　　言	確吉尼瑪仁波切（Chökyi Nyima Rinpoche）
	竹旺措尼仁波切（Drubwang Tsoknyi Rinpoche）
中　　譯	項慧齡
審　　譯	顓顓
發 行 人	孫春華
社　　長	妙融法師
總 編 輯	黃靖雅
執行主編	顓顓
版面構成	張淑珍
封面設計	阿力
發行印務	黃新創

國家圖書館出版品預行編目(CIP)資料

你的水燒開了沒？：認出心性的大圓滿之道 / 寂天菩薩, 蓮花生大士, 祖古烏金仁波切等作；項慧齡中譯. -- 初版. -- 新北市：眾生文化出版有限公司, 2024.11
376 面；17 x 22 公分. -- (大圓滿；11)
譯自：The dzogchen primer : an anthology of writings by masters of the great perfection.
ISBN 978-626-98176-9-6(平裝)
1.CST: 藏傳佛教 2.CST: 佛教修持
226.965　　　　　　　　　　　　　　113014723

台灣發行	眾生文化出版有限公司
	地址：220新北市板橋區四川路2段16巷3號6樓
	電話：886-2- 89671025　傳真：886-2- 89671069
	劃撥帳號：16941166　戶名：眾生文化出版有限公司
	電子信箱：hy.chung.shen@gmail.com　網址：www.hwayue.org.tw
台灣總經銷	紅螞蟻圖書有限公司
	地址：114台北市內湖區舊宗路二段121巷19號
	電話：886-2-2795-3656　傳真：886-2-2795-4100
	電子信箱：red0511@ms51.hinet.net
香港經銷點	佛哲書舍
	地址：九龍旺角洗衣街185號地下
	電話：852-2391-8143　傳真：852-2391-1002
	電子信箱：bumw2001@yahoo.com.hk

印　　刷	博創印藝文化事業有限公司
初版一刷	2024年11月
定　　價	450元
I S B N	978-626-98176-9-6（平裝）

◎本書如有破損、缺頁、裝訂錯誤，請寄回更換
◎未經正式書面同意，不得以任何形式做全部或局部之翻印、仿製、改編或轉載。版權所有・翻印必究

The Dzogchen Primer: An Anthology of Writings by Masters of the Great Perfection
by Compiled and edited by Marcia Binder Schmidt
© 2002 by Marcia Binder Schmidt
Published by arrangement with Shambhala Publications, Inc.,
2129 13th St, Boulder, CO 80302, USA.
www.shambhala.com through Bardon-Chinese Media Agency
Complex Chinese translation copyright © 2024
by Chung Sheng Publishing Company
ALL RIGHTS RESERVED

眾生文化出版書目

噶瑪巴教言系列

#	書名	作者	價格
1	報告法王：我做四加行	作者：第十七世大寶法王 鄔金欽列多傑	300元
2	法王教你做菩薩	作者：第十七世大寶法王 鄔金欽列多傑	320元
3	就在當下	作者：第十七世大寶法王 鄔金欽列多傑	500元
4	因為你，我在這裡	作者：第一世噶瑪巴 杜松虔巴	350元
5	千年一願	作者：米克‧布朗	360元
6	愛的六字真言	作者：第15世噶瑪巴‧卡恰多傑、第17世噶瑪巴‧鄔金欽列多傑、第1世蔣貢康楚仁波切	350元
7	崇高之心	作者：第十七世大寶法王 鄔金欽列多傑	390元
8	深藏的幸福：回憶第十六世大寶法王	作者：諾瑪李維	399元
9	吉祥如意每一天	作者：第十七世大寶法王 鄔金欽列多傑	280元
10	妙法抄經本＿心經、三十五佛懺悔文、拔濟苦難陀羅尼經	作者：第十七世大寶法王 鄔金欽列多傑	300元
11	慈悲喜捨每一天	作者：第十七世大寶法王 鄔金欽列多傑	280元
12	上師之師：歷代大寶法王噶瑪巴的轉世傳奇	講述：堪布卡塔仁波切	499元
13	見即解脫	作者：報恩	360元
14	妙法抄經本＿普賢行願品	作者：第十七世大寶法王 鄔金欽列多傑	399元
15	師心我心無分別	作者：第十七世大寶法王 鄔金欽列多傑	280元
16	法王說不動佛	作者：第十七世大寶法王 鄔金欽列多傑	340元
17	為什麼不這樣想？	作者：第十七世大寶法王 鄔金欽列多傑	380元
18	法王說慈悲	作者：第十七世大寶法王 鄔金欽列多傑	380元

講經系列

#	書名	作者	價格
1	法王說心經	作者：第十七世大寶法王 鄔金欽列多傑	390元

經典開示系列

#	書名	作者	價格
1	大願王：華嚴經普賢行願品釋論	作者：堪布 竹清嘉措仁波切	360元
2	大手印大圓滿雙運	原典：噶瑪恰美仁波切、釋論：堪布 卡塔仁波切	380元
3	恆河大手印	原典：帝洛巴尊者、釋論：第十世桑傑年巴仁波切	380元
4	放空	作者：堪布 慈囊仁波切	330元
5	乾乾淨淨向前走	作者：堪布 卡塔仁波切	340元
6	修心	作者：林谷祖古仁波切	330元
8	除無明闇	原典：噶瑪巴旺秋多傑、講述：堪布 卡塔仁波切	340元
9	恰美山居法1	作者：噶瑪恰美仁波切、講述：堪布卡塔仁波切	420元
10	薩惹哈道歌	根本頌：薩惹哈尊者、釋論：堪千 慈囊仁波切	380元
12	恰美山居法2	作者：噶瑪恰美仁波切、講述：堪布卡塔仁波切	430元
13	恰美山居法3	作者：噶瑪恰美仁波切、講述：堪布卡塔仁波切	450元
14	赤裸直觀當下心	作者：第37世直貢澈贊法王	340元
15	直指明光心	作者：堪布 竹清嘉措仁波切	420元

17	恰美山居法 4	作者：噶瑪恰美仁波切、講述：堪布卡塔仁波切	440元
18	願惑顯智：岡波巴大師大手印心要	作者：岡波巴大師、釋論：林谷祖谷仁波切	420元
19	仁波切說二諦	原典：蔣貢康楚羅卓泰耶、釋論：堪布 竹清嘉措仁波切	360元
20	沒事，我有定心丸	作者：邱陽・創巴仁波切	460元
21	恰美山居法 5	作者：噶瑪恰美仁波切、講述：堪布卡塔仁波切	430元
22	真好，我能放鬆了	作者：邱陽・創巴仁波切	430元
23	就是這樣： 《了義大手印祈願文》釋論	原典：第三世大寶法王噶瑪巴 讓炯多傑、 釋論：國師嘉察仁波切	360元
24	不枉女身： 佛經中，這些女人是這樣開悟的	作者：了覺法師、了塵法師	480元
25	痛快，我有智慧劍	作者：邱陽・創巴仁波切	430元
26	心心相印，就是這個！ 《恆河大手印》心要指引	作者：噶千仁波切	380元
27	不怕，我有菩提心	作者：邱陽・創巴仁波切	390元
28	恰美山居法 6	作者：噶瑪恰美仁波切、講述：堪布卡塔仁波切	430元
29	如是，我能見真實	作者：邱陽・創巴仁波切	470元
30	簡單，我有平常心	作者：邱陽・創巴仁波切	430元
31	圓滿，我來到起點	作者：邱陽・創巴仁波切	390元
32	國王之歌：薩惹哈尊者談大手印禪修	原典：薩惹哈尊者、釋論：堪千創古仁波切	390元
33	那洛巴教你：邊工作，邊開悟	原典：那洛巴尊者、釋論：堪千創古仁波切	390元
34	明明白白是自心	原典：達波札西南嘉、釋論：堪千創古仁波切	390元
35	帝師的禮物：八思巴尊者傳記與教言	原典：八思巴尊者、釋論：第41任薩迦法王	390元
36	恰美山居法 7	作者：噶瑪恰美仁波切、講述：堪布卡塔仁波切	430元
37	禪定之王：《三摩地王經》精要釋論	作者：帕秋仁波切	350元

禪修引導系列

1	你是幸運的	作者：詠給・明就仁波切	360元
2	請練習，好嗎？	作者：詠給・明就仁波切	350元
3	為什麼看不見	作者：堪布竹清嘉措波切	360元
4	動中修行	作者：創巴仁波切	280元
5	自由的迷思	作者：創巴仁波切	340元
6	座墊上昇起的繁星	作者：堪布 竹清嘉措仁波切	390元
7	藏密氣功	作者：噶千仁波切	360元
8	長老的禮物	作者：堪布 卡塔仁波切	380元
9	醒了就好	作者：措尼仁波切	420元
10	覺醒一瞬間	作者：措尼仁波切	390元
11	別上鉤	作者：佩瑪・丘卓	290元
12	帶自己回家	作者：詠給・明就仁波切／海倫特寇福	450元
13	第一時間	作者：舒雅達	380元

14	愛與微細身	作者：措尼仁波切	399元
15	禪修的美好時光	作者：噶千仁波切	390元
16	鍛鍊智慧身	作者：蘿絲泰勒金洲	350元
17	自心伏藏	作者：詠給‧明就仁波切	290元
18	行腳：就仁波切努日返鄉紀實	作者：詠給‧明就仁波切	480元
19	中陰解脫門	作者：措尼仁波切	360元
20	當蒲團遇見沙發	作者：奈久‧威靈斯	390元
21	動中正念	作者：邱陽‧創巴仁波切	380元
22	菩提心的滋味	作者：措尼仁波切	350元
23	老和尚給你兩顆糖	作者：堪布卡塔仁波切	350元
24	金剛語：大圓滿瑜伽士的竅訣指引	作者：祖古烏金仁波切	380元
25	最富有的人	作者：邱陽‧創巴仁波切	430元
26	歸零，遇見真實	作者：詠給‧明就仁波切	399元
27	束縛中的自由	作者：阿德仁波切	360元
28	先幸福，再開悟	作者：措尼仁波切	460元
29	壯闊菩提路	作者：吉噶‧康楚仁波切	350元
30	臨終導引	作者：噶千仁波切	320元
31	搶救一顆明珠： 用一年，還原最珍貴的菩提心	作者：耶喜喇嘛、喇嘛梭巴仁波切	440元
32	轉心向內。認出本覺	作者：普賢如來、慈怙 廣定大司徒仁波切	380元
33	見心即見佛	作者：慈怙 廣定大司徒仁波切	380元
34	城市秘密修行人： 「現代瑜伽士」的修學指南	作者：堪布巴桑仁波切	360元
密乘實修系列			
1	雪域達摩	英譯：大衛默克、喇嘛次仁旺都仁波切	440元
儀軌實修系列			
1	金剛亥母實修法	作者：確戒仁波切	340元
2	四加行，請享用	作者：確戒仁波切	340元
3	我心即是白度母	作者：噶千仁波切	399元
4	虔敬就是大手印	原作：第八世噶瑪巴 米覺多傑、講述：堪布 卡塔仁波切	340元
5	第一護法：瑪哈嘎拉	作者：確戒仁波切	340元
6	彌陀天法	原典：噶瑪恰美仁波切、釋義：堪布 卡塔仁波切	440元
7	藏密臨終寶典	作者：東杜法王	399元
8	中陰與破瓦	作者：噶千仁波切	380元
9	斷法	作者：天噶仁波切	350元
10	噶舉第一本尊：勝樂金剛	作者：尼宗赤巴‧敦珠確旺	350元
11	上師相應法	原典：蔣貢康楚羅卓泰耶、講述：堪布噶瑪拉布	350元
12	除障第一	作者：蓮師、秋吉林巴，頂果欽哲法王、祖古烏金仁波切等	390元

13	守護	作者：第九世嘉華多康巴 康祖法王	380元
14	空行母事業： 證悟之路與利他事業的貴人	作者：蓮花生大士、秋吉德千林巴、蔣揚欽哲旺波、 　　　祖古・烏金仁波切、鄔金督佳仁波切等	390元
15	無畏面對死亡	作者：喇嘛梭巴仁波切	480元

心靈環保系列

| 1 | 看不見的大象 | 作者：約翰・潘柏璽 | 299元 |
| 2 | 活哲學 | 作者：朱爾斯伊凡斯 | 450元 |

大圓滿系列

1	虹光身	作者：南開諾布法王	350元
2	幻輪瑜伽	作者：南開諾布法王	480元
3	無畏獅子吼	作者：紐修・堪仁波切	430元
4	看著你的心	原典：巴楚仁波切、釋論：堪千 慈囊仁波切	350元
5	椎擊三要	作者：噶千仁波切	399元
6	貴人	作者：堪布丹巴達吉仁波切	380元
7	立斷：祖古烏金仁波切直指本覺	作者：祖古烏金仁波切	430元
8	我就是本尊	作者：蓮花生大士、頂果欽哲仁波切、祖古烏金仁波切等	440元
9	你就是愛，不必外求： 喚醒自心佛性的力量	作者：帕秋仁波切	390元
10	本淨之心： 自然學會「大圓滿」的無條件幸福	作者：鄔金秋旺仁波切	399元
11	你的水燒開了沒？ ——認出心性的大圓滿之道	作者：寂天菩薩、蓮花生大士、祖古烏金仁波切等	450元

如法養生系列

| 1 | 全心供養的美味 | 作者：陳宥憲 | 430元 |

佛法與活法系列

2	我的未來我決定	作者：邱陽・創巴仁波切	370元
4	蓮師在尼泊爾	作者：蓮花生大士、拉瑟・洛扎瓦、賈恭・帕秋仁波切	390元
6	薩迦成佛地圖	作者：第41任薩迦崔津法王	370元
7	蓮師在印度	作者：蓮花生大士、拉瑟・洛扎瓦	430元

不思議圖鑑系列

| 1 | 王子翹家後 | 作者：菩提公園 | 360元 |
| 2 | 福德與神通 | 作者：菩提公園 | 350元 |